明治思想家論

近代日本の思想・再考 I

末木文美士

トランスビュー

明治思想家論―近代日本の思想・再考―I―*目次

装幀　高麗隆彦

明治思想家論

近代日本の思想・再考 I

序章　近代思想を見直す

―明治の思想と仏教―

私の研究はこれまで、日本古代・中世の仏教を主たる領域としていた。ところが、その研究を進める中で明らかになったことは、古代・中世の仏教に対する今日の常識が決して古くからあるものではなく、明治以来の近代的研究によって形成された部分が大きく、かつまた、それが単に学術的な観点からのみでなく、古典の近代的な読み直しによる新しい解釈という面を強く持つということである。

例えば、鎌倉新仏教において日本仏教は頂点に達したという鎌倉新仏教中心史観は、明治三〇年代頃に生まれたものであり、それ以前にはなかった。そもそも諸宗派がそれぞれ独立している中で、「日本仏教史」という総合的な視点が築かれることがなかった。それは、よかれあしかれ近代の国民国家の形成を待ってはじめて成り立つものであった。

それぞれの宗派の祖師に対する見方もまた、明治になって大きく変わった。今日、親鸞と言えば、まず『歎異抄《たんにしょう》』の悪人正機《あくにんしょうき》を思い浮かべるのが常識になっている。しかし、『歎異抄』は蓮如が禁書にして以来、けっして広く知られた文献ではなかった。江戸時代にも講義がなされているが、それはごく限られた範囲のことである。それが広く読まれるようになったのは、明治になって清沢満之《きよざわまんし》が注目し、近角常観《ちかずみじょうかん》や暁烏敏《あけがらすはや》らが積極的に布教に用いるようになってからである。

あるいはまた、道元の『正法眼蔵《しょうぼうげんぞう》』が日本を代表する哲学書として評価されるようになったのも新しいことである。確かに江戸時代に『正法眼蔵』研究の水準は上がったが、あくまで宗門内の問題であり、それが哲学書として見直されるのは和辻哲郎《わつじてつろう》などによる再評価を待たなければならなかった。

このように、仏教史の常識と考えられていることは、じつはけっしてもともとの常識ではなく、近代固有の問題意識の上に立ってはじめて成り立ちえたことであった。そうであれば、古代・中世に対して固定したドグマを排し、全体像の見直しを図ろうとするとき、まず近代の仏教史を見直し、そこでどのような近代固有の問題が付加され、その前提の上に古代・中世の仏教像が形成されたかを振り返って見ることが不可欠の作業となる。

こうして近代仏教の研究に踏み込むことになったが、手をつけてみると、その重要性がますます強く認識されるとともに、従来の研究があまりに手薄であることに驚かないわけにはいかなかった。もちろん『日本近代仏教史研究』（一九五九）をはじめとする吉田久一の研究や、池田英俊の『明治仏教教会・結社史の研究』（一九九四）などの研究があり、資料を幅広く渉猟した彼らの高度な研究の水準は、他の分野にひけをとることはない。また、それぞれの宗門でも最近、自らの宗派の近代における展開を実証的に跡づけようという試みも動き出している。それと同時に、宗門の戦争協力問題や差別問題などへの反省から、近代の仏教を批判的な目で見ようという研究もぼつぼつ進められている。しかし、それらの研究は、狭いものはあくまで宗門という限界の中での研究であり、それより広い視野を持った研究も、仏教史、あるいはせいぜい宗教史という枠を乗り越えることがなかなか難しいのが現状である。

もちろんそのような枠の中での研究を軽視するつもりはない。そうした形での研究が地道に積み上げられてゆくことがすべての基礎である。しかし、果たして近代の仏教は、仏教史という限定された枠の中でのみ意義を持ちうるものなのであろうか。それ以上の意義を持ち得ないのであろうか。近代史、あるいは近代の思想史の片隅で、きわめて特殊な領域として枠を限って、その中での自立性を保っていればよいのであろうか。

関連文献の研究を進めるにつれて、どうもそのような単純なことではすまないのではないかと、強く感ずるようになってきた。一見して感じられる以上に、仏教は近代の日本人の中に深く根ざし、その精神的バックボーンをなしているのではないか。それゆえ、仏教は近代思想の周縁ではなく、むしろきわめて中心に位置するものではないのか。その確信が強くなってきた。私の近代仏教の研究は、次第に仏教史の枠組みを外れて、仏教を軸としながら近代思想史を再構築する方向へと発展していくようになった。

それでは、なぜそのように重要な仏教が、従来の近代思想史の中でほとんど無視されてきたのであろうか。大きな理由の一つは、近代思想史が政治思想を中心に研究が進められてきたという事情にあるのではないだろうか。戦後の近代思想史研究は、丸山眞男を筆頭とする政治思想史の分野でもっとも大きな成果を挙げた。その問題意識は、日本の近代がどうしてファシズムに蹂躙されることになったのか、それを繰り返さないためにはどのようにすればよいのか、という動機から、日本の近代の特殊性を見出そうというところにあった。

確かに政治思想史的な視点からみるとき、日本の近代思想は比較的道筋をつけやすい。明治の範囲で見るならば、初期の啓蒙思想から自由民権運動に展開し、それが弾圧される中で、次第に国粋主義、日本主義が台頭する。大日本帝国憲法の制定は、日本の近代の一応の到達であるとともに、神聖不可侵の天皇をその中核に置くという日本独特の形態を取ることになった。その後、日清・日露両戦争によって日本の資本主義が発展するとともに、同時に社会の歪みが表面化し、社会主義運動が起こるようになるが、それは明治末の大逆事件によって大弾圧を受ける。大雑把な流れはこのようなものであろうか。

もちろん実際にはこれほど単純ではないが、ともあれきわめて大雑把な図式を描くことができる。たとえその常識的な図式を疑うにしても、批判対象となりうるだけの常識があるということは、それだけ定着した研究の厚みがあるということである。しかし、もし宗教思想史がある限定された一分野であるとするならば、政治思想史もまた同じように限定された一分野であり、それをもって思想史の中核とすることは、少なくとも十分な検証を経ずにア・プリオリに確定することはできない。逆の言い方をすれば、政治思想史を中心としてみた思想史像が可能とすれば、それとは別に、宗教思想史を中心としてみた思想史像も十分に成り立つはずである。仏教という切り口から見ることによって、従来見えなかった日本近代の別の一面が明らかになるということは十分に可能なはずである。本書で試みようとするのはこのような方法の開拓である。

では、これまでなぜ近代思想史が政治思想を中心に描かれ、仏教が無視されることになったのであろうか。それは、宗教は所詮非合理で迷信的な頑物であり、前近代の遺物であり、近代化の障害であり、否定され、淘汰されるべきものという常識があったからではないだろうか。戦後の社会科学をリードしてきた大きな潮流であったマルクス主義が、無神論の立場から宗教をアヘンとして攻撃したことが、大きな影響力を持ったことは明白である。幸福は宗教によってではなく、社会変革によってのみもたらされる。政治思想史が優越してきたのも、そのような前提があったからであろう。

近代における宗教の役割を重視する研究者たちも、その念頭にあったのは、キリスト教、とりわけプロテスタンティズムであった。それにもいろいろ理由は考えられるが、マルクスに対抗するものとしてウェーバーが立てられ、ウェーバーによって提出された西欧の近代化とプロテスタンティズムの内的関係ということが常識化したことが、ひとつの理由であっただろう。仏教に較べて、キリスト教は日本近代の思想史の中でも早くから注目されてきた。それは、非戦論やキリスト教社会主義など、政治＝社会思想的な面がキリスト教に強かったということも一つの理由として考えられる。

日本の思想は、しばしば伝統が伝統として定着せず、常に新しい思想を外から持ち込んで古いものに取り換えるという形で進んできており、伝統の本当の内在的批判から発展していない、という批判がしばしばなされる。しかし、本当にそうであろうか。近代における仏教思想家たちの試行錯誤を見てゆくと、けっしてそのような無責任な断定はできないことがわかるであろう。そのように主張する人たちこそが、じつは思想史の表層を見ているだけで、その奥で伝統の流れの中で苦闘する地道な努力がなされてきたことから、眼をそむけてきたのではないだろうか。

第十章で、大逆事件に連座した仏教者たちの思想を、仏教と社会主義を無理に接合しただけだとする研究者の見方を批判したが、そのような無理解は少数の特定の研究者たちだけでなく、思想史研究者の中に広く見られたことのように思われる。確かに仏教者たちの努力は泥臭く、曲がりくねっており、近代の理念からは程遠いように見えるかもしれない。しかし、表舞台に立った格好のいいものばかりがすべてではない。輸入思想の表面のきれいなところだけを謳歌してすむのならば、それは簡単なことであろう。むしろ伝統を背負いながら、蛇行していく中にこそ、思想史のもっとも豊かな遺産があり、その可能性を見直していくことにこそ、思想史研究の課題があるのではないだろうか。「忘れられた思想家」はあまりに多すぎる。

もっともそれだけならば、仏教者の努力は仏教という閉ざされた世界のことでしかないように見られるかもしれない。しかし、近代の思想史を見てゆくと、仏教と何らかの関係を持った思想家は数多い。漱石や鷗外といった文学者、西田幾多郎《にしだきたろう》のような哲学者はもちろん、中江兆民《なかえちょうみん》、河上肇《かわかみはじめ》、平塚らいてうはじめ、多くの思想家たちが何らかの形で仏教に関心を持って学んだり、あるいは実践を試みている。仏教を標榜する思想家だけでなく、その外への影響力をも考慮するならば、仏教が近代思想の中で、周縁どころか、むしろ中核に位置するということが、必ずしも暴言ではないことが理解できよう。仏教は多くの近代の思想家たちの精神的バックボーンをなしている。

彼らはなぜ仏教に接近したのであろうか。政治＝社会思想を優先させ、思想とは公共性の問題だと考える研究者が軽視することだが、人間は公共性の領域のみで生きるわけではなく、常に公共化しえない心の問題を持っている。そうであれば、宗教はけっして迷信として排除できないはずであるし、宗教に関心を寄せたところで恥ずべきことではない。それならば、キリスト教でもよいではないか、と問われるかもしれない。もちろん北村透谷《きたむらとうこく》や徳冨蘆花《とくとみろか》はじめ、キリスト教に接近した思想家、文学者も多い。しかし、外来の思想宗教でなく、伝統として定着した仏教の中から何かを汲み出そうとしたとしても、不思議ではない。その際、彼らの接近した仏教が伝統そのままの古いものだと考えたら間違いである。そうではなくて、それは近代の仏教者によって、近代的に解釈された仏教である。そもそも、宗教を個人の心の問題と考えること自体がきわめて近代的な発想である。

以下に見るように、仏教が明治の思想史においてもっとも実り豊かな展開を示したのは、日清・日露の戦争間、ちょうど世紀の変わり目の約一〇年間（一八九四―一九〇五）である。啓蒙から自由民権へと展開した政治の季節が終わり、人々が内面の問題に心を向けるようになった時期である。この時期を明治思想史の大きなピークと見るならば、明治思想史は政治思想史としてよりも、宗教思想史、なかんずく仏教を中心に見なければならないであろう。

本書は全十二章で、各章それぞれ個人の仏教思想家を取り上げて、その思想的特徴と時代との関わり、問題点を指摘してゆくという方法を取る。個人思想家を連ねることで思想史が描けるのか、と言えば、もちろんそうは言えない。草の根レベルの思想こそ重要であるということは、色川大吉の『明治精神史』（一九六四）などによって示され、宗教思想と絡めては、『神々の明治維新』（一九七九）、『近代天皇像の形成』（一九九二）などの安丸良夫の優れた成果がある。しかし、本書ではあえてそこまで踏み込まなかった。それにはいくつか理由がある。ひとつは、その研究史的段階に達するまでに、まずある程度の個人思想家を把握することが先立つ作業と考えられるからである。それに、そもそも仏教思想家は前述のように、必ずしも時代の最先端を突っ走るというものではなく、むしろ土着の伝統思想に根を下ろしながら、近代と格闘したのであり、その軌跡を明らかにすることは、それ自体伝統＝土着と近代という大きなテーマに方向を示すことになるからである。仏教はそれ自体が草の根レベルに届く射程を持っている。

もちろん本書で取り上げた思想家は、ごく一部に限られ、本来取り上げるべき思想家はさらに数多くいるであろう。しかし、本書に取り上げた思想家たちだけでも、思想の大まかな流れと特徴を見ることができるであろう。また、本書では、必ずしも狭義の仏教思想家ばかりでなく、その周辺の思想家をもあわせて取り上げた。井上哲次郎《いのうえてつじろう》・綱島梁川《つなしまりょうせん》・岡倉天心《おかくらてんしん》・西田幾多郎らは、仏教と関係しつつも、仏教思想家とは言えない。しかし、そこまで射程を広げたときに、はじめて仏教が近代に果たした役割を十分に認識できるであろう。

＊

仏教という切り口から近代思想の流れはどのように見られるであろうか。以下、あらかじめ本書の概略を見ておきたい。

明治初年において、仏教は厳しい状況に直面させられた。神道復興に立つ明治新政府による神仏分離と、それを受けた廃仏毀釈《はいぶつきしゃく》の運動は、仏教に壊滅的な打撃を与えた。その中で、仏教は一方で自らを近代化するとともに、他方で政府の宗教政策と正面から対決しなければならなかった。その役割を果たしたのが島地黙雷《しまじもくらい》であった。島地は西欧の政教分離と宗教の自由に触れ、それを日本に導入することで、仏教を個人の宗教として確立するとともに、その原則から政府の宗教政策を批判し、仏教の自立を勝ち取った。しかし、それは一方で非宗教としての神道を認めることになり、それまでの神仏習合に代わる近代の神仏補完とも言うべき宗教形態を生むことになった。

明治一〇年代には、仏教は必ずしも活発な活動を示していない。啓蒙から自由民権の時代に、仏教は旧時代の遺物としてほとんど振り返られることがなかった。その中で気を吐いたのが井上《いのうえ》円了《えんりょう》であった。井上は、一方で哲学を体系的かつ通俗的に説くと同時に、キリスト教批判の論陣を張り、近代の思想として仏教を蘇らせようとした。

明治二二年（一八八九）大日本帝国憲法が発布され、それによって近代的な国民国家としての形態が整うことになる。しかし、それは同時に「神聖にして侵すべからざる」天皇を頂点に抱く天皇制国家体制の確立でもあった。その政治体制は、翌年制定された教育勅語によって補われる。教育勅語は天皇を頂点とする国家道徳を初等教育レベルから植えつけることで、天皇制システムを政治次元だけでなく、倫理道徳次元にまで敷衍し、その定着を図る。

内村鑑三《うちむらかんぞう》の不敬事件をきっかけに、御用哲学者井上哲次郎が仕掛けた「教育と宗教の衝突」論争は、キリスト教批判という形を取りながら、その中には、道徳をもって宗教に換えようとする強固な道徳主義的主張が籠められていた。井上は、一方でアカデミズムにおける哲学研究の基礎を築き、東洋の哲学宗教を織り込んだ比較宗教、比較思想の先駆者としての役割を果たしつつも、他方で国家道徳至上主義の立場から、反国家主義的な宗教に対して批判を続けた。

井上の批判に対して、当時仏教側はむしろその尻馬に乗ってキリスト教批判に同調したが、やがて、彼の提出した問題が宗教としての仏教にも該当することがわかるようになって、はじめて真剣に仏教のあり方を考えるようになった。それが明治二七—二八年（一八九四—一八九五）の日清戦争と明治三七—三八年（一九〇四—一九〇五）の日露戦争の間の一〇年余りの時期であった。この問題に限らず、この時期こそ、仏教に関わる新しい動向が集中して出てくる時期であった。第四章から第九章並びに第十一章はいずれもこの時期に関わるものである。

まず取り上げられるのは、村上専精《むらかみせんしょう》による仏教研究の確立である。『仏教史林』によって仏教の実証的、歴史的研究の運動を起こした村上は、明治三四年（一九〇一）の『仏教統一論』大綱論において大乗非仏説論を主張する。大乗仏教は仏陀の真説ではないとするものである。実証的な仏教研究からすれば当然の帰結であるが、当時の仏教界に投げかけた波紋は大きく、村上は真宗大谷派の僧籍を離脱しなければならない事態に至った。伝統の流れに立つ信仰と近代的な学問研究の矛盾という避けて通れない課題は、残念なことにその後十分に議論を深めることなく、両者の一種の妥協に終わることになった。

この時代の課題に対応した代表的な思想家は清沢満之であろう。清沢は真宗大谷派の改革を志しながら、その挫折と自らの病気の中で、次第に内面的な信仰に目覚めるようになる。明治三四年（一九〇一）に起こした精神主義の運動は、個の内面においてはじめて絶対無限者である如来と出会うことができると主張し、近代的な信仰のあり方を確立した。清沢のこの立場は、宗教の領域を個の内面に求めることで、井上哲次郎の道徳主義に対して、宗教の優越と独自性を主張するものであった。しかし、世俗道徳からの超越を説く余り、今度はそこから翻って世俗の倫理が十分に出てこないという問題点を含んでいた。

清沢と較べて高山樗牛《たかやまちょぎゅう》の場合は、同じように結核による死に迫られながら、日本主義から個人主義へ、そして日蓮信仰へと、激しい思想変遷を繰り返す。日本主義から個人主義に転ずる中で、清沢と同様に個の自立への志向を強めながらも、天才主義や欲望解放などと絡み、十分に問題が深められないうちに生涯を閉じなければならなかった。そのことは、日本の思想界における個の確立の未成熟として、後々まで尾を引くことになる。その中で、田中智学《たなかちがく》に出会い、日蓮信仰に踏み込むが、智学と異なり、世俗を超越するところに仏教的な真理を求めた点で、清沢と通ずるところがあった。

禅のほうでは、若き鈴木大拙《すずきだいせつ》が明治二九年（一八九六）に『新宗教論』を出版し、翌年アメリカに出発している。『新宗教論』では、個の宗教性を追求する点で、清沢や樗牛と一致しながらも、個が宇宙的絶対者と合体するという楽天主義的な宗教観に立つ点で、後の西田や大正生命主義につながるものを持っている。鈴木は一方で国家主義を厳しく批判しながら、他方で方便的に国家をそのまま認めてしまう。原則論と現実論のその落差は、そのまま十分な反省を経ずに後の時代の活動にまで及ぶことになる。

これらの個の内面を深める思想は、まさしく日清・日露戦争間の最後に当たる時期に、綱島梁川の見神の実験によってひとつの頂点に達する。もともとキリスト教から出発し、清沢や樗牛と同様に結核であった梁川は、明治三七年（一九〇四）に三度にわたって見神の体験をし、翌年発表するや、当時の社会に大きな反響を呼んだ。梁川は神の中に解消しきれない個の倫理の可能性を提示したが、その問題はその後十分に展開されないままに終わってしまった。

このように、この時代は内面の時代として宗教思想が大きく展開したが、仏教者たちが社会的な関心を失っていたわけではない。同じ時代に、日蓮主義の立場から『宗門之維新』を著した田中智学は、近代のタブーである政教一致論を主張し、後には国体論へ向かって国家主義的な日蓮主義を確立した。智学はもともと『仏教夫婦論』などで仏教の世俗化を推し進め、その方向はともかくとして、現実の社会・国家の中に仏教の理想を実現しようとした点で、一つの可能性を追求したということができる。

智学が国家主義に走ったのに対して、逆に社会主義・無政府主義の側に立ち、大逆事件に連座したのが内山愚童《うちやまぐどう》や高木顕明《たかぎけんみょう》であった。浄土真宗の高木の仏教社会主義や、曹洞宗の内山の宗教批判は、萌芽の段階で摘み取られてしまったが、仏教が社会の中で草の根的に運動を展開できる可能性を示したものであった。

これまでに見た思想家たちが日本国内で活動していたのに対し（大拙の渡米は『新宗教論』以後）、アジア＝東洋の精神を英文著作で世界に発信したのが岡倉天心であった。天心の英文著作もまた、主として日清・日露戦争間に著されており、同時代の思想家であった。東洋の古典文化とアジアの現状との間で揺れる天心のアジア主義は、昭和の大東亜共栄圏構想に利用されることになった。

明治四四年（一九一一）、大正に改元される前年に西田幾多郎の『善の研究』が刊行された。明治における宗教と倫理、個と全体の対立関係に対して、西田はそれらすべてを包括する純粋経験の原理を提出し、一元論的な解決を図る。それは、次の大正期には生命主義によって典型的に示される楽観的一元論へと展開する。そこでは対立的な原理は統一的な調和へともたらされ、全体としての発展が理想として提示される。『善の研究』は、そのような新たな時代へ向けて、まさしく大きな転機を示す画期的な著作であった。しかし、その一元論では宗教的な体験は説明できても、他者との倫理的関係の問題に関しては必ずしも適切な解決を示しえず、個は国家などの全体性の中に解消してしまう。その問題は、大正を経て、昭和の思想にまで十分な解決を見ず、昭和の戦争に巻き込まれることになったのである。

＊

以上、本書の概要を駆け足で事前探索してみた。宗教と世俗道徳、個と全体の問題などは、この時代の仏教を中心とした思想によって大きく提示されながら、それが十分に議論を深められないまま次の時代に移行することになった。昭和の戦争期に、思想界がほとんど有効な抵抗をなしえず、やすやすと巻き込まれ、積極的な戦争協力へと転じたのは、もとをたどれば、明治に提出されたこれらの問題が十分に深められなかったため、ということもひとつの理由として考えられる。そしてまた、明治期にこれほど大きな問題が提起されていたことは、戦後になってもほとんど振り返られることがなかった。戦後の思想は過去を切り捨て、せいぜい政治思想史という一面からのみ表層的に見られるだけであった。それらの問題はそのまま手つかずに今日の我々に残されている。

今日、マルクス主義国家の崩壊以後、政治優位の発想が崩れる中で、再び人間の心の問題が大きく取り上げられるようになってきた。それは明治後半の思想界の状況とどこか通い合うものを持っている。だが、「仏教ブーム」と言われる今日、どれだけ本気で仏教の問題が考えられているであろうか。口当たりのよい仏教の入門書がとぶように売れ、総合雑誌がその場しのぎの仏教特集を組んだとしても、それが本当に積極的な思想の力となりうるであろうか。そうした表面だけに流れる時代風潮にあえて抗して、本書はおよそ今日人気のない明治の思想家たちを掘り起こし、彼らが残した問題をもう一度考え直してみようとする。

本書が仏教を中心としているにもかかわらず、あえて『明治思想家論』という一般的な書名を付したのは、このような視点から広く問題を投げかけたいという意図による。福沢も兆民も出てこない『明治思想家論』が成り立つのか、という批判は当然予想される。それに対しては逆に、福沢や兆民が出てくれば、本書に取り上げた思想家たちを誰一人取り上げなくても明治思想が論じられてしまう現状はそれでよいのか、と反問したい。あえて「もう一つの明治思想史」の可能性をぶつけて、議論の緒《いとぐち》にできれば、というのが著者の意図するところである。

なお、本書では必ずしも参考文献をいちいち表示しないが、近代仏教に関する一般的な概説書としては、以下のものが標準的である。

吉田久一『日本の近代社会と仏教』（評論社、一九七〇）
〃　『近現代仏教の歴史』（筑摩書房、一九九八）
池田英俊『明治の仏教』（評論社、一九七六）
柏原祐泉『日本仏教史・近代』（吉川弘文館、一九九〇）

明治思想史の概説としては、松本三之介『明治思想史』（新曜社、一九九六）が簡略でありながらも、信頼に足るものである。同書は政治思想を中心としながらも、宗教の問題にまで目配りした水準の高い概説書である。また、近代思想の中に仏教を位置づけようとした研究書としては、峰島旭雄編『近代日本の思想と仏教』（東京書籍、一九八二）がある。最新の成果としては、田村晃祐『わが思索の道――近代日本の仏教者たち』二巻（ＮＨＫ出版、二〇〇三―二〇〇四）が注目される。

第一章　神仏習合から神仏補完へ

島地黙雷

一　神仏関係の錯綜

江戸時代には寺檀制度のもとで、仏教寺院は宗教施設であるとともに、住民監視にあたる末端の行政機関の役割を果たした。そのために、一方で幕藩体制によって保護されるとともに、他方で厳しい統制を受けることになった。そのために、その活動は大きく制約され、近代の研究者によって江戸時代は仏教の堕落時代との烙印を押されてきた。しかし、近年はそれほど簡単に「堕落」と決めつけられないとして、江戸の仏教を再評価する傾向が著しい。例えば、尾藤正英は、江戸の宗教を、神道と仏教、そして民俗宗教が、「相互に影響し合い、あるいは補完し合う」ことによって、「ひとつの体系ある宗教を構成していた」として、それを「国民的宗教」と呼んでいる（『江戸時代とは何か』、岩波書店、一九九二。『日本文化の歴史』、岩波新書、二〇〇〇）。はたして、「国民的宗教」という統一体と見ることができるかどうかはなお検討の余地があるが、従来のように、江戸時代は儒教の時代とは単純に規定できず、むしろ民衆の間では仏教の役割が大きかったことは、まず否定できないであろう。

もっとも神仏習合は江戸に始まるものではなく、その歴史は奈良時代、あるいはさらに古くまで遡り、仏教伝来以来のこととさえ言うことができる。その傾向がさまざまな変動を示しつつも江戸時代まで続いたのである。ところが、もう一方で近年注目されているのは、神仏習合といっても、単純に両者が混ざり合って、完全に合一するわけではなく、神仏はそれぞれの領域を持ち、ある場合には相互不可侵であったという事実であり、それは神仏隔離と呼ばれている。例えば、伊勢神宮が仏教を忌む伝統を保持してきたことなどがその典型と考えられる。神仏は一方で習合しつつ、他方では完全に合一化せずにそれぞれの領域を守るという重層性を持っていたのである。それゆえ、神仏習合というとき、その重層性の総体を意味すると考えなければならない。

ところで、江戸時代後期には、平田派の復古神道の影響下に、神仏習合を否定し、神道を純粋化し、独立させようとする動きが加速された。江戸時代に定着した宗教体制では、仏教は葬儀と墓地の管理をほぼ独占し、それは葬式仏教の名によって否定的に語られることが多いが、しかし、それこそが仏教の最大の強みであり、逆に神道が独立した宗教であろうとするとき、もっとも大きな弱点となるところであった。江戸後期に一部の地域で起こされた神葬祭《しんそうさい》の運動は、まさしくこの要素を神道に補い、仏教なしに神道のみで自立しようという意図を持っていた。

明治維新が神道ナショナリズムともいうべき復古神道の強い影響下に遂行されたため、王政復古を唱える明治維新は、すでに単純な政治革命ではなく、祭政一致をめざす宗教運動でもあった。維新政府は当初、神祇官を復活して律令制度の原点に立ち返るという復古主義を取った。しかし、およそ時代にそぐわないアナクロニズムはたちまちその無力を露呈し、混乱の中に新しい宗教体制が模索されることになった。明治前半の宗教政策は、まさにこの手探りの模索の過程である。

それをごく大まかに言ってしまえば、神道国教化とその挫折、それにもかかわらず、やがて国家神道として復活するまでの過程、と見ることができる。それは単にマイナーな宗教史の領域だけの問題ではなく、日本の近代全体を貫く大きな問題である。なぜならば、この試行錯誤の末に確立した国家神道は、戦争を経て今日にまで大きな影を落としているからである。その過程にあって揺れ続けたのが仏教であるが、これもまた、近代の隅のマイナーな問題ではなく、じつは日本の近代の精神史の根底に埋められた深層の領域を形作ってきている。

江戸時代までの神仏習合は、明治維新における神仏分離（神仏判然）令によって神道と仏教の二つの宗教に強引に分けられた。だが、それは本当に二つの無関係なものになったのだろうか。じつはそれほど単純ではない。国家神道体制は、単に天皇制国家のイデオロギーとしての役割を課せられただけでなく、同時に神道を宗教にあらざるものとして棚上げすることによって、かえって「宗教」である仏教との共存、ひいては補完を可能にしたのではなかったか。その点で、国家神道体制は、明治初年の試行錯誤の末に到達した新しい神仏関係の確立とも言うことができる。すなわちそれは、前近代の神仏習合に対する新たな神仏補完ともいうべきシステムの創成であった。そしてその際、排除され、排斥されたのがキリスト教であった。

国家神道の根底をなす神道非宗教論の確立に当たって、島地黙雷らの仏教側の宗教論の展開が大きな役割を果たしたことは、今日次第に認められるようになってきている。近代的宗教としての仏教の確立と信教自由の主張が、国家神道への道を切り開いたとすれば皮肉な結果ではある。だが、だからと言って、島地らの活動を単純に否定し去るとすれば、これもまたあまりに極端であり、近代の遺産の総否定にもつながりかねない危険を孕んでいる。島地の主張のどこが優れ、どこが問題だったのか。

すでに、島地と近代政教関係の問題に関しては、新田均『近代政教関係の基礎的研究』（大明堂、一九九七）などの詳細な研究が存する。本章はそれらの研究に導かれながら、大教院分離問題に奔走し、近代的宗教観念と信教の自由を確立したと言われる時期の彼の論説を中心に、改めて考え直してみたい。

二　転変する宗教政策

ここでもう少し明治初年の宗教政策を整理しておこう。明治維新のイデオロギー的な支えとなったのは、平田派の復古神道の流れであった。慶応三年（一八六七）、王政復古とともに神祇官《じんぎかん》が復興され、祭政一致の新体制が成立した。翌年（明治元年）には、神仏分離令が出され、神社から仏教色が一掃されたが、これは日本の宗教史を大きく前後に分ける革命的な方策であった。その後のさまざまな試行錯誤を経ながら、この分離が今日に至るまで貫徹され、定着したことは、注目すべきである。そこにはもちろん、前近代の神仏習合の中にすでに神仏隔離的な側面が含まれていたという歴史的背景が考えられなければならない（佐藤真人「神仏分離」、『日本仏教34の鍵』、春秋社、二〇〇三、参照）。しかし、神仏隔離が簡単に神仏分離状態へと移行するわけではなく、その過程をもう少し検証してみることが必要である。

廃仏毀釈《はいぶつきしゃく》の混乱が広がり、さらに神道復古のみでは近代化に対応できないことが明白になったところから、政府は神祇官を神祇省に格下げし、さらに明治五年（一八七二）にはそれも廃止し、新たに教部省を設置した。神祇官時代の政策が仏教を排除した神道国教化を目指していたのに対して、教部省設置に当たってはそれに反発する仏教界の働きかけがあり、教部省では仏教をも中に取り込みながら、統合的な宗教政策を目指すことになった。教部省においては、教導職の設置、三条教則の制定などを経て、大教院設置など、新たな宗教政策を矢継ぎ早に進めた。

教導職は、神職・僧侶・民間宗教者を含めて、宗教者を国家で統合し、国民教化に当たらせようとするものであり、その原則を示したものが三条教則であった。それは、「敬神愛国ノ旨ヲ体スベキ事」「天理人道ヲ明ニスベキ事」「皇上ヲ奉戴シ朝旨ヲ遵守セシムベキ事」の三条からなり、天皇を奉戴しながら、神道中心の色合いが明白にうかがえる。その教導職の教育や布教に当たる機関として、中央に大教院、各地に中教院・小教院が設けられた。

ところが、増上寺に設置された大教院では、神仏合同といいながら、中央に四神（天御中主神・高皇産霊神・神皇産霊神・天照大神）を祭るなど、非常に強い神道色に彩られたものとなった。即ち、教部省政策は、仏教を取り込みつつも、実質はそれを神道によって統合しようというものであり、いわば、江戸時代までの仏教優位の神仏習合に対して、新たに神道優位の神仏習合を目指したものということができる。

これに対して正面から批判したのが、浄土真宗西本願寺派の島地黙雷であった。西本願寺派は、もともと討幕運動に大規模な資金提供をするなど、明治新政府にかなりの影響力を持っており、教部省開設に当たっても、島地の「教部省開設請願書」の提出などが与って力があった。しかし、大教院政策のもとで仏教の存立が危うくなることに危機感を募らせ、それに正面から挑むことになった。折しも島地は明治五年から翌六年にかけての外遊によって、西欧の近代的な宗教事情を見聞し、近代的な宗教体制の確立の必要性を強く実感していたところであった。島地は明治五年に早くも「三条教則批判建白書」を提出し、帰国後には「大教院分離建白書」などを提出して、政府の政策を鋭く批判した。

このような島地らの活動を受けて、真宗諸派は大教院から離脱し、結局明治八年（一八七五）には大教院は解散するに至り、教部省そのものも明治一〇年（一八七七）には廃止され、宗教業務は内務省に移された。こうして島地の求めた信教の自由は確保され、それは明治二二年（一八八九）の憲法に反映されることになる。一見神道国教化は挫折したように見えるが、ことはそれほど単純ではなかった。神道は今度は自らを非宗教とすることによって、国家神道として宗教の枠にとらわれない強制力を持つことになるのである。こうしてできあがった体制は、それまでの神仏習合に対して、宗教である仏教と宗教にあらざる神道との補完関係という新しい秩序であった。

このように、明治における神仏関係は、以下のような展開を示している。

①江戸時代までの、仏教優位の神仏習合
②神祇官時代の、仏教を排した神道国教化
③教部省時代の、神道優位の神仏習合
④教部省廃止後、憲法によって確立する神仏補完

以上のような経緯の中で、③から④への移行に大きな役割を果たしたのが島地黙雷の言論である。以下、当時の島地の請願書・建白書を中心に、その主張の一端を検討してみたい。

三　反キリスト教の防波堤—初期の仏教論—

神祇官時代に神道界に押され気味だった仏教界が、発言権を得るために提言したのが教部省の開設であった。島地はその設置を積極的に推し進めたが、皮肉にも、結果的には教部省のもとに設置された大教院で、再び仏教は神道に圧倒されることになった。そして、改めて島地が今度は

その反対運動に回ることになったのである。

島地黙雷（一八三八—一九一一）は、周防国（山口県）佐波郡の専照寺に生まれた。時代の転換期の中でいち早く仏教の変革の必要を認識し、明治維新に当たっては赤松連城《あかまつれんじょう》や大洲鉄然《おおすてつねん》らと西本願寺の改革を志した。明治五年に梅上沢融《うめがみたくゆう》に随従して欧州視察に向かい、西欧諸国を広く回り、翌年インドの仏蹟巡礼を経て帰国した。まさしくその間に大教院問題が浮上し、島地は旅先から「三条教則批判建白書」を提出し、帰国後に「大教院分離建白書」を提出して、反対運動を指導した。その後も宗門ばかりでなく、仏教界全体の指導者として、明治期の仏教改革の先頭に立ち続けた。その養子島地大等《だいとう》は、日本仏教研究の開拓者として名高い。

さてそれでは、最初の教部省推進期における島地の主張はどのようなものであっただろうか。島地が「教部省開設請願書」の冒頭で訴えるのは「祆教《ようきょう》」であるキリスト教への対抗である。

方今祆教ノ民ニ入ル、日ニ一日ヨリモ熾《さかん》也。国家ノ禍害之ヨリ大ナルハナク、朝野ノ疾蹙《しっしゅく》之ヨリ甚シキハナシ。蓋シ勢ノ以テ遏《とど》ムヘカラサル者アリト云ヘトモ、抑亦我自ラ牽ノ過ナキヲ得ルヤ。我ニ一教ノ信スヘキアルトキハ外慕ノ念繇《よう》テ萌ス所ナシ。我ニ一定ノ依ル所ナキトキハ、外誘ノ物以テ牽《ひか》サルヲ得ス。（『島地黙雷全集』一、六頁。以下、同書の引用は頁数のみ示す）

キリスト教（耶蘇）を共通の敵とすることで、仏教に対する神道側の攻撃をかわし、自らを体制側に置いて、その役割を担おうというのである。すなわち、従来相互に対立していた三学（神・仏・儒）は、「耶蘇ノ事発リシヨリ、三学相親シミ、諸宗相盟《ちか》フコト、先ニ讐視《しゅうし》スル者ト固リ同日ノ形ニ非ス。他ナシ、疾《にく》ム所同フシテ、而シテ憂ル所一ナレハ也」（八頁）。

このように、ここでは島地は、後の仏教の自立の主張には至らず、むしろ三学共同の体制を敷こうとしている。そこでは仏教の立場は卑屈とさえ言える低姿勢に終始している。すなわち、神道側で設置した「宣教ノ官」（神祇官）の制度を「此誠ニ国体ノ嚮《むか》フ所、理ニ於テハ固《もと》ヨリ間然スル所ナシ」と認めながら、仏教の役割を「愚民ヲ導ク」点に求め（七頁）、「今ノ民猶仏教ニ習染ス」るが故に、「朝廷若其教ノ信スヘキヲ表シ、以テ防邪ノ職ヲ尽サシメハ、庶幾《こいねがわ》クハ滔々ノ患ヲ免レシムルニ方アランカ」（八頁）と、民衆レベルでの反キリスト教の防波堤としての役割に甘んじようとしている。

もうひとつ注目されるのは、政教関係である。島地は、「宣教ノ官」の位置づけに触れ、「政教ノ相離ルヘカラサル、固リ輪翼ノ如シ」（九頁）と、伝統的な王法・仏法相依説に立ち、「政権已ニ上ニアリ、教柄豈独リ下ニ属スヘケンヤ」（九頁）と、「政権」の上位を認めた上で、「教柄」を神道側に独占されることに抵抗している。ここから、「宣教ノ官ニ換ルニ更ニ教義ヲ総ルノ一官ヲ以テ」（同）、仏教のみならず「天下ノ教」すべてを管知する官の設置を要請するのである。

以上のように、この請願書で主張されているのは、①反キリスト教の急務たること、②そのために諸教一致して当たるべきこと、③政教は不可分であり、政権の優位さえ認めていること、等である。これが、一年のうちに大きく転換し、特に②では、宗教としての仏教の優位を主張し、また、③に関しては、政教の分離を主張するようになる。

だが、にもかかわらず、この請願書の思想はその底辺に沈んで、島地のみならず、仏教界全体に流れ続ける。反キリスト教による体制へのすり寄り、神道との実質的な調和、政治に対する弱腰、これらはまさに近代日本の仏教の特質とも言うべきものとなるのである。

四　宗教自由論とその問題点

島地らの努力により設置された教部省であったが、その政策は神道優位のもとに仏教を統摂しようというものであり、島地らは逆に批判を強める。特に島地は外遊により西欧の宗教事情に触れ、近代的な宗教の確立の必要を確信するに至る。同じ頃、森有礼《もりありのり》・西周《にしあまね》ら啓蒙主義者も同様に信教自由論を展開し、その結果、教部省政策は挫折するに至る。特に正面から神道批判をも辞さなかった島地の当時の言論はきわめて注目すべきものであるが、しかし、同時にその限界をも認めなければならない。そのような点から、ここでは「三条教則批判建白書」を中心に、当時の島地の主張を検討してみたい。

「三条教則批判建白書」は、教部省設置直後に定められた三条教則、すなわち、敬神愛国・天理人道・奉戴皇上遵守朝旨の三条を翌明治五年に外遊先から批判したものであり、島地の新しい宗教観を正面から述べた力作である。そこで、本書を中心とし、他の論説をも参照して島地の新しい宗教観を見ることにしたい。

微妙な政教関係

「三条教則批判建白書」のもっとも中心となる思想は政教分離である。

> 政教ノ異ナル固ヨリ混淆スヘカラス。政ハ人事也、形ヲ制スルノミ。而シテ邦域ヲ局《かぎ》レル也。教ハ神為ナリ、心ヲ制ス。而万国ニ通スル也。是以政ハ敢テ他ニ管セス、専ラ己ヲ利センコトヲ力《つと》ム。教ハ不爾、毫モ己ヲ顧ミス、一ニ他ヲ益セン事ヲ望ム。（一五頁）

「政」の一国限定に対して、「教」は普遍性を持つ。「政」と「教」は、「教部失体管見」では、「治教」と「宗教」と呼ばれている（四一頁）。religion の意での「宗教」という語は、明治七年頃に一般化するようになると言われるが、島地はそれをもっとも早く自覚的に用いているひとりである。

先の箇所では、ほとんど「教」の「政」に対する優位性さえ認められる論調がなされている。しかし、分離することによって、かえって「政」は「政」の自立性を主張することになり、必ずしも「教」の優位が主張されるわけではない。三条教則の第三条に触れて、「尊王ハ国体也、……夫至尊至重ハ国体ノ定ル処、誰カ奉戴拝趨セサラン」（二〇頁）と、尊王＝国体は前提とされている。「三条弁疑」では、政教関係についてより微妙な表現がなされる。

夫其国ニ在テ其国法ニ順フハ国人一般ノ通務ナリ。本邦殊ニ皇室ヲ重ンズルヲ国風トス。理自ラ皇室ノ祖宗ヲ敬事スル勿論ナリト雖モ、若シ此際ニ於テ一宗教ノ貌ヲナサシムルニ至テハ、又簡《えら》バザルベカラザル者アリ。如何トナレバ、宗教ハ尚ホ女ニ一夫アルガ如ク、其二ヲ並ブベキ者ニ非ズ。安心立命、死生ヲ委ネ托スル所、二物有テ可ナランヤ。（三七六頁）

「皇室ヲ重ンズル」こと、ひいては「皇室ノ祖宗ヲ敬事スル」ことは承認した上で、宗教という点においては妥協を拒否するというのである。この政教関係の微妙さは直ちに見て取れるであろう。宗教に関してあくまで妥協を排するという点で、信教の自由を強く主張する一方、「皇室」あるいは「皇室ノ祖宗」に対しては服従するという二重構造になっている。これが明治憲法下における信教の自由のあり方につながることは容易に見て取れる。

島地にとって、「教」（宗教）とは「安心立命、死生ヲ托スル所」と言われるように、心の問題に関するものである。「三条教則批判建白書」でも、「教法初メテ之ヲ論シ、其心ヲ制シ其本ヲ遏《とど》メ、以テ虎狼ヲ心外ニ駆レリ」（一六頁）と言われている。「大教院分離建白書」では、「凡ソ宗教ノ要、心情ヲ正フシ、死生ニ安セシムノ他ヲ出ス」（三八頁）と断定されている。まさに「一己心城中ノ自由」（「時事新報の宗教論を駁す」、四六八頁）である。それ故、それは近代的な宗教観の確立であると同時に、その領域を限ることによって、政治への批判を放棄する。

もうひとつ注目すべき点がある。ここでは宗教を個人の内面の問題に限ることにより、習俗的な多面性を持った宗教が排されている。これは後述のように、原始的な宗教とみなされ、文明的でないとされる。それ故にこそ、「女ニ一夫アルガ如ク」という譬えに表わされるように、一人の人間が信ずることができる宗教はあくまで一つしかないという強い態度が示される。その信仰は外から強制することはできない。「教ノ機縁ニ投ス、之ヲ強ユベキニ非ス。其ノ心ニ服セサル、奚《なん》ソ之ヲ信従スルコトアラン」（二〇頁）。

個人の内面の自由、これが信教の自由を主張する強い論拠であり、また、神仏習合を排し、大教院による宗教統合を否定する論拠である。その点で、島地は明治政府の神仏判然策を支持する。このことは、「判然ノ聖断深ク感戴スルニ余リアリ」（一九頁）、「神仏判然ハ皇政維新ノ詔裁也、誰カ之ヲ遵奉セサラン」（「大教院分離建白書」、三六頁）などの言葉に明らかである。

「三条教則批判建白書」では、大教院における神仏統合に対する批判は必ずしも十分に展開されていない。それは「大教院分離建白書」の課題であるが、そこでは「今神官・僧侶ヲシテ同ク神殿ニ説教セシムル者ハ、知ラス混淆ノ古ニ復スト云ン歟」（三六頁）と、大教院政策を新たな神仏習合として批判している。

だが、現実の日本の宗教は民俗的な要素を多分に含みつつ、近代に移行している。実際の宗教は重層的であり、むしろ神仏習合的な多面性こそが普通であった。そのことは近代化の進行の中でも維持される。それが新たな神仏補完の形態を取って定着するのである。表面の近代的な宗教論の言説が、実際の社会の中で基層をなす民俗的な雑多な要素を基盤とし、それを隠蔽しながら構成されてゆくところに、近代の日本の宗教論の最大の特徴があった。

神道批判と神道非宗教論

「三条教則批判建白書」に戻ると、三条教則の第一条の「敬神愛国」について、「所謂敬神トハ教也、愛国トハ政也」（一六頁）と、「敬神」と「愛国」を分けた上で、「敬神」の方を問題にする。「愛国」は「政」の問題であり、「敬神」こそが「教」の問題であるからである。島地は日本の神々を「敬神」の対象とすることを強く批判する。ここで彼は西欧仕込みの宗教進化説を採る。「衆多ノ神」「衆神」を立てる立場を原始的なものと見、ここから「八百万神」を崇拝する神道に対して厳しい批判を向ける。

> 若夫レ天神・地祇、水火・草木、所謂八百万神ヲ敬セシムトセハ、是欧州児童モ猶賤笑スル所ニシテ、草荒・未開、是ヨリ甚シキ者ハアラス。……欧州文明ノ境之ヲ賤シム最モ甚シ。臣本朝ノ為ニ之ヲ恥ツ。敢テ忌諱ヲ畏レサル所以也。（一八頁）

文明主義、啓蒙主義の立場が躍如としている。それ故、仏教の中でも密教への批判は厳しく、「印度古事ノ陋俗ヲ取テ之ヲ仏教ニ混セシ者ノミ。開化ノ世宜シク之ヲ禁スヘキ者也」（一九頁）としている。

西欧の宗教進化論では、多神教から一神教へという展開を取るのであるが（「三条弁疑」では、これを「衆神家」「単神家」と呼ぶ。三七四頁）、仏教の立場は一神教とは言えない。浄土真宗の立場は、仏教の中でもキリスト教的一神論にもっとも近いが、島地は浄土真宗独自の立場よりも、通仏教的な立場を取る。

自心ヲ修ムルノ外所尊ナシ、ト云ヘリ。此ノ心即チ法界《ほっかい》ノ理也。理ノ活動スル所即チ心也。此動静不二ノ妙用ノ体ヲ弥陀ト云、其ノ西方ニ帰向セシムルハ教情ノ巧用ニ従フ者也。（一九頁）

「自心」即「法界ノ理」の一元論に仏教の特徴を見ている。即ち、唯心論的な「一心」を世界全体の真理たる「法界ノ理」と同一視しようというもので、伝統的な教学を受け継ぐものである。同時にその「自心」は、先に挙げた「一己心城ノ自由」につながるものであるが、ここではその点は明白にされず、したがって、伝統的な仏教の「自心」の原理と近代的な個人の内面の宗教の立場との関係は、必ずしも十分に自覚的に問題にされてはいない。近代的な個人の内面の宗教が本格的に確立するのは清沢満之を待たなければならなかった。

ところで、信教自由の立場に立つ以上、当然ながら神道を信じるのも自由である。だが、それを人に強制することはできない。

汝ノ民喜ンデ祖宗ヲ尊ビ、之ヲ神事スルハ汝ノ事也。吾ハ我所信ノ仏ヲ敬畏ス、即是敬神ニシテ、他之ヲ奪テ別神ニ帰セシメントスルモ、能ハザル也。(「神仏関係論」、三六五頁)

神道の強制に正面から対決する、まさに決然たる態度と言わなければならない。だが、それでは神道はまったく否定し去られるのかというと、島地の態度はここでいささか微妙になる。「本邦諸神ノ説、国初ノ史伝ナリ」(一九頁)と言われるように、日本の神は必ずしももともと宗教的な神と同一視できない。「本邦神道ノ如キハ開国ノ原始ヲ伝フルノミ。立教開宗ノ師祖有ルニ非ズ、上世ノ風俗ヲ尊ブノミ」(「教職分合弁ヲ駁ス」、二七五頁)。それ故、それは「治教」に属するものであって、「宗教」に属するものではない。それを「宗教」として強制するところに誤りがある。

抑神道ノ事ニ於テハ、臣未タ之ヲ悉クスル能ハスト云ヘトモ、決シテ所謂宗教タル者ニ非ル

ヲ知ル。然而方今新ニ之ヲ宗教ニセントスルモ、害ヲ内ニ畜テ侮ヲ外ニ取ルヤ甚シ。（「建言」、六五頁）

これが島地の神道非宗教論である。神道とは、祖先や偉人に敬意を表することである。

所謂諸神ヲ敬スト云フハ宗門上ニ所謂我ガ現当ヲ利益シ、我ガ霊魂ヲ救済スルノ神ヲ信敬スルノ謂ニ非ズ。凡ソ吾ガ邦諸神ハ、或ハ皇室歴代ノ祖宗、或ハ吾輩各自ノ祖先、国家有功ノ名臣徳士ヲ祭リシ者ナリ。（「三条弁疑」、三八五頁）

然レバ祖宗ニ事フルノ実ハ能ク教ヲ守リ学ヲ励ミ、人ノ人タルニ恥ヂザル所アルヲ以テ本トスルナリ。其社頭ニ詣デ幣帛ヲ捧グル如キハ、只敬意ノ外ニ発セシ者ニテ、抑〻亦末ナリ。其本苟クモ正シクンバ、末儀ニ至テハ古風ニ随フモ随ハザルモ、強テ関係アルコトナシ。……何ノ神社ヲ問ハズ、其祭典ノ起ル所以、其恩ニ報ヒ功ヲ賞スルノ外ナシ。（三八六頁）

祖先や名臣に敬意を表するのならば、形式はどうであってもよい。それならば、「社頭ニ詣デ幣帛ヲ捧グル如キ」であってもかまわないではないか。宗教でない以上、もはや形式は問題ない。こうして宗教としての神道批判は、一転して宗教にあらざる神道の肯定へと転じる。まさにこれは、後の国家神道から、戦後の靖国神社国家護持論にまでつながる論法の原型に他ならない。

キリスト教批判の内実

「三条教則批判建白書」は、冒頭に近い箇所に「本邦教化久シク廃ス。即チ外教日益浸淫ス」（一五頁）とあるように、キリスト教の浸透に対する危機感を大きな動機としている。その点の問題意識は「教部省開設請願書」から一貫している。洋行して西欧のキリスト教文化に触れながらも、その反キリスト教の意識は微動だにもしなかった。むしろその理論が精緻であるだけに、一層危機感を強く持つに至った。それを防ぐのは仏教の役目であるという認識も変わっていない。

夫洋教ノ人ニ入ル、容易ニ之ヲ抜クヘキニ非ス。只宜シク之ヲ未入ニ防カンノミ。而此ニ当ル者、殆ト希也。若実ニ之ヲ防カントセハ仏徒ノ外用ユヘキ者ナシ。……何者、神ヲ説ノ諸教中ニ於テハ、尤精ヲ尽セハ也。只仏陀教ハ之ニ反シ、其ノ教本氷炭タレハ、終天共ニ並立セサル也。彼ハ造化ノ主宰ヲ説キ、仏陀ハ万法ヲ心ニ帰ス。（二四頁）

だが、キリスト教国である西欧諸国こそ近代化を成し遂げたのであるから、それを学ぶべきではないのか。島地はそれはキリスト教の力ではないという。

其ノ富強ト文物ノ盛熾ニ至ルハ、政家ノ管スル所ニシテ、法制ヲ詳ニシ学術ヲ励シ、百巧ヲ興シ物産ヲ殖スルニアリ。……欧州開化ノ原ハ教ニ依ラスシテ学ニヨリ、耶蘇ニ原カスシテ希臘・羅馬ニ基クハ、三歳児童モ知ル所ナリ。（二一五頁）

キリスト教と西欧近代文明を切り離し、後者のみを取り入れようとする態度は、当時の日本の先端的知識人の多くに共通するものであったが、島地は仏教者であっただけに、その切実さにはより大きなものがあった。しかし、現実にキリスト教は西欧近代文明と結びついて強大な力を持ち、日本にも侵入しようとしている。それに対抗するために仏教をキリスト教と同様の近代的宗教としての内実を伴うものにすること、それこそ島地ら近代の仏教者に与えられた課題であった。それには、キリスト教批判を繰り返すだけでは始まらない。思想的にも教団的にも仏教そのものの近代化が急務とならざるを得ない。言うは易くして、実際には紆余曲折を経ながらの困難な道のりを、近代の仏教は進んでいくことになる。

島地のキリスト教の教説に対する批判は、「復活新論」（全集第二巻）などのいくつかの文章に見られ、島地が批判対象としてのキリスト教をかなり詳しく勉強していたさまが知られる。島地はキリスト教に対しても宗教進化論を適用し、民俗的な要素の多い旧教に対して、新教、その中でもユニテリアンにもっとも高い評価を与えていた。

三位一体ノ説ヲ破シテ、耶蘇ハ神ニ非ズ、亦聖霊ナシト云フユニテリアン派立之。之ヲ以テ旧教ニ比スレバ優劣固リ同日ニ非ズ。然リ而シテ仏・白・墺等ノ猶旧教ヲ用フル者ハ其非ナルヲ知ラザルニ非ズ。只随民俗ノミ。（「欧州政教見聞」、全集一、二〇一頁）

宗教改革によるプロテスタンティズムの成立に近代を見、それと類比的に日本の仏教史を捉えようとする動きは、大正頃から盛んになり、つい最近まで支配的であったが、その源泉は早くもここに見られるのである。

五　神仏補完のシステム

島地による近代的宗教論の確立、すなわち、政教分離、個の内面の信仰に基づく信教の自由論は、まさに画期的なことであった。だが、それが他方、国家神道への道を開いたことも今日認められていることである。何故そのような結果となったのであろうか。

第一に、政教分離に曖昧さが残されていたことである。その政教分離および信教の自由には、尊王論が議論の余地のない前提とされていた。そうである以上、それが限界を持たざるを得ないのは当然であった。

第二に、その近代的宗教概念の当否である。島地はあくまで内面の心のあり方に宗教の本質を求める。そこから、二つの宗教を同時に信仰することはできないとされ、神仏習合が排される。それは従来の家の宗教、共同体の宗教に代わり、個人の自覚に基づく近代的な宗教の確立を目指したものとして高く評価される。だが、それで問題がなかったのであろうか。後述のように、仏教そのものもそれほど単純に「近代化」されるものではないが、神道との関係で言えば、それによって神道を非宗教に追いやることになり、かえって非宗教である国家神道との並存を可能にすることになったことが、何よりも大きな問題であった。

もちろん、それを仏教の天皇制への敗北ということもできる。だが、そこには単純な勝ち負けの問題ではない、より根深い必然性があるのではあるまいか。先にも述べたように、それは「非宗教＝神道」プラス「宗教＝仏教」の相互補完のシステムである。明治初年の試行錯誤の末に達したこのシステムが長く続いたのを、単に政治的な強制によるだけと考えるのは、あまりに皮相的ではないか。単に政治的強制力で民衆の宗教を決めることができるのならば、明治初期の神道主義や大教院方式の新しい習合の形態でも、それを手直しすることによって強制することができたはずである。あるいはまた、国家の強制力が排除され、神道もひとつの宗教となった戦後、神仏関係はまったく様相を異にしてもよいはずである。

しかし、現実には相変わらず神仏が分離しつつ、しかも重層的に並存している。それらは単に並存というだけでなく、仏教＝葬儀、神社＝祭や結婚式という具合に分業化し、相互補完のシステムを持続させている。前近代の神仏習合に代わる神仏補完のシステムは、それほど見事に定着したのである。

このような神仏補完システムの成功の理由にはさまざまな側面が考えられ、簡単にひとつには還元できないであろう。だが、その一つの理由としては、言説の上での近代的合理性と、その底にある前近代からの民俗的宗教の持続との相互補完という、もうひとつの相互補完システムがあったことに注目しなければならない。

急速な近代化の時代の中で、何よりも急務として要請されたのは、まさに個の内面的な自立であり、そこに宗教としての仏教の対応が緊急の課題となる。他方、神道側は逆に宗教性を捨てることによって、皇祖神を中心に置く祭祀体系として自らを再編する。こうして、両者はそれぞれの必然性に従って、近代的思想・制度システムの中で自らの位置づけを確保することになった。だが、じつはそのような合理化によって覆いきれない内実を両者ともに持っていた。仏教においては、その基盤をなすのは檀家制度に基づくいわゆる「葬式仏教」であり、江戸時代の政治的強制がなくなっても、それは生活の中に定着し、生き続けた。神葬祭運動の失敗は、その役割を神道が肩代わりできないことを如実に示した。他方、神道はどれほど皇祖中心に体系化された非宗教だと言っても、その根底は鎮守や祖先神という身近な宗教性によって支えられているのであって、非宗教というのは一種の詭弁でしかない。

こうして、表層においては近代的宗教として擬装された仏教と、天皇制を支える非宗教的イデオロギーとして擬装された神道が相互補完しつつ（①）、その奥の深層では、葬式仏教的な仏教と土着的宗教としての神道が相互補完する（②）という二重の相互補完システムが成立したのである。さらに、神道・仏教双方において、近代的言説と土着性・民俗性という二面が、さらに相互に不可欠に結びあっており、その点でもうひとつの相互補完をなしている（③）と言うことができる。このように相互補完性が重層的に絡みあうことによって、きわめて強固なシステムとして持続することになったのである。それを図示すれば左のようになろう。

〔表層＝近代〕		〔深層＝土着〕
個人宗教としての仏教	——③——	民俗としての仏教
①		②
非宗教としての神道	——③——	宗教としての神道

戦後、神道が再び宗教化されても、今度は逆に「宗教」という近代的な概念からはみ出す民俗的な要素を盾に、その非宗教性の主張は止むことがない。あるいは、『宗教年鑑』の統計で、宗教の信者数の総計が総人口の二倍近くになったり、日本人の多くが宗教的な行為をなしながら、自分は無宗教だと思っていたりという一見奇妙な現象がしばしば指摘される。これらも、ひとつ

には宗教と非宗教をめぐる戦前の相互補完システムが、姿を変えて引きずっている問題なのである。

第二章　純正哲学と仏教　井上円了

一　過渡期の思想家

明治思想史における井上円了（一八五八―一九一九）の位置づけは必ずしも確定していない。例えば、山崎正一『近代日本思想通史』（青木書店、一九五七）では仏教護法運動の一環としてかなり大きく取り上げているが、最近の標準的な通史である松本三之介『明治思想史』（新曜社、一九九六）では井上は取り上げられていない。

山崎正一は、仏教の護法運動を三期に分ける。第一期は明治元年から五年頃、神仏分離・廃仏毀釈運動に対抗するもの、第二期は明治六年から一〇年の教部省廃止まで、第三期は明治一一年から二三年頃までとする。その第三期を代表するものとして井上が挙げられる。

もっとも井上が活動をはじめるのは明治一八年（一八八五）であり、それまでの明治一〇年代にはそれほど大きな仏教の思想活動は見られない。明治一〇年代は政治的には自由民権運動、宗教的にはキリスト教がもっとも活発に活動した時期であり、仏教はそれらに押されて停滞していた。井上が強い危機意識をもって反キリスト教的な主張を展開するのは、このような状況ゆえである。それは明治二〇年代に勃興する国粋主義的な動向の先蹤をなすものであった。

井上はまた、明治における西洋哲学の受容と、それに基づく体系的な哲学思想の樹立という点でも、比較的早い時期の注目される思想家のひとりである。船山信一は、明治の哲学史を五期に分ける（『明治哲学史研究』、『船山信一著作集』六、こぶし書房、一九九九）。すなわち、第一期は明治元年から一五年までの実証主義の移植の時期、第二期は明治一五年から二二年までの観念論と唯物論との分化の時期、第三期は明治二二年から三八年までの日本型観念論の確立の時期、第四期は明治二八年から四四年までの（一部分第三期と重なる）哲学啓蒙家の時期、第五期は明治四四年以後の日本型観念論の大成の時期である。井上の活動は、第二期から始まり第四期に及ぶが、特に第二期を代表するひとりとして注目されている。

井上は、安政五年（一八五八）、越後の真宗大谷派の寺院に生まれた。地元で漢学などを学んだ後、一七歳で長岡洋学校に入り、さらに上京して東京大学予備門を経て、明治一四年（一八八一）、二四歳で東京大学文科大学哲学科に入学、明治一八年に卒業した。その間、哲学会を組織したり、『三学論』を出版するなど、在学中から頭角を現わし、卒業後出版した『真理金針《しんりこんしん》』『仏教活論』などによって、仏教思想家として指導的な位置を確立した。同時に明治二〇年（一八八七）には哲学館（東洋大学の前身）を創設、翌二一年哲学書院を設けて、教育・出版活動にも乗り出す一方、政教社の『日本人』の発行に加わるなど、ジャーナリズムの活動にも積極的だった。このように井上の活動はきわめて多面に亙り、著作活動だけでなく、さまざまな形での啓蒙活動を繰り広げ、晩年は著作よりも各地を巡っての講演活動に力を注いだ。官に就くことを拒否し、民間人として終始したところに、その気骨をうかがうことができる。

池田英俊は、井上の著述活動を四期に分ける（『明治の仏教――その行動と思想』、評論社、一九七六）。第一期は、帝国大学卒業前後で、『三学論』『仏教新論』『哲学新論』『哲学一夕話』など、哲学を中心とする時期、第二期は明治二〇年前後の『真理金針』を中心として、破邪顕正《はじやけんしよう》の立場を明確にする時期、第三期は明治二〇年代前半の『仏教活論』『純正哲学新論』『日本政教論』など、哲学・仏教の体系を確立する時期、第四期は明治三〇年代における心理学や妖怪現象に関する著述の時期である。第一―三期は明治一九年から二二年頃にいたるわずか数年間、井上の二〇歳台の終わりから三〇歳台のはじめにかけてに集中しており、その時期が思想家としてもっとも充実していたことが知られる。仏教の活動が停滞する過渡期にあって、大いに気を吐いた思想家であった。

山崎正一は、井上の直面していた課題を、「「護国愛理」を掲げる仏教の当面の課題は、一方キリスト教、他方、唯物論に対する果敢なイデオロギー闘争を通じて、仏教の絶対主義天皇制擁護のためのイデオロギー上の適格性を誇示し、できうれば、神道、儒教と並んで「国教」としての座を確保することにあった」と要約する（前掲書、九五頁）。

大まかに言えば、ほぼ適切である。ただ、井上は終始民間啓蒙家として、民衆のイデオロギー形成に眼目を置いており、仏教を制度的に国教化する意図は持っていなかった。また、例えば、『破唯物論』（明治三一年）には、確かに「本書の目的は、……傍ら神仏儒三道の再興をはからんとするにあり」と言われているが、初期の著作では必ずしも神道、儒教を重視していない。『真理金針』では、「そののち儒教ようやく振るわずして、仏教ひとりさかんなるに及び」（選集三、一二八頁）とか、「仏教は知力情感両全の宗教なり。故にヤソ教および儒教のごとき情感の宗教はその一部分なることすでに明らかなり」（同、二九七頁）と述べており、儒教は仏教より低い位置に置かれている。

井上の思想は、基本的な方向は大きく変わらないものの、細部の体系は著作によってかなり変化している。以下、明治一九―二〇年頃の最初期の思想を二つの方面からうかがってみることにしたい。第一は、主として『哲学一夕話』（明治一九―二〇年）、『哲学要領』（明治一九―二〇年）によって純粋に哲学的な（井上の言う「純正哲学」の）体系をどのように打ち立てているかを見てみたい。第二に、『真理金針』（明治一九―二〇年）によって、キリスト教批判と仏教の立場の確立がどのようになされているかを検討してみたい（以下、井上の引用は、『井上円了選集』により、巻数と頁数のみ挙げる）。

二　初期の哲学理論

弁証法的哲学史

井上の哲学は、哲学史を踏まえて成り立っている。『哲学要領』前編は、日本でもっとも早い哲学史の叙述である。同書の哲学史の特徴は、まず第一に、西洋だけでなく、東洋にも配慮を行なっている点で、その点ですでに西洋一辺倒の哲学理解と一線を画している。その哲学史の体系は、まず東洋哲学と西洋哲学を分かち、前者をさらにシナ哲学とインド哲学に分かつ。後者は、古代哲学（ギリシア哲学）と近世哲学に分かれた上で、近世哲学は大陸哲学（ドイツ哲学とフランス哲学）とイギリス哲学に分かれる。西洋中世哲学に一顧も与えられていない点は注目される。

　東洋哲学に対する評価は必ずしも高いものではない。「東洋の諸学は西洋学の詳密にしてかつ完全なるにしかず」（一、九四頁）、「東洋哲学は理論に偏するものと実際に僻するもののみありて、よくこの二者を結合調和するものなく、かつ事物の実理をもってその関係を証明するものなし」（同、九五頁）などと言われている。井上が傾倒する仏教でさえ、「高妙は至りて高妙なりといえども、今日の哲学上よりこれをみれば、理想の一辺に局して物理の実際に適せざるものあるがごとし」（同、九五頁）と、なお不十分なものとされている。

　なぜ、東洋では哲学が十分に発展しなかったのであろうか。「東洋は一国の思想ことごとく一主義に雷同するの傾向あり。西洋はこれに反し一思想起これば必ず他の思想の起こるあり」（同、一〇七頁）。その競争が「西洋学の進化するゆえん、東洋学の退歩せるゆえん」（同）である。ここには一種の弁証法的な思想進化論が見られる。

もっとも、全面的に西洋の優位が言われるわけではない。近世哲学をヘーゲル、コント、ミル、スペンサーまで論じてきて、最後に「諸家おのおの一僻ありて未だ中正の論あるを見ず。後来この弊を除きて中正完全の新組織を開くもの、果たしていずれの地にありて起こるや。余、東洋にその人を見んことを望みてやまざるなり」（同、一四九頁）と、最終的に再び西洋から東洋に戻ることを示唆して終わっている。

もうひとつ注目されるのは、東洋の哲学説を論じるにあたり、西洋の諸学説との対比を試みている点である。例えば、釈迦教（仏教）を論じるに際し、倶舎《くしゃ》を唯物論、唯識《ゆいしき》を唯心論に当てるなどは、井上が仏教を論ずる際の常套的な見方であるが、さらに例えば、阿頼耶識《あらやしき》をカントの自覚心（超越論的統覚か）やフィヒテの絶対主観に較べ、真如論をスピノザ、シェリング、ヘーゲルなどと較べている（同、一〇四頁）。井上の仏教解釈はヘーゲルの影響を多分に受けているが、ここでも「万法是真如、真如是万法というはヘーゲル氏の現象是無象、無象是現象と論ずるところに同じ」（同）と、真如論をヘーゲルとの対比で論じている。

恐らく井上は大学時代フェノロサからヘーゲルを学んだと思われるが、その影響は顕著である。哲学史の方法論としていち早くヘーゲル的弁証法を採用し、思想の発展を解釈するのに応用している。井上は、弁証法という用語は用いないが、「三断法の規則」という名でその原理を明白に述べている。それは、「甲説の起こるあれば甲を非とする説ついで起こり、甲と非甲両説の争うあれば、この二者を結合する乙説の従って起こるに至る」（二、一二六頁）というものである。「甲は正断、非甲は反断、乙は合断」（同）とも言われており、後に広く用いられるようになる「正・反・合」というセットが見られる。

このような弁証法的発展の図式が哲学史に適用される。「イオニア学派は物理を本として帰納を用い、ピュタゴラス氏の学すなわちイタリア学派は心理を本として演繹を用う。……つぎに第三学派すなわちエレア学派は、前両学派を結合したるものにしていわゆる合断なり」（同）。そのエレア学派にまた正・反・合の発展があり、また、以上の第一世期の中の形而上と形而下の両端を結合するところに第二世期のソクラテスが出るという具合である。近世もまた、ベーコン以来のイギリス経験論とデカルト以来の大陸合理論の結合としてカントが現われるという具合に、三断法が適用される。この三断法はまた、井上の体系樹立にあたっても、大きな役割を果たすことになる。

ヘーゲルと仏教

『哲学一夕話』は、他の著作ほど図式的に整備されていないが、登場人物の議論によって弁証法的に思想が展開されていくという試みがなされている。第一編は「物心両界の関係を論ず」と題され、円了先生の門人の円山子が唯物論、了水子が唯心論を立て、両者の一面性を批判しながら、それらを円了先生が統一して唯理論を提示するという次第になっている。

その唯理論の立場は、「差別のそのまま無差別にして、無差別のそのまま差別なり」という差別と無差別の相即であり、その総体を「円了」と名づける（一、四四頁）。その「円了の体」は、「無始無終、不生不滅の理体」（同、四五頁）であり、「常に回転活動して、片時もやむことなし。すなわち一大活物なり」（同、四七頁）と言われる。この世界を総体として捉えたものということができる。それを第二編の序では、東洋・西洋の両方の用語を用い、太極・真如・無名真宰・本質・自覚・絶対理想・不可知的等のすべてに該当するものであると言う（同、四八頁）。

しかし、これでは絶対者的な概念がすべて含み込まれることになって、あまりに無規定的である。そこで、第二編「神の本体を論ず」では、その絶対者のあり方をさらに押しつめて議論する。ここでは円了の四人の弟子がそれぞれ自説を述べる。「円東は唯物論をもって無神論を唱え、了西は唯心論をもって無神論を唱え、円南は物心の外に天神を立てて有神論を唱え、了北は物心の内外に天神を設けて有神論を唱う」（同、六五頁）。だが、彼らはいずれも一方に僻している。それらの説はいずれも「円了の全道の一部分を存して、未だその全体を尽くさざるもの」（同、六六頁）である。ここでも結局、それらすべてを統合するものとして「円了の体」が提示される。

第三編「真理の性質を論ず」では、これら諸説を判断する真理の基準を論ずる。円天は外界にその基準を求め、了地は内界に求める。円陽は物心の外の天神に基準を求め、了陰は物心内外の間の中間に求める。それらがどのように統合されるのであろうか。円了先生は、「内外両界の我人の耳目に現ずるものこれを現象界といい、その耳目の外にあるものこれを無象界という」（同、八一頁）と、現象界と無象界（本体界とも言うべきもの）の別を立て、心象・物象は現象界、心体・物体は無象界に属するという。神体も無象界に属する。このように現象界と無象界を立てながら、しかも「無象界の現象界を離れざるゆえんを説くもの」が「円了の道」である（同、八二頁）。「故に円了の大道に入りてこれをみれば、現象も無象も物界も心界もその体同一なるをもって、一として真理ならざるはなし」（同）。

このような井上の結論は、舩山信一も言うように、後に井上哲次郎によって唱えられた「現象即実在論」を先取りするとともに、井上哲次郎よりもむしろより一層的確に「現象即実在論」の名に値するものと言える。この説に従えば、明らかに神を外在的に立てるのは未だ不十分とされ、究極の立場はヘーゲルの絶対精神を仏教の真如と結びつけた、一種の汎神論的なところに見出されることになる。

『哲学要領』後編では、『哲学一夕話』よりもいっそう体系化された形で、ほぼ同じ理論が展開されている。そこでは、「物心二元より始まり、唯物に入り唯心に転じて、ふたたび二元に帰する」（同、一五三頁）。最初の二元論は物心異体論であり、終局するところは物心同体論である。しかし、異体と同体は循環するものであり、それを「理想の循環」と言う。「理想」というのは、「物心の本体」であり、「非心非物」であるが、「物心を離れて別に存するにあらず」（同、一五四頁）と言われる。

理想と物心両界の関係について、理想を物心両界の根源に見る見方がある。すなわち、「理想の一体より物心両界を開き、またその各界より諸象を現じ、次第に進みて万物万境を開現するに至る」（同、二〇二―二〇三頁）というものである。発生論的な立場であり、井上はシェリングと太極分化説をこれに充てている。

しかし、それはまだ相対と絶対を対立させているもので、不十分である。それを超える説は、「相対と絶対との間に範囲の大小を分かたず、同大不二と立つる」（同、二〇五頁）ものであり、「ヘーゲル氏および仏教中天台家の説」であると明言される。その立場では、「一事一物すなわち物界の全体」（同、二〇八頁）であり、仏教でいう「事々物々みな真如」（同）、あるいはヘーゲルの「一即総、総即一」（同、二〇九頁）に当たる。

このように、その哲学史理解と同様、哲学体系においても井上は弁証法を活用し、ヘーゲルの現象即絶対精神の説を仏教の真如説と結びつけるという形で、東西融合の方向を示している。確かに井上の用いる弁証法は皮相的なものではあるが、その後、清沢満之から西田幾多郎へとつながる系譜で、ヘーゲルと仏教の論理が結び付けられる端緒をなすものということができる。井上の仏教論もまた、同じ論法の上に成り立つものである。

三　仏教擁護論

宗教と哲学

『真理金針』もまた、明治一九年から翌二〇年にかけて刊行され、井上は護法愛国（後には「護国愛理」と言われるようになる）の仏教イデオローグとして、キリスト教排撃の先頭に立つことになった。本書は初編「ヤソ教を排するは理論にあるか」、続編「ヤソ教を排するは実際にあるか」、続々編「仏教は知力情感両全の宗教なるゆえんを論ず」の三編からなり、キリスト教を排撃し、仏教の優越を証明するとともに、仏教界の覚醒を呼びかける内容になっている。

初編と続編ではキリスト教排撃を主題とするが、理論と実際の両方面から追求するに当たって、「理論は第一手段にあらずして、第二手段」（三、一九頁）であり、「第一手段は実際にあり」（同、一四一頁）とされる。なぜならば、「わが仏教の第一の敵は非宗教にして、ヤソ教に非ざるによる。その第一敵に対すれば、ヤソ教もわが同胞となる」（同、一九頁）からである。

では、仏教もヤソ教も宗教であると言われる「宗教」とは何であろうか。続編第一題「世界分域」で、井上は人間界の組織を俗界と学界に分け、学界を理学と哲学に分ける。理学は個別科学に当たる。哲学はさらに形而下哲学と形而上哲学に分けられ、理学・形而下哲学・形而上哲学のそれぞれに理論と実際が立てられる。形而下哲学の理論は心理学であり、実際は倫理学、論理学等である。形而上哲学の理論は純正哲学、実際は宗教である（同、一六四頁）。宗教は形而上哲学の一環をなすものであり、理論面に当たる純正哲学に対して実際面に対応するものである。このように、宗教は実際面であるといいながら、きわめて哲学的に理解されていることが知られる。

それゆえ、宗教といっても、一般で考えられているものとはいささか趣を異にして、「学理上の宗教」「哲学上の宗教」などと言われる。それは「ヤソ教のごとき天地主宰の天帝を立つるもの」（同、一六四頁）ではなく、理体、理性、法性などと言われる「普遍神」（同、一六六頁）を立てるものである。

これではほとんど哲学と変わらないことになってしまうが、両者の区別はどう立てられるのであろうか。「純正哲学は疑念を性質とし、究理を旨趣とするをもって、種々の異説相会して一組織をなす。哲学上の宗教は信を性質とし、安心を目的とするをもって、同一の説を有するもの相合して一組織をなす」（同、一七一頁）のであり、しかも、その組織の目的として、「ひとり自ら楽しむにあらずして、人をして同味相感ぜしむる」（同）ことが挙げられる。そこから、純正哲学と異なる教団組織の問題が出てくるのであり、そこに「俗界」との関係が生ずるのである。

井上のキリスト教批判、および仏教擁護は、このような宗教観に立ってなされる。それゆえ、一方で「実際」と言いながらも哲学的、理論的な面が大きなウェイトを占めると同時に、他方で「護法愛国」の立場から、俗界における「実益」の追求が正面から問われることになるのである。

キリスト教と仏教

『真理金針』初編はキリスト教の理論的批判に当てられているが、その内容はもっぱら天帝による世界創造説に向けられ、キリスト論など、キリスト教神学の本質に関わる議論はなされていない。この世界の外にある神（天帝）が世界を創造したとする説の非合理性を、十二項目を挙げて論破する。すなわち、地球中心説・人類主長説・自由意志説・善悪禍福説・神力不測説・時空終始説・心外有神説・物外有神説・真理標準説・教理変遷説・人種起源説・東洋無教説である。

これらの批判における井上の論法は、先に論じた哲学上の議論とまったく同じである。すなわち、物心の外に天帝を立てるのは理論として低いものであり、「天帝我人の心を造出するに非ずして、我人の心天帝を造出する」（同、一〇三頁）のである。すなわち、天帝は唯心の所造であり、したがって、「その説全く仏教範囲中の一小部分を占領するに過ぎず」（同）と言われるのである。

それでは、それに対する仏教側の理論はどのように構築されるのであろうか。哲学理論が唯物↓唯心↓唯理の順で展開し、仏教においては、それが順に倶舎・唯識・天台等に該当するというのは、井上に一貫している説であり、仏教の理論づけもその上に成り立っている（同、二九八頁等）。そのうち、唯理説こそが最高の真理を示す理論であり、仏教においては真如縁起《しんにょえんぎ》説に該当する。「物心二元を真如の一理に帰して、この理の外に物もなく、また心もなし」（同、三〇二頁）とする立場である。

そこで、もう少しその内容に立ち入ってうかがうと、まず、物心二元と真如の理体との関係、あるいは相対と絶対の関係が問題になる。これに対しては、相絶両対不離を主張し、それを「ヘーゲル氏の立つるところにすこしも異なることなし」（同、三〇五頁）とする。それを仏教的に表現すれば、「万法是真如　真如是万法、色即是空　空即是色」（同）ということになるのであり、「円融相即の法門」（同、三〇七頁）である。井上は、この関係を一枚の紙の例を挙げて説明する。一枚の紙の体は真如であり、物と心はその表と裏に喩えられる。表も裏も同じ一枚の紙であるにもかかわらず、区別があるのと同様、物心は真如に他ならないにもかかわらず、物・心・真如の区別が立てられる、というのである（同、三〇六頁）。

こうして、「事々物々一として真如ならざるはなく」（同、三〇八頁）、「煩悩即菩提　生死即涅槃」（同、三〇七頁）をはじめ、自在に「即」の論理が展開することになる。これはまさに近代日本哲学における仏教の相即論的解釈の基本路線を敷いたものといってよい。

ところで、真如の展開としてのこの世界の事々物々は無秩序なものではなく、おのずから因果の理法に従っている。仏教で因果の説を根本に据える所以である。井上は、その因果説の正当性を近代物理学の「物質不滅の規則、勢力保存の理法」（同、三一〇頁）に求める。すなわち、「宇宙間には本来一定の物質と一定の勢力ありて、常にその間に変化を営むことあるも、一塵一毫も増減生滅あることなし」（同、二七九頁）という近代物理学の元素説やエネルギー保存説に結びつけて、それによって仏教の因果説が証明されると考えるのである。同じ原理はキリスト教の天帝創造説の批判にも応用され、「仏教は学理上の宗教にして、ヤソ教は空想上の宗教なり」（同、一一八頁）と主張されることになる。近代科学を味方につけることによって、キリスト教を批判し、仏教を正当化するという常套的な方法がここに典型的に見られる。

護法愛国の仏教

宗教は純正哲学と相違して、実際的に俗界への応用がなされなければならない。そこに純正哲学に較べて複雑な要因が加わることになる。「哲学上の宗教」「知力の宗教」としての仏教は聖道門であるといわれる。聖道門は浄土門と対比されるもので、自力修行の道である。それに対して、浄土門は「情感の宗教」である。「聖道門は知者学者に通じ、浄土門は愚夫愚婦に適す」（同、二五五頁）るものである。その両者を具備することによって、仏教は「古今無二の宗教」（同）となるのである。それに対して、「ヤソ教は情感一辺の宗教」（同、二五三頁）でしかない。

仏教とキリスト教の実際面における相違は、単に知的・哲学的側面を含むかどうかというだけではない。そこには、より生臭い形で、国家との関連が問題になる。すなわち、仏教は「世間の実益」を示すという点、より具体的には、「民利を興し国益を進め、近くは一家の安全を保ち、遠くは一国の富強を助け、人をして一見して仏教の国家に裨益あるゆえん」（同、一四一頁）を示すことが要求される。すなわち「護法愛国」である。

だが、じつはこの点に関して、井上の論述はいささか歯切れの悪いところがある。当時の仏教は依然として前近代の旧弊に沈没し、「今日の僧侶は国家の無用物、社会の腐敗物」（同、一五八尽くし、国に尽くすの心をもってよく法に尽くす」（同、一五七頁）ので、「護法愛国の両義を実際に尽くして、死してなお余栄あるもの、それただヤソ教者にあらんか」（同）と言われるほどの状態であったからである。「仏教はヤソ教に対して競争せざるを得ざるとき」（同、一九三頁）にもかかわらず、「僧侶みな安臥高枕をこととす」（同、一五七頁）るという危機感こそが、井上の熱烈な言動を支える動機となるのである。

では、なぜそれほど仏教にこだわるのであろうか。もちろん、仏家に生まれたということが根本的にはあるであろうが、しかし、『仏教活論序説』の自伝的な記述によれば、仏教は真理でないとして、一度は仏教を捨てたのである。それが再び仏教に戻ることになったのは、西洋の哲学を勉強して、哲学にこそ真理があると知り、ひるがえってみると、諸宗教のうちで、仏教のみがこの哲理に合していると知ったからである。そこで、「仏教を改良してこれを開明世界の宗教となさんことを決定するに至る」（同、三三七頁）のである。

確かに、哲学的な動機が大きいことは、その書を見ていけば歴然としているが、心情的にはもう少し別の動機が考えられる。自ら仏家に生まれたがゆえに、仏教再興への情熱に燃えたという面とともに、そこには民族主義的な動機も顕著に存した。しかし、仏教もまた外来の宗教であり、そうとするならば、キリスト教と同じく日本国家の宗教とは言えないのではないか。それに対して井上は、キリスト教の場合とは事情が違うと言う。「すでに千有余年わが国に伝来し、その人心に感染する、また一日にあらず。かつ他邦にその極理のすでに跡を絶して、ひとり日本にその全教をみる」という事情から、「これを日本自国の本教というも不可なることなし」（同、一二三頁）と結論する。仏教は日本の宗教であるという主張は、この後、日本の仏教者によって継承され、仏教が国家主義体制に呑み込まれていくイデオロギー的な根拠となるものである。

こうして仏教のみが日本が誇るべきものとされる。「わが従来伝うるところの百般の事物学問、みな西洋に競争するの力なしといえども、そのよくかれに競争し、よくかれに超越するもの、ひとり仏教あるのみ」（同、一二五頁）。それは単に国内的な問題だけではない。「わが国従来の宗教を外国に伝播するときは、日本人の精神自らそのうちに含むありて、これをその国人に伝染するに至り、外国の宗教日本に入るときは、またおのずから外国の精神を日本人の思想中に注入するに至る」（同、一二三頁）。ここでは宗教が帝国主義のイデオロギー的先兵となる事情を看破している。それ故にこそ、キリスト教は日本にとって危険であり、他方、仏教を他国に宣伝していくことが国家のためにもなるというのである。

だが、現実の仏教はそのような課題を担うにはあまりに衰弱している。仏教の出世間主義や肉食妻帯の禁止は、「世間の実益」にあまりに遠いではないか。ここに、仏教改良の主張者としての井上の積極的な活動が展開されることになる。その基本は、「現今の仏教は出世間に偏するの弊あるを」（同、二一七頁）認めた上で、本来の仏教は世間と出世間の中道に立つべきものであるから、いまや「その教中の世間門の一道を振起して、教理の中正衡平を保存せんことを要する」

（同）というものである。こうして、仏教の世俗化により、「世間の実益」としての仏教を実現しようというのであり、その後の仏教界の世俗化の動向の大きな原動力となったのである。

四　先駆者のはらむ可能性

以上、明治一九―二〇年頃の井上の哲学観、仏教観をうかがってみた。資料を限定したため、必ずしも十分に解明できたわけではないが、少なくとも井上の発想の基本は押さえることができたであろう。確かにキリスト教を最大の敵として、さらに自由民権から社会主義につながる流れ（哲学的には唯物論）と対立し、国家主義・民族主義にすり寄り、仏教をそのイデオロギーとして再編していく方向に大きく踏み出したことは間違いない。それは、戦前において仏教界全体の主流を形作るものとなってゆく。

だが、そのように図式化して否定してしまうには、井上の持っている可能性はあまりに幅広く多様である。その妖怪研究にしても、本来の啓蒙的意図を逸脱するまでに深入りして、今日改めて注目を浴びるだけの内実を具えている。以上で考察した哲学・仏教論の範囲に限っても、ヘーゲル的弁証法の導入や、東西の哲学を比較し、統合しようとする方向の提示など、この後、日本の哲学思想が深化してゆくのに先鞭をつけているということができる。決して思想的に深いものではないにしても、啓蒙家としてのスケールの大きさは、もう一度見直してよいものと考えられる。

井上の影響は、日本だけに限られなかった。『哲学要領』をはじめ、その著作十数種が中国語に翻訳されて、特に西洋哲学を学ぶ啓蒙的な読み物として普及したという（葛兆光「西潮却来東瀛来」、『葛兆光自選集』、一四六―一四七頁）。仏教は哲学でもあり、宗教でもあるというその主張は、村上専精の類似の思想とともに、中国近代において仏教が注目されるのに大きな役割を果たしたと考えられる。また、それに対して、逆に欧陽漸《おうようぜん》や太虚《たいこ》の「仏法は哲学に非ず、宗教に非ず」という思想を生み出すことになった（同、一五五頁）。

中でも欧陽漸の講演録「仏法は宗教に非ず、哲学に非ず」（一九二二）は、大きな反響を呼んだものである。そこで彼は、宗教も哲学もともに西洋伝来の概念であり、それが無理やりに仏法に比べられたとして、宗教と哲学の特徴を挙げて、それが仏教に適用できるか否かを検討し、それはいずれも不可能であり、「仏法は仏法である」という結論に至っている。

欧陽漸の講演の不足部分を補った弟子の王恩洋《おうおんよう》は、仏法は宗教に非ず、哲学に非ざるが故に、両者を超えるものとして、西洋における哲学・宗教の行き詰まりを突破できるのだとして、「仏法は今時必需たるものである」という師説を補強している。それは、井上らの「仏教は哲学でもあり、宗教でもある」という主張と反対のことを言っているように見えながら、実際には、キリスト教と西洋哲学を超える道を仏教に求めるということで、一致しているのである。

第三章　倫理化される宗教
井上哲次郎

一　体制派イデオロギーの立役者

明治二二年（一八八九）、大日本帝国憲法が発布され、日本の近代化は一段落する。だが、それは自由民権運動を圧殺し、神聖不可侵の天皇を頂点に置く強権的な国家主義体制の出発でもあった。ここで忘れてならないのは、翌年、教育勅語が発布され、それが帝国憲法を補う国民教化の大原則としての役割を果たすことになったことである。憲法によって確立した政治体制は、教育勅語という道徳主義とセットとなり、しかもそれを教育という場に強制することによって、より完璧な安定した体制を確立しようとしたのである。

この体制のイデオロギー的側面の確立で大きな役割を果たしたのが、哲学者井上哲次郎（一八五五―一九四四）であった。井上というと、ともすれば独創性のかけらもない凡庸な御用哲学者というイメージが付きまとい、京都学派の独創性に対して、東京帝国大学の硬直した官学体質を象徴する戯画的な悪役以上の評価はなかなか得にくい。確かにそのような評価が当てはまらないとはいえないが、西洋の新しい哲学を導入するとともに、東洋の哲学にも注目し、比較哲学・比較宗教の道を開いたことでは、井上円了とともに先駆的な位置に立つ。円了が在野で展開したことを、アカデミズムの場に定着させたのは哲次郎であった。

本章では、教育勅語に対する内村鑑三の不敬事件を契機に、井上が先頭に立って展開した「道徳と宗教の衝突」論争の経緯と、その背景となる井上の哲学説、道徳論、宗教論を検討してみたい。日清・日露戦争間の仏教思想の大きな展開は、この論争によって提起された宗教と道徳の問題を深め、教育勅語の道徳至上主義を批判し克服していくところに根本の動機を持つのである。

井上哲次郎（巽軒《そんけん》）は、太宰府の医師の子として生まれた。新設の東京大学で哲学を専攻し、明治一三年（一八八〇）に卒業したが、同一五年には早くも東洋哲学担当の助教授に採用された。井上が世間に名を知られるようになったのは、一五年に外山正一《とやままさかず》・矢田部良吉《やたべりょうきち》とともに出した『新体詩抄』によってであるが、およそ詩人としての資質はなかった。明治一七—二三年、ドイツに留学し、帰国後は東京帝国大学文科大学教授に昇進した。ドイツの新カント派を導入してドイツ観念論中心のアカデミズム哲学を確立すると同時に、他方では、留学以前から関心を深めていた東洋哲学の研究を進め、仏教や日本儒学に関する先駆的な成果をあげた。その哲学説は「現象即実在論」と自称するものであるが、それについては後に検討したい。

井上はまた、留学から帰国するとただちに、教育勅語を奉じる国家主義的道徳主義のイデオローグとして積極的に活動し、教育勅語の公定解説書ともいうべき『勅語衍義《ちょくごえんぎ》』を翌年刊行して、勅語を国民教化の柱とする国策的キャンペーンに乗り出した。

このような井上の国家サイドに立った活動が展開され始めた明治二四年（一八九一）に、第一高等中学校教員内村鑑三による不敬事件が起こったのである。それに対して井上は直ちに論争をしかけ、翌明治二五年（一八九二）には『教育時論』誌のインタビューに答えてキリスト教批判を展開する。ここから明治二六年にかけて広く言論界を巻き込んだ「教育と宗教の衝突」の大論争へと発展するのである。この論争は、キリスト教に大打撃を与えるとともに、その後の国家主義的道徳主義の蔓延に大きな方向づけを与えることになった。その中で仏教の苦闘が始まり、それを通して道徳を超越するものとしての主体的な宗教としての仏教が自覚されていくのである。

二　教育と宗教の衝突

「教育と宗教の衝突」論争の顚末は、明治二六年（一八九三）五月に刊行された関皐作《せきこうさく》編『井上博士と基督教――一名「教育と宗教の衝突」顚末及び評論』に関連する論文が収録されていて、そこから知ることができる。井上自身は、いくつかの短い論評を発展させて、同書の刊行に先立つ四月に『教育ト宗教ノ衝突』として、独立の一書を刊行している。

この論争は「教育と宗教の衝突」と名づけられているが、実際には、内村の不敬事件をきっかけにして展開されたキリスト教と国家主義とのせめぎあいであり、国家サイドに立った井上らの反キリスト教論と、キリスト教側の弁明の応酬であった。井上のキリスト教批判の要点は、『教育ト宗教ノ衝突』で、以下の四項目に纏められている（同、一二五頁）。

第一、国家を主とせず。

第二、忠孝を重んぜず。

第三、重きを出世間に置いて世間を軽んず。

第四、其博愛は墨子の兼愛の如く、無差別的の愛なり。

この四点はすでに『教育時論』のインタビューに出そろっており、井上は終始、キリスト教を反国家的として糾弾した。しかし、同誌のインタビューはごく短いものであり、インタビューとしての性質上、井上の主張を必ずしも正確に反映したものとは言えない。そこで井上は、問題が大きくなるや、「教育と宗教との衝突」と題する長文の評論を著して諸雑誌に掲載し、これが後の著作のベースとなったものである。その論文に言う（以下の引用は、『井上博士と基督教』により頁数のみ記す）。

嚮《さ》きに教育に関する勅語の出つるや、之れに抗せしものは、仏者にあらす、儒者にあらす、又神道者にあらす、唯々耶蘇教徒のみ之れに抗せり、或は云ハん、耶蘇教徒は勅語其れ自身に抗せしにあらす、勅語を拝することに抗せしなりと、然れとも是れ唯表面上の口実に過ぎす、其実は勅語の主意を好まさるなり、耶蘇教徒ハ皆忠孝を以て東洋古代の道徳とし、忌嫌に堪へさるなり、……耶蘇教は元と我邦に適合せさるの教なり、（五〇―五一頁）

勅語の精神と耶蘇教とは、大に其趣を異にするものあり、故に苟も勅語を以て教育の方針とせば、耶蘇教徒ハ之れに抗せざるを得ず、（七〇頁）

では、勅語の精神とは何なのか。

勅語ハ元来日本に行はるゝ所の普通の実践倫理を文章にしたるものにて、其の倫理は一家の中に行ふべき孝悌より始まり、一家より一村、一村より一郷に推及し、遂に共同愛国に至りて終る、其意一身を修むるも国家の為めなり、父母に孝なるも、兄弟に友なるも、畢竟国家の為めにして我身ハ国家の為めに供すべく、君の為めに死すべきものなり、是れ我邦人が古来歴史的の結合を為して実行し来れる所なれば、今日より以後益々之れを継続して各々其臣民たるの義務を全ふすべしと云ふにあり、……勅語の主意は、一言に之れを言へば、国家主義なり、（七〇頁）

もちろん、今日から見れば、これが「元来日本に行はるゝ所の普通の実践倫理」、「我邦人が古来歴史的の結合を為して実行し来れる所」などととても言えるものではないことは明白で、儒教をベースにしながらも、明治になって作られた新しいイデオロギーであるが、当時そのような疑問はタブーであった。

井上の論は、はっきり言ってかなり粗雑なものであり、さまざまな論法が入り混じっている。すなわち、キリスト教に内在する理論や聖書における根拠、歴史的な実例、西欧の反キリスト教学者の言説、教育勅語に関わる風聞的な記事、などがごっちゃになって、今日から見れば、およそ説得力のないものである。

現今我国にて、耶蘇教家と自称する人々の気風に、面白からざる所のあるを攻撃すると、耶蘇教理を攻撃するとは、全く同一事と思ふ可からす、又同しく耶蘇教理を攻撃すと云ふ中にも、従来欧米に行ハれたりし神学説を攻撃するとバイブルに記しある所を攻撃するとは、其間おのつから差別なかる可からす、（二一三頁）

と大西祝《おおにしはじめ》が批判する通りである。しかし、その大西も、「勅語は国民の守るへき、個々の徳行を列挙したる者にハあれとも、倫理を談じたる者とは見られされはなり」（二〇九頁）と、勅語の適用範囲を狭める消極的な抵抗に留まり、そもそものことの起こりである内村鑑三でさえ、「儀式に勝る敬礼の存するあり、即ち勅語の実行是なり」（二一三頁）と、儀礼的な崇拝にまさるものとして、勅語そのものの実行を率先して主張しているほどである。勅語の呪縛はそれほど大きなものであった。多くのキリスト教弁護者は、井上の論の粗雑さを衝き、キリスト教が勅語に矛盾しないことをひたすら言い立てる以外になす術を知らなかった。

『井上博士と基督教徒』に収められた論説のうち、井上の論に正面から挑んだのは、ほとんど久《く》津《づ》見《み》蕨村《けっそん》（蕨村居士）による「非国家主義の冤罪」と題する論文一本だけと言ってもよい。久津見蕨村（一八六〇―一九二五）は本名息忠。江戸に旗本の子として生まれ、明治維新によって家が没落して苦労しながら独学し、ジャーナリストとして健筆を振るった。ニーチェに傾倒するとともに、無政府主義の紹介者でもあり、反骨の自由思想家としての生涯を貫いた。『無政府主義』（一九〇六）、『超人教』（一九一一）はいずれも発禁となっている。歴史、宗教にも詳しく、とりわけ仏教に関しては西欧の学界動向にも通じていた。主要な著作は『久津見蕨村集』（久津見蕨村集刊行会、一九二六）に収められている。

さて、蕨村は、井上の主張する「国家主義」の概念の曖昧さを衝いて、「国家主義」と忠君愛国は必ずしも一致しないこと、「国家主義」が必ずしも無条件な前提とはなりえないことを主張する。蕨村の立場は、リベラルな個人主義的な傾向が強い。

> 惟ふに国家か其の生存を保たさる可らさる所以の故は、之を組織する所以の、各個人あれハならん、若し各個人なかりせは、国家は即ち空虚なり、……果して然らは、国家は各個人の

形成する所なり、各個人は即ち国家の主人なりと云はさるを得さるへし、（三一二—三一三頁）

こうして蕨村は、「国家の統一生存が大切なればとて、各個人を犠牲に供して、一意に国家の為にのみする」「国家万能主義」に反対する（三一三—三一四頁）。その最大の論点は、「国家主義は必す常に忠君愛国なり、非国家主義は必す常に、非忠君非愛国なりと断定するは、謬見の甚しきものなり」（三二二頁）というもので、国家主義＝忠君愛国、非国家主義＝非忠君非愛国という単純化された図式に疑問を提示している。

それは何故であろうか。蕨村は、西欧の例を豊富に引く。共和政治の国は個人主義であって、国家主義ではないにもかかわらず愛国心豊かでありうるし（三一七頁）、英国のように、「皇室に忠愛なる人民なりと雖とも、一方を顧みれは、箇人の権利自由を重する事甚たし」（三一八頁）という場合もある。そもそも、「忠君」と「愛国」が必ず一致するとも言えない。暴君に対して忠であることは、必ずしも愛国にならない（三二〇—三二一頁）。

このように、蕨村の論は、「国家主義」とか「忠君愛国」のように、井上の論の中で、ひいては当時の言説の世界で当然自明視され、前提とされていた概念そのものの曖昧さを衝いた注目すべきものであった。しかし、残念ながら、当時それが大きく議論に発展していった様子は見えない。

蕨村の論の弱点は、一般論、原理論としての「国家主義」や「忠君愛国」を論ずるにとどまり、勅語を特殊日本的な問題として提示した井上に対して、論点がすれ違ってしまっていることである。すなわち、勅語そのものの問題を避けてしまっているのである。勅語そのものを問題視することのできなかった当時の言論の事情を考えれば、それもやむをえない限界であったといわなければならない。

ところで、「国家を主とせず、忠孝を重んぜず、重きを出世間に置いて世間を軽んず、其博愛は墨子の兼愛の如く、無差別的の愛なり」という四項目を挙げてみれば、ただちにこれはキリスト教ばかりか仏教にも当てはまることは明白である。実際、これらの項目は、近世以来儒者によって仏教が批判される論点とされてきたものである。

井上は、『教育ト宗教ノ衝突』の中で、「仏教にては国家及び忠孝に関する教ありて耶蘇教と同日の談にあらず」と仏教を弁護するが（同、一二五頁）、仏教を国家主義の枠から容認するというもので、仏教にとって決して名誉な評価とは言えないはずである。だが、それに対して仏教側から異議が唱えられることはなかった。

井上は、後述のように、哲学・倫理・教育などを論ずる場で、キリスト教のみならず既存の成立宗教をすべて不十分のものとして、それを超えた理想教を確立すべきことを主張する。その意味では、確かに「教育（勅語）と（成立）宗教の衝突」であり、キリスト教のみの問題ではないはずである。にもかかわらず、仏教側は井上の尻馬に乗って反キリスト教キャンペーンに浮かれ、それが自分自身に対して問いかけられた危機的な問題であることを見抜けなかった。高山樗牛によって、「仏教徒が教育宗教の衝突論に際して、専心鋭意井上氏を援助して、ともに基督教を攻撃した」ことは、「今日より見れば甚だ笑ふべき矛盾」（「明治思想の変遷」、『樗牛全集』四、二九六頁）であったと、嘲笑されることになるのである。

仏教側がようやくそのことに気づくには、なお数年かかった。日清・日露戦争間になって、清沢満之や樗牛によってはじめてこの問題が深刻に考えられ、世俗の道徳と世俗を超えた宗教の関係が正面から問われるのである。それによって、明治の宗教思想は一気に深められることになる。そのきっかけとなった点で、「教育と宗教の衝突」論争は、きわめて大きな意味を持つものであった。

三　哲学の傲慢

教育勅語の宣伝家としての井上は、国策のお先棒を担ぐイデオローグとしてあまりに評判が悪い。だが、井上は同時に、アカデミックな哲学の確立者であり、哲学の日本への定着と、東洋哲学の加味という点で顕著な業績を挙げたことも事実である。その点を無視するのは、井上への公正な評価とはならないであろう。

井上は、自らの哲学を「現象即実在論」と名づける。井上によると、本体としての実在に関する見解には、三段階あるという（「明治哲学界の回顧」、『岩波講座哲学』、一九三三）。第一段階。一元的表面的の実在論。現象そのものをそのまま実在と見る立場。素朴実在論。第二段階。二元的実在論。現象と実在とを分割して、現象は表面のもの、実在は裏面のものとして、実在を現象の彼岸に在るものとして立てる立場。第三段階。現象即実在論。融合的実在論。現象と実在とは分析すれば二種の違った概念となるけれども、事実上においては決して空間的に分離されているものではない。真実一元論。円融相即の見解。

このような実在観は、長編論文「認識と実在との関係」（『巽軒論文』二集、一九〇一）にもっとも詳しく展開されている。この論文は全七章よりなる。

第一章　認識の対象
第二章　認識の事実は如何に説明すべきか
第三章　認識の限界は那辺にあるか
第四章　客観的実在は如何にして証明すべきか
第五章　再び客観的実在に就きて
第六章　主観的実在は果して是定すべきか
第七章　一如的実在の観念

第一―三章では、認識は主観と客観からなる弁別作用であり、有限の差別の領域においてのみ

成り立つことを論ずる。差別を超えた平等の実在は認識の対象とならない。しかし、

> 主観客観を離れて別に実在ありて第三者 tertium quid の地位を占むるにあらず、即ち主観客観の差別を失了せるもの、之を実在 Wesen となす、同一体を差別して対立するものとすれば、主観客観となる、主観客観を融合して還元すれば実在となる、（『巽軒論文』二集、一四七頁）

第四章以下は、その実在の証明と、それをどのように理解すべきかという問題を論ずる。すなわち、第四、五章で客観的実在の側から、第六章で主観的実在の側から論じ、最後に第七章で、両者を超えるものとして「一如的実在」として提示する。「一如的」とは、仏教の用語に由来するが、それを井上は主観・客観の区別を超越した実在のあり方を指すものとして使用している。

ところで、井上の実在観の注目すべき点は、単に消極的に認識の不可能性として規定するだけでなく、より積極性を持ったものとして把握していることである。

> 活動が世界の実在に近き以上は、世界の実在は活動的ならざるべからず、世界の実在が活動的なる以上は、積極的に之れを考察せざるべからず、（二一二頁）

積極的の意味を有する実在の観念は、世界観及び人生観の根柢にして、一切人間社会の事は、如何に錯雑紛糾せるも、畢竟此に帰せざるはなきなり、換言すれば、実在の観念を基本として解釈し来たるにあらざれば、到底吾人々類の精神的需要を充たすこと能はざるものあるなり、（二二二頁）

このように、実在は単に現象の裏面というだけではなく、活動性を有し、積極的な価値の根源をなすものである。それ故、倫理も、美的現象も、すべてはこの実在に根拠づけられなければならない。

そうなると、実在は認識不可能であるとしても、その積極的な把握は重要な問題となる。「仮令之れを言ふべき適切の言語と文字なきも、差々之れに近似せる言語と文字を仮用するを要す」（二二五頁）。このような実在を、過去の哲学者はさまざまに名づけてきた。老子の「無名」、易の「太極」、仏教の「真如」、カントの「物如」（物其れ自身）などである。「哲学の終局の目的は他なし、唯ゝ此実在の観念を明晰にするにあるのみ」（二三二頁）。

井上の言う実在は、このように積極性を持つものであるが、しかし、それは人格性を持つものではない。「実在を人格的に想像して、恰も個人の如き状態あるものと見做す」（二二八頁）のは誤りである。これは、井上のキリスト教批判の理論的根拠となるものである。

個人は有限にして制約的なるに、実在は無限にして無制約的なり、有限にして制約的なるものと、無限にして無制約的なるものとを比較対照するが如きは、初めより推論の方法を誤れるものと謂ふべきものなり、（二二九―二三〇頁）

「無限にして無制約的」である実在は、個人的な人格性をも超えていなければならない。ここで、「現象即実在」の原則が改めて注目される。現象としての制約的な個人と、無限定的な実在は、別々のものではない。

個人は唯々現象として個体を為すのみにして、現象の他方面に於ては、即ち実在の方面に於ては、復た個体と見做すべきにあらず、実在としての個人は、空間時間及び因果の規定を超脱せるものにして、直に世界の実在に通せり、（二三〇頁）

井上の「現象即実在」の「即」は、仏教の影響を受けたものであろうが、きわめて曖昧なところがある。仏教における「即」もまた、必ずしも一義的には決められないが、無実体論に立つために、確かに、同じ存在をどちらから見るかという見方の問題に還元されうる。ところが、井上のように、一方に実在性が付与されると、当然ながら現象は仮象的なものであり、実在の方に高い価値が置かれることになる。実在が問題になる点で、仏教よりも、むしろインドのウパニシャッドやヴェーダーンタ系のブラフマンとアートマンの関係のほうがより近いともいえよう。実際、別書『倫理と宗教との関係』では、実在はブラフマンを思わせる「大我」と呼ばれている。実在と現象は「即」で結ばれながら、対等ではない。

このことは、特に先に引用した個人・個体・人格などの問題を考えてゆくときにはっきりする。個人・個体・人格はあくまで現象の次元で言えることであり、実在の次元に関わらない。それ故、究極の価値を持ち得ない。個は全体の中に解消するのである。「認識と実在」という本論文のテーマから、ここではあくまで抽象的な理論の次元にとどまっているが、ここに社会倫理の実践の問題が関わってくるとき、どのような方向に向かうかは明白であろう。個の人格よりも全体の方が優先されることになるのである。

井上の「現象即実在論」は、日本の哲学史において必ずしも評価は高くない。確かにそれほど考え抜かれた哲学体系とは言えず、後の西田などに較べると、浅薄で発展性は乏しい。しかし、社会倫理的な応用性まで考えたとき、井上の反キリスト教的、全体優位的な倫理説を支える理論として十分な機能を果たすものと考えられるのである。

ところで、このような哲学説に対して、宗教はどのような位置づけを与えられるのであろうか。「哲学は知的考察によりて実在の観念を明晰にせんとし、宗教は信仰によりて実在の観念を宣伝す」（二三一頁）。この限りでは、哲学と宗教は同等に立つように見える。ところが、じつは両者は同等ではない。

宗教家にして知的進歩を為さば、必ず哲学者に同異せん。然れども人類智識の差異は、如何ほど時日を経るも、如何なる方法を取るも、到底平等にするの期なかるべし、殊に人民をして尽〻く哲学的智識を得せしむること、全く不可能の事に属す、是故に宗教の哲学と併行して勢力を占むべき余地は、何等の時代にも之れあるなり、……是れ無学不識の徒の絶ゆる時なかるべければなり、（二三五頁）

哲学と宗教は同等でない。知的進歩が進めば、哲学に帰着するのであるが、無智蒙昧の人間が絶えない以上、すべての人が哲学に入ることは不可能であり、宗教の残る余地があるというのである。ヘーゲルを思わせるような哲学の傲慢である。

四　「理想的宗教」の内実

こうして、一見無関係に見える井上の「現象即実在」の哲学と、勅語に基づく倫理説は、じつはかなり密接に関連していることがわかった。「現象即実在」論も単に抽象的な哲学理論ではなく、その背後にきわめて強い実践的な倫理への志向がはたらいていたのである。そこで、新たに倫理が問題になり、倫理との関係で宗教が論じられることになる。それが明治三五年（一九〇二）刊の『倫理と宗教との関係』である。

「教育と宗教の衝突」において宗教は教育の立場から批判的に見られ、また、その哲学説においても、宗教はすげなく扱われたかに見えた。だが、例えば『巽軒講話集』でも宗教関係の講演がきわめて多く、また、後には『哲学と宗教』という論文集を刊行していることからも知られるように、井上の宗教に対する関心は終始強いものがあった。『倫理と宗教の間』は、このような井上がもっとも強く関心を持つ倫理と宗教の関係を論じたものとして注目される。

本書は全八章からなり、付録として「将来の宗教に関する意見」を付している。全八章は以下の通りである。

第一章　叙論
第二章　倫理学者の謬見
第三章　宗教家の謬見
第四章　倫理の根柢
第五章　宗教の根柢
第六章　宗教と道徳
第七章　理想的宗教即ち理想教
第八章　結論

第二、第三章は、倫理や宗教に関する誤った見方を論じている。倫理に関しては、それを記述的に捉える方法や、認識中心の理解を批判する。宗教に関する批判は注目される。宗教を歴史的宗教と理想的宗教に分け、「宗教上の偏見は全く歴史的宗教の特殊性に執着するより起る」（二五頁）とする。

今日、特殊な事情のもとに成立した歴史的宗教はもはや使命を終えた。「特殊の宗教を産出したる特殊の境遇と特殊の事情とは、世界的交通の発展と共に消滅の途に就き、各地方の人類は同一の境遇と同一の事情に投ぜらる、事となれり」（二四頁）。

このような情勢下、「特殊の宗教の代はりに、人類一般に共通なる宗教の起らんこと、豈に期して竢つべからずとせんや」（三五頁）。こうして、「人類一般の宗教」「理想的宗教」が要請されるに至るのである。

続く第四、五章では、倫理と宗教の根底は一つであり、それが「実在」であることが明らかにされる。もっとも、倫理に関しては、直ちに実在に言及されるわけではない。ただ、「動作をして道徳的ならしむるものは、感情にして、動作の決行は全く意志に存すること疑なきなり」（五一頁）と、感情と意志を重視するところが注目される。

倫理に関して、もう一つ注意されるのは、道徳に消極と積極の二方面を立て、積極的道徳を重視している点である。積極的道徳とは、「自由発展」「自我の進化」を求めるものである。だが、そこで実現される自我は、「社会に於ける自我の自由発展」である（五四頁）。自我の実現が個を超えたところでなされるということ、まさにそこに宗教と倫理の接点が見出されてゆくのである。

宗教に関しては、直接に「実在」が言われる。そして、ここでもまた、「個体性」の超越が説かれる。

実在は所謂大我なり、……大我の意志に従つて己れが動作を規定し、天真自然の同情によりて一切を融合調和せば、即ち其個体性を超絶して無差別平等の実在と合一せば、天空海闊の地位を得て、自ら円融無碍の態度に出づるを得ん、……此の如く内界に認められたる実在は宗教の根柢にして、又倫理の根柢なり、(六八頁)

こうして、「個」を超えた「実在」に従うことが言われるとともに、「人格てふものは人間が自他の差別をなす所の経験によりて始めて得る所」(七〇頁)であり、実在と関わりないものとされる。これは人格神を説くキリスト教批判であるとともに、個の人格に基礎を置く倫理観を拒否することになる。

第六章では、宗教が自然教から文明教へと発展してきたことを説き、さらにそこからより高次の理想教に向かわなければならないことを言う。

人類の生命には、仏教若くは基督教よりも尚ほ重大なるものありて存するなり、其重大なるものといふは、進歩に外ならず、進歩の為には唯ゞ道徳を要するのみ、道徳は仏教若くは基

督教に代はりて宗教の地位を占むべきものなり、是れを理想教となす、(八四頁)

理想教とは、まさに「倫理的宗教」(八七頁)である。しかし、それならば、宗教はなくなって、倫理だけあればよいのではないか。

倫理を実行する根本主義は、世界及び人生観に本づかざるべからず、若し宇宙に対して安心立命の地位を得るにあらざれば、倫理は各個人の胸中より徹底したる実現を成すこと能はざるなり、(八八頁)

倫理は宗教と同根の実在に根ざさなければならない。その点で、宗教と一体化する必要があるのである。それ故、最終的に次のように言われる。

今後は世界及び人生観を基礎とせる倫理(即ち宗教的倫理)さへあれば足れり、是れ即ち将来人類の宗教たるべきものにして、一切過去の宗教の如き、最早其必要あるを見ざるなり、(九〇―九一頁)

では、理想的宗教は具体的にどのような内容を持つものであろうか。それが第七章に論じられる。それは、まさに欧羅巴文明と亜細亜文明、キリスト教と仏教を融合調和するものでなければならない。そして、その課題を担うものこそ、両文明を併せて受容した日本民族に他ならない。

日本民族は、仏教と基督教とを融合調和すべき天職を担へるものにして、此天職を決行するに最も適当なる地位に立てり、……今仏教と基督教とを融合調和するは東西二種の文明を打ちて一丸となすものなり、是故に日本民族は東西二種の文明を結婚せしむる媒介者なりといふべきなり、（九五―九六頁）

東西文明を結合し、新しい文化を築く使命を日本が有するという観念は、その後の日本の思想界の民族主義的な動向の定型的な発想法の一つとなるものである。

では、そのような仏教とキリスト教を融合した理想的宗教とはどのようなものであろうか。「終局の理想は至善 Summum Bonum にして絶対的のものなり、此絶対的の理想は大我にして此理想を実現せんと努力する者は小我なり」（九七頁）と言われており、大我・小我の観念は、ウパニシャッドなどのブラフマンとアートマンの関係を想起させる。しかし、倫理宗教である以上、決して現世を離脱して、解脱を求めるのではない。

理想は吾人々類を活動せしめ、随て又進修の途に就くを得せしむるものなり、故に理想は人

間社会改善の本源として、実力あること、以て知るべきなり、（一〇〇頁）

終局の理想は実在に外ならず、但々実在が実行の規範となりたる時、始めて理想として吾人々類の頭脳に映写し来たるなり（一〇五頁）

理想は精神的生命の源泉なり、理想を実現せんと努力すれば、炎々たる不断の活気を生ず、是に於てか生命は唯々進化発展するのみにて、復た退化に陥るの恐れあるなし、（一〇六頁）

究極の理想である実在に向かって、努力を続けること、そこにこそ倫理的宗教の真髄がある。こうして最後は一種の理想主義とも言うべき立場に帰着する。だが、その理想の具体的な内容とは何かという点は、これだけでは必ずしもはっきりしない。しかし、第八章の結論に至って、それは「国民」というレベルで考えられていることがはっきりする。

理想教は国民としての精神上の理想を付与するものなり、理想教の如き精神上の理想を実現せんことを企図せば、其勢力未来永遠に洋の東西に普及せんこと、期して竢つべきなり、（一一三―一一四頁）

こうして理想的宗教は民族主義的でありつつ、しかも気宇壮大な理想論へと帰着する。だが、それにしても、このような理想的宗教は、たとえ日本国民がそれを産み出し、普及させる使命を持つとしても、普遍的な妥当性を持つべきものであるならば、一国民に限られるものではないはずである。いまや「各地方の人類は同一の境遇と同一の事情に投ぜら」れているのであり、歴史的宗教のような地域的特殊性に縛られることはもはや認められない。

それならば、特殊日本的な「国体」に依存する教育勅語の道徳はどのように位置づけられるのであろうか。両者は矛盾しないのであろうか。「明治哲学界の回顧」の中で、井上は言う。

> 倫理は普遍的一般的方面と特殊的差別的方面とがあるものと見なければならぬ。明治以後、倫理を講ずるものが動《やや》もすれば一般的普遍的の方面のみに着目して、特殊的差別的方面を度外視するの傾向あるは、実践道徳の上から見て甚だその当を得ざるものである。それで自分は国民道徳を力説することになったのである。（同書、七九頁）

日本は東西を統一する新しい普遍的価値観を普及する使命を持っていると見るか、それとも日本固有の「国体」に基づく日本固有の価値観に立つべきか。それは日本のナショナリズムの二つの動向であるように思われる。井上は、両者の間を揺れながら、次第に後者の色合いを強めていったようである。

いずれにしても、その中で井上の言う「歴史的宗教」は、克服されるべきものと見られた。もっとも正面から否定されたのはキリスト教であり、それに対して、仏教は井上自身、その哲学から学ぶところも多く、一概に否定されているわけではない。『釈迦牟尼伝《しゃかむにでん》』のような本格的な研究書も著している。だが、彼の理想的宗教の立場からは、仏教もまた歴史的宗教の一つとして克服されなければならないものと考えられた。『釈迦牟尼伝』の中で、釈迦が仏教を立てたが故に、それを受け入れた釈迦族が滅亡した事例について、「仏教の如何に国家を隆盛にするに効力なく、寧ろ之れに反する結果を生ぜしかは此に由りて察知すべきなり」（同、二〇六頁）と論評しているのは、このような井上の立場をよく表わしていると言うことができる。

ちなみに、井上は神道を宗教にあらずとみなすことには疑念を表明している。しかし、宗教を倫理化し、非宗教化しようとする井上の方向は、神道を非宗教化して全国民に課そうとする国の神道政策と、きわめて近似する面のあることもまた間違いない。

第四章　講壇仏教学の成立　村上専精

一　原坦山の実験

明治は一般思想界に大きな変革を呼び起こしたのと同時に、教育研究機関のあり方にも決定的な大転換を引き起こした。もちろん慶応大学や早稲田大学のように批判精神を持った私学の形成も重要であるが、何といっても新時代の研究教育の中心を担ったのは、国家主導で成立した国立大学（帝国大学）であり、とりわけ東京（帝国）大学を中心としたアカデミズムの世界が成立する。仏教研究においても事情はまったく同様である。本章では、そのアカデミズム仏教学の基礎を作った村上専精を中心に、今日まで続く近代の仏教研究の問題点に検討を加えてみたい。その前にまず、村上以前から簡単に見ておこう。

東京大学（後の東京帝国大学）で仏教が講じられるようになった端緒は、明治一二年（一八七九）であり、原坦山《はらたんざん》（一八一九―一八九二）が仏書講義を担当した。この講義は、明治一四年（一八八一）に印度哲学と改められ、明治二三年（一八九〇）に村上専精に代わるまで、原と吉谷覚寿《よしたにかくじゅ》が隔年で担当した。アカデミズムにおける仏教の講義はここに始まる。

原坦山は磐城の武士の出身。昌平黌《しょうへいこう》で儒学を学び、医学をも修めた後、駒込吉祥寺（曹洞宗）の栴檀《せんだん》学寮で講義を行なった。そのとき、寮司の京璨の勧めで仏門に入り、諸所に学んだ後、京璨の法嗣となった。

幕末明治初期の仏教者といえば、戒律堅固な福田行誡《ぎょうかい》が有名であり、また、西洋の科学に反発して須弥山《しゅみせん》説を主張した佐田介石《さだかいせき》のごときもいる。彼らの保守的復古論に対して、坦山は、積極的に西洋の科学的実証主義を取り入れて、仏教の心識説を合理的な医学説として再編しようとした。いわば開化派とも言うべき立場であり、その合言葉は「実験」であった。

宗教は西洋にては一大学科の高位に居り、諸学と対峙す、……後世無神論起り、……天地は決して一時の製造物にあらざることを実験するに至り、遂に造物主を以て、上古蒙昧の妄計想造に帰せり、（『坦山和尚全集』、四二頁）

では、西洋の科学に対して、仏教はどこに特徴を求められるのか。

外物の真理を究むる者は理学化学に及ぶものなく、心法の実理を尽す者は仏教に如く者なし、

（同、一九頁）

その「心法の実理」を医学と結びつけて、「実験」に基づいて解明したというのが、脳脊異体論であり惑病同原論である。その主要な主張は、明治二年（一八六九）に刊行された『時得抄』の中に収録されている。その主張の第一は、『脳脊異体論』に論じられる。そこでは、脳と脊髄を同質であるとする西洋の医学説を破し、両者が相反する性質のものであることを仏教の立場から主張する。

> 蓋頭脳は霊覚心識の本原にして九対の筋を起し、開見覚知応動記識の妙用を具す、脊髄は集造執持の心体にして覚知を具せず、三十一対の筋液を醸起し、全身を生養補益す、……夫脳中え（ママ）流入する所の脊髄液脳気と和合して諸部に流行して、其廃液身外に泄除して滞碍なきは健康無恙の身体とす、若通身に滞碍する者一時に発動すれば熱病となり、其勢稍弱なれば瘧《ぎやく》疾《しつ》となり、脳中に滞碍すれば頭痛を起し、胸腹に滞結すれば癪疝《しやくせん》となり、肺中に滞壅《たいよう》すれば労瘵《ろうさい》となり、脚部に滞腫するは脚気と名く、（同、九九―一〇〇頁。割注略、以下同）

『心識論』によれば、脳に発するのが覚心、脊髄に発するのが不覚心であり、不覚心が覚源に流入した和合心の細なるものが無明、麁《そ》なるものが煩悩であるという（八七―九〇頁）。この用語から見て、『大乗起信論』の体系が念頭に置かれていることは誤りない。この発想から言えば、病気の根源は無明・煩悩の惑から起こることは当然ということになる。それが『惑病同原論』の主張である。

惑本は唯仏氏之を論ず、病原は医学の要門とす、所謂惑本とは無明也、……大凡身心は和合の所成なるが故に過不及偏固あれば皆疾病となす、其過不及甚しからざるを暫く健康となす、然ども世の所謂健康は惑本無明、即是病原を孕胎するを知らず（同、一〇二—一〇三頁）

こうして仏教的な無明・煩悩論をもって病気を説明し、無明・煩悩の対治をもって治病を図ろうとするのである。では、その「実験」たる所以はどこにあるのであろうか。『脳脊異体論』に言う。

大凡西洋人体の説、二千年来解剖究理の実験を以て立する所、予唯仏教内観の説に依て之を破せんと欲せば恐くば人信じがたからん、故に予又実験親証数件を挙て効拠とす、予初め定力に由て腹部の心識を断ずる時、頭面胸臆心識の部暴漲溢満を覚ゑ、胸部の心識を断ずる時、胸腹の部空浄にして頭面の部暴漲し、脳部の心識を断ずる時、頭面胸腹の部皆空浄にして後脳及脊髄液流行の部暴漲を覚ふ、是一証也、（同、一〇〇—一〇一頁）

割注によると、「定力とは仏法中惑障を断ずる方法の名也」（同、一〇〇頁）とあるが、三昧・禅定の力である。また、「凡そ断とは知覚の本体を断ずるに非ず和合心の流行を断ずる也、所謂無明滅するが故に動相即ち滅す」と言われているように、無明を滅することにより、和合心の活動をなくすことである。

禅定の力で無明・煩悩を断ずることを、はたして医学における「実験」と呼ぶことができるであろうか。当時の学界の状況において、このような「実験」がどこまで受け入れられたか、筆者は明らかにしえない。しかし、このような「実験」の立場が認められて東京大学の講師となったのであり、後には帝国学士院会員となったのである。

現代から見れば、坦山の医学説は、西洋医学に対する東洋医学の再認識として一定の評価をなしうるものではあろう。しかし、このような「定力」による「実験」を科学の実験と同一視するような立場が、長く支配的な地位を得続けることができたとは考えられない。坦山の実験説が勢力をもち得たのは、過渡期における一時的な現象である。

村上専精が講師になることによって、東京帝国大学の仏教研究は新たな段階を迎える。それは史料の学問的な処理に基づく歴史的研究である。それによって、仏教研究は自然科学の実験と結びつくものではなく、人文科学における歴史的な実証の方向に進むことになる。以下、村上の仏教研究の特徴と問題点を考えてみたい。

二　歴史的研究の確立

たたきあげの帝大教授

村上専精（一八五一―一九二九）の伝記は、『仏教統一論』第五篇・実践論下（一九二七）に付載された「自伝」に詳しい。村上はそこで、自らの生涯を振り返り、六期に分けている。

村上は丹波の真宗大谷派の末寺に生まれ、同国に幼時を過ごしたが（少年時代）、一八歳で播磨に遊学、後、越後・京都・三河に学んだ（青年時代）。明治一三年（一八八〇）、再び京都に留学して以後、研究と教育に進み（壮年時代初期）、明治二〇年には曹洞宗大学講師となって、活動の場を東京に移した（壮年時代中期）。明治二九年には東本願寺改革運動に関わり、さらに大乗非仏説論をとがめられて、明治三四年に大谷派の僧籍を離脱（壮年時代後期）。同四四年に復籍後、教育に尽力している（老年期）。

この間、明治二三年（一八九〇）から東京大学で講師として印度哲学を講じ、大正六年（一九一七）、安田善次郎の寄付による印度哲学講座の初代の主任教授に就任、同一二年に退職している。村上によって、まさに帝大アカデミズムにおける仏教研究が確立されたのである。

ところで、東京帝国大学では、すでに明治三四年に、洋行帰りの高楠順次郎《たかくすじゅんじろう》（一八六六―一九四五）が梵文学講座の教授となっていた。また、村上と近い世代では、南条文雄《なんじょうぶんゆう》（一八四九―一九二七）のように、やはりいち早く留学して西欧の梵語仏典研究の成果を吸収して帰って来た仏教研究者もいた。

しかし、南条や、当時盛名のあった井上円了（一八五八―一九一九）ではなく、村上に印度哲学の講座を任せたところに、帝大の仏教研究として何が求められていたかが知られるであろう。それは伝統教学の近代的解釈ということであった。自ら「乞食学問」と称するように（「自伝」、一二七頁）、新式の教育を受けていないだけに、村上の学問は派手さはないものの、自らの苦闘の中から築き上げてきた、借り物でないものがある。

ちなみに、井上哲次郎は、明治二四年（一八九一）にドイツから帰国するとともに哲学科の教授に就任し、同年から明治三一年まで比較宗教及東洋哲学の講義を担当したが、実質的にはその内容は印度哲学であり、明治二七年まで仏教前哲学、その後は仏教起源史を扱ったという。この比較宗教及東洋哲学は、明治三一年に講師姉崎正治《あねざきまさはる》の宗教学緒論に変わり、以後宗教学の講座として継承された。姉崎もまた、ドイツ留学中に原始仏教研究を進めたが、村上の印度哲学講座はその流れと合流することがなかった。宗教学の講座が特定の宗教に偏らずに諸宗教の比較研究を志したのに対して、印度哲学の講座は伝統的な仏教教団との関係を維持し、伝統教学を継承しながら、近代化するというところに特徴を持つことになった。

『仏教史林』の創刊

村上のアカデミックな仏教研究に対する貢献の第一は、『仏教史林』の創刊による歴史的研究の確立であり、これによってはじめて仏教研究が近代的な学問の名前にふさわしいものとなるのである。

『仏教史林』は、明治二七年（一八九四）四月八日に仏誕の日を期して発刊された。創刊号（第一編第一号）の巻頭を飾る村上の「仏教史研究の必要を述へて発刊の由来となし併せて本誌の主義目的を表白す」は、新しい学問の成立の宣言にふさわしい情熱と自負に満ちている。仏教史の研究とは、「二千九百二十二年の前に出たる釈尊の説を、二千九百二十二年の後に生れたる吾人か、此日本に於て見聞することを得るには、其間に無量の経歴あるへき」（創刊号、三頁）であり、その間を知ろうとするところに成り立つ。このように、仏教史の研究は単なる学術ではない。

夫れ仏教の性質たるや、……一方には理論的に事実的に攷究を要すると共に、他の一方には崇拝主義信仰主義を取りて実行を要するものなり、……故に本誌は門外より之を見れば学術と宗教の両成分を含有するものといはん、（同、五頁）

仏教史研究は決して理論一方のものではない。このことは、第二号巻頭の「吾曹が仏教の歴史を研究する思想（第二）」により明白に述べられている。そこでは、「現今日本の史家、大に二派に分れたるもの」として、「其一は学術的なり、他の一は道徳的なり、或は云へし、一方は考証的なり、他の一方は伝達的なり」（第二号、一頁）と分け、自らの立場はそのいずれでもないとする。それならば、どうであるかと言うと、「余輩は仏教主義の思想を以て、仏教史を研究せんとするものなり、語を換て云はゞ、仏教の眼孔を以て、仏教の歴史を見んとするものなり」（同、二頁）と言われる。ここに『仏教史林』、と言うよりも村上の仏教史観の特徴がある。そこには単純に実証史学と言えないところがある。

では、具体的にどこが「世間史家」と異なるのであろうか。古人の伝記は「奇瑞霊験」に満ちており、世間の史家はそれらを「妄伝」として抹殺する。しかし、「余輩仏教の眼孔を有する者は、奇跡霊験と雖も悉く抹殺すること能わざるものなり」（同、三頁）。ここに、後の辻善之助などによる純粋な史学の立場からの仏教史研究と異なるところがある。

もう一点、村上の仏教史観の特徴がある。それは第三号巻頭の「吾曹が仏教の歴史を研究する思想（第二）」に述べられている。それは特に教史（教理史）を扱う際の方法に関わる。教史の扱いには二類ある。「其一は一宗一派に限る特別の教史」であり、「他の一は各宗各派の相互発達せし景況、即ち普通の教史」である（第三号、四頁）。

前者の研究に当たっては、「信仰的思想を以て、成るべく其宗派の真相を顕揚し寧ろ弁護することに意を用ひて、批評的思想は少しも懐かざるべし」（同、四頁）。それに対して、後者は「信仰的思想よりも、寧ろ批評的思想を重もとなすべきなり」（同、五頁）。村上は、前者においても

『真宗全史』(一九一六)のような業績があるが、その本領とすべきは後者であり、それが『仏教統一論』に結実する。その際には、「各宗専門の人よりは、非難攻撃の声を聞くこともあるへきなり、然れとも、余は此事を意に介せず、徹頭徹尾、一定の思想を守り、後者の研究は無私公平の批評的判断を試んとするものなり」(同、五頁)。まさにその予言の通り、『仏教統一論』は、その大乗非仏説論をもって真宗教団と衝突することになるのである。

以上のように、村上は仏教史に対する方法論をきわめて明確に述べている。すなわち、第一に、当時の学術の水準から十分に批評に耐えるだけの実証性をもった学術研究であること。しかしながら、第二に、単純な学術研究ではなく、信仰的立場を同時に併せ持つこと、言い換えれば、「仏教主義」の立場に立つこと。第三に、一宗派の特殊研究と同時に、通宗派的な研究を重視すること。ここで問題になるのは、第二、第三の観点が、彼の研究に実際上どのような影響を及ぼすかということである。それには、具体的な彼の成果を見ることが必要である。

村上史学の問題点

『仏教史林』は、史論・考証・地理・教史・伝記・雑録・彙報の七つの分類によって記事を掲載する。創刊号の記事は以下の通りである。

史論　村上「仏教史研究の必要を述へて発刊の由来となし併せて本誌の主義目的を表白す」
　　　鷲尾順敬「支那に於ける仏教と道教との衝突及び調和を論す」

考証　村上「釈迦牟尼仏出誕入滅ノ年代考」
地理　南条文雄「印度古代地理」
教史　村上「真宗教史」
伝記　村上「聖徳皇太子伝」
雑録　鷲尾「古徳遺芳」
　　鷲尾（村上校閲）「支那歴代翻訳三蔵総目」
彙報

このうち、南条は村上が口説いて、いわば客分的に依頼したものであるから、それを除くと、村上と鷲尾順敬《わしおじゅんきょう》で残りすべての記事を書いている。鷲尾は村上の薫陶を受けたその一派であるから、鷲尾の助力のもとに、ほとんど村上の個人誌のような趣がある。これらの大部分の記事は連載として第二号以下にも継続し、第三号からは新たに村上の「仏教各宗発達史」の連載も加わる。これは、彼の通宗派的教理史研究を実現するものであり、後の『仏教統一論』の下地をなすものである。

後には境野哲《さかいのさとし》（黄洋《こうよう》）のような村上の協力者も加わり、執筆者も多少は広がるが、それにしても、これだけの論文を毎月連載する村上の獅子奮迅ぶりはすさまじいものであり、本誌にすべてを賭けた彼の情熱の奔出を見ることができる。

これらの論文において、村上は自らの主張を存分に具体化してゆく。例えば、「釈迦牟尼仏出誕入滅ノ年代考」は、釈迦から今日までの年数を確定するという重要な課題を担い、第一、二号に連載され、主として漢訳資料を渉猟して釈迦出世の年代を確定しようとする。後の大乗非仏説論のもととなる歴史的仏陀の解明の端緒である。村上はサンスクリットができず、また、欧米の研究状況に暗いが、しかし、漢訳資料をこれだけ網羅したこの方面の研究はその後もなく、村上の成果は今日でも生きているだけの内実を持っている。しかし、にもかかわらず、その結論を導く論理はいささか奇妙である。

余ハ外邦ニ如何ナル説ノ伝ハルヲモ顧リミス、欧米人ガ如何ナル証左ヲ得タリト云モ亦顧リミス、……仏ハ周昭王時代ニ出誕シ、周穆王時代ニ入滅スト云説ヲ取リ、頑トシテ動カサル者ナリ、（第一編第二号、一五頁）

徹底的に資料を網羅し、検討を加えながら、最後の結論の段になって飛躍してしまう。これではとても人を納得させる論証とは言えない。村上の「仏教主義」の限界と言わなければならない。同じような制約は、やはり創刊号から第二号に連載した「聖徳皇太子伝」にも見られる。ここでは『聖徳太子伝暦』によって、まさに村上の主張通り、伝説をも含みこんだ伝記となっており、歴史的事実の立場より、信仰の立場が前面に出ることになってしまった。

村上のこのような限界を、その過渡期性に求めることは容易である。たしかに、ひとつの理由は、村上が西欧のインド学・仏教学に通じておらず、また、サンスクリット資料など、インドの一次資料を扱うことができなかったことにあろう。村上の後、東京帝大の印度哲学は、洋行帰りの木村泰賢《きむらたいけん》（一八八一―一九三〇）によって、名実ともにインドの哲学を出発点に仏教を解明するという方向を明確にする。木村が昭和五年（一九三〇）に急逝した後は宇井伯寿《ういはくじゅ》（一八八二―一九六三）に継承され、日本の仏教学はインドの原典資料を取り扱うことがもっとも中心に置かれ、世界的にも最先端の成果を誇るようになる。もっともその最先端の研究を維持する基盤は依然として伝統教団であり続け、その矛盾した重層性が今日改めて問いなおされなければならなくなっているのであるが。

いずれにしても、西欧の研究やインド資料に弱いことは村上自身承知していたことであり、それゆえ、その後の村上の歴史研究は、日本に限定しつつ、『大日本仏教史』（鷲尾・境野との共著。一八九七）から、はじめての本格的な日本仏教史の概論ともいうべき『日本仏教史綱』（一八九八―九九）に結実する。『仏教史林』の果たした役割は、印度哲学＝仏教学の分野よりも、むしろ日本史における仏教史の分野の開拓という面が大きい。そもそも村上が仏教史研究を志した大きな理由は、歴史家三上参次との談話で、日本史の史料の「三分の二以上は仏教史の材料である」ことを知らされたことによる（「自伝」、一三五頁）。

とすれば、村上の最大の問題点は、インド原典を扱えなかったということではなく、むしろその「仏教主義」の価値観に求められなければならない。それもまた、実証主義に徹底し得ない過渡的性格と言われるかもしれない。しかし、単なる過渡期性だけには帰せられないところがある。そもそも歴史研究は実証だけでおさまるものではなく、そこに何らかの価値観が入ってくるのは当然である。それが「史観」と呼ばれるものである。村上においては、結局その主張が非常に新しいように見えながら、その根底の価値観は既成の仏教の枠を出ることができず、既成仏教の護教論の枠におさまり、価値観そのものを揺るがすだけの力を持ち得なかった。というか、仏教の根本の価値観を不問にするところに、表層の実証主義が成り立つ構造になっている。そこにその限界があったのではないだろうか。それは、次にみる大乗非仏説論において、大きな問題提起をしながら、結局既成の仏教教団の価値観との妥協に終わったこととも関連する。

村上は、井上哲次郎が起こした「教育と宗教の衝突」論争において、『仏教忠孝論』（一八九三）を著して井上側に立った。愛国・護教の立場は、『仏教史林』創刊号巻頭論文で、自らの決意を次のように述べているところからも知られる。

> 一に仏教史は日本の国史に至大の関係あるか故に国家を思ふ忠義心に指導せらるゝと二に仏教史は吾身の栖息する自家の経歴なるか故に仏教其者を思ひ祖先其人を思ふ義務心に勧誘せらるゝとに由るものなり、（創刊号、一〇頁）

一宗一派への偏向を避けつつ、仏教界全体の隆盛を図り、それを国家の利害と調整してゆくこと――それは東京帝国大学を頂点とするアカデミズムにおける仏教研究を支える動機として、村上以後も持続することになるのである。

三　大乗非仏説論の転変

『仏教統一論』の挫折

その後、村上の関心は教理方面に向かい、『仏教統一論』の大著に挑む。『仏教統一論』は、『仏教史林』で提示された通宗派的教理史を実現し、「仏教各宗の合同を企図する」（『大綱論』緒言、一〇頁）という雄大な実践的意図を持っている。その構成は、第一編・大綱論、第二編・原理論、第三編・仏陀論、第四編・教系論、第五編・実行論の五編からなる予定であった。

しかし、実際には『大綱論』（一九〇一）、『原理論』（一九〇三）、『仏陀論』（一九〇五）を出したところで中断し、教系論は出ないままに、はるかに遅れて昭和に入って『実践論』上・下（一九二七）が出されて終わった。教系論は『真宗全史』（一九一六）をもってこれに当てるという（『実践論』上・序論、四頁）。

『大綱論』から『仏陀論』までが刊行されたのは、次章以下に取り上げる清沢満之や高山樗牛などの活動と同様に、日清・日露戦争間であり、この時期に一気に近代の仏教思想が展開するのと軌を一にしている。学術面においても、この時期が大きな転換点となるのである。というか、村上の活動自体がアカデミズムの枠に収まりきらない、現実の場への働きかけの意味を持っていた。

村上は、後に『仏教統一論』が大幅な計画変更を余儀なくさせられたのは、個人的な事情とともに、「社会全体の思想の変化」（『実践論』上・序論、三頁）によるものであると告白している。「第一編発行当時は、理論的にも、又実際的にも、仏教統一といふことが可能であると共に、又必要であると考へた」（同、四―五頁）が、その後、「理論的には可能であるが、実際的には不可能である」（同、五頁）と認めざるを得なくなったというのである。逆に言えば、『仏教統一論』の初めの三巻が著された明治後半期は、それだけ「仏教各宗の合同」が現実的な課題と考えられていたのである。この時期の仏教界の活力に満ちていた雰囲気を窺い知ることができる。しかし、やがてその熱気は収まり、結局仏教を統合しようというようなスケールの大きな話題はしぼんでしまうのである。

大乗非仏説論の衝撃

『仏教統一論』の広範な論述は、今日でも参考になるところもあるが、その体系全体を論ずることは必ずしも生産的なことではない。それゆえ、ここではその第一編に端を発し、一連の騒動に巻き込まれることになった大乗非仏説論をめぐる問題を中心に考えてみたい。

大乗非仏説論は、『大綱論』余論第三章「大乗仏説に関する鄙見」に論じられた。ところが、それが大谷派当局の忌諱に触れることになり、僧籍を離脱しなければならない事態に至った。もっとも自伝によると、それは単にきっかけにすぎず、もともとは大谷派改革運動に淵源し、当時当局を牛耳っていた石川舜台との不和に由来するものだという（『実行論』下、所収「自伝」、一六九頁）。いずれにせよ、それによって大乗非仏説論は当時の仏教界のスキャンダラスな事件となり、さまざまな議論が展開されることになった。村上は明治三六年（一九〇三）に『大乗仏説論批判』という専著を著して、この問題をさらに追求していった。

『大綱論』は、本論の後に余論として五章をたて、「釈迦に対する鄙見」「仏身に対する鄙見」「大乗仏説に関する鄙見」「信仰確立に関する鄙見」「各宗合同に関する鄙見」と題して、それぞれの問題に対する著者の率直な意見を記している。その第三章に大乗仏説・非仏説の問題が論じられているのである。しかし、問題は第一章から連続している。

第一章では、釈迦をどうとらえるかという問題が扱われている。具体的には、「釈迦は人間なるか又人間にあらざるか」（『大綱論』、四四五頁）という問題である。通常は、「釈迦は元来人間已上の者にして、而も人間の形を現はしたる者」（同）と理解されている。それに対して、村上は「吾人は、其内実の如何を知るべき知識を有せざるなり、吾人常識の見るところは唯外形のみ」（同）と、あくまで「常識」の立場から、釈迦を人間と見ようとする。ただ、「第一流の人にして、他に比類なき人」（同、四四七頁）であり、「世に無類の大聖人なれば、亦呼で仏陀と称するに、毫も憚る所なきなり」（同、四四八頁）と結論する。

第二章では、それではなぜ複雑な仏身論が展開したのか、という問題を、特に三身説を中心に扱っている。三身説というのは、仏身に法身《ほっしん》（理念的な仏陀）、報身《ほうじん》（修行の果報として到達した仏陀）、応身《おうじん》（衆生救済のために現われた仏陀）の三つを立てるものである。その三身説の形成を、仏教の展開の二つの方向から考えてゆく。すなわち、「釈迦其人に対する思想の開展」（仏身論・仏陀論）と「涅槃其物に対する思想の開展」（涅槃論）である（同、四五二頁）。そこでどうして三身説が出てきたかというと、「初め人格的なりし仏身論は、漸く進みて理想論に移り、又初め理想的なりし涅槃論は、漸く進みて擬人的に移りし形跡あるを見る」（同、四五二頁）。

すなわち、人格的な釈迦が理想化されていく過程で、応身から報身、法身へと展開し、逆に理想論である涅槃が擬人化されていく過程で、法身から報身、応身へと展開するというのである。だが、そうして考えられた仏陀は現実的な存在とは言えない。「余は実際の仏陀は釈迦一人なりとする説を信ずる者なり。其他の諸仏諸菩薩は理想の抽象的形容なるのみ、具体的実物の存在するにはあらざるなり」（同、四五四—四五五頁）。

これは相当にラディカルな発言である。それでは、弥陀はどうなるのか。本論第三・大系論に言う。「大日と云ひ、弥陀と云ふは、本と一理の異称なるのみ」（同、三七二頁）。「弥陀を真如と見ると同時に、又真如を弥陀と見るべき所以なかるべからず」（同、三七三頁）。

このように、釈迦一仏、それも人間的な仏陀として見る立場から、余論第三章で大乗非仏説を主張することになる。「余は大乗非仏説なりと断定す、余は大乗非仏説と断定するも開発的仏教として信ずる者なり」（同、四五九頁）。「開発的仏教」とは、「釈迦滅後に於ける発達」をなした仏教である（同、四六〇頁）。

その開発の方向に二つある。「其一は釈迦説教の言句を解釈するに就ての発達なり、他の一は釈迦大悟の真理を繽繹するに就ての発達なり」（同）。すなわち、前者は釈迦の説いた言葉に忠実に従いながら、それを解釈してゆくもので、小乗であり、後者の極端な立場は教外別伝の禅や、真言、浄土など、釈迦の説教の言句外に真理を求めようとするものである。その中間に多くの大乗仏教があることになる（同、四六二頁）。

このように、本書において、特にその余論における仏陀論において、村上はきわめて明快で合理的な説を展開している。大乗非仏説論もその一環をなすものである。その立場は、第四章に明確に述べられている。


凡そ信仰なるもの大に二種ありと謂ふべき乎、其一は常識に訴へざる道理以外の信仰にして、他の一は常識に訴へて常識の認可を得る信仰是なり。此二種の信仰の中に於て、第一は社会の文運と共に退却せざるを得ず、社会の進歩と共に伴ふものは、第二種の信仰ならざるを得ず、余輩不肖、尚以て常識の判断を棄てて理外に信念を養成する能はざるなり、況や世の識者に於てをや。（同、四六四頁）

村上は宗教もあくまで「常識」で理解できるものでなければならないとする。一種の啓蒙的合理主義と言えよう。その立場は、『仏教史林』における「仏教主義」よりもはるかに明快でラディカルである。「歴史思想に比較思想を交へ、比較思想に又批評思想を加へ、常識の承認し得べき所に於て、仏教を観んとす」（同、四六七—四六八頁）と言うように、歴史・比較・批評という方法が生きている。だが、それがやがて微妙に変わってゆくのである。

大乗非仏説論の変節

村上は『大綱論』より二年後、『大乗仏説批判』を著わして、大乗非仏説論を改めて論じた。本書は、インドの仏典からはじまり、江戸時代の富永仲基に由来する論争から、同時代の議論に至るまでを詳細に跡づけた労作であり、この方面に関しては今日に至るまでもっとも優れた研究である。

ところで、ここでの問題は、こうした具体的な内容ではなく、村上自身の大乗非仏説の議論である。ところが、肝腎のこの点に関して、ここでは『大綱論』の明快さが失われて、いささか難解になっている。村上は本書で、「歴史」と「教理」という対立項を中心に据えて、大乗仏説・非仏説の問題を論ずる。

大乗仏説論たるや、教理の方面にありては確乎として成立するにも係はらず、歴史の方面にありては成立し難し、歴史の方面にありては成立し難しと雖も、教理の方面にありては明か

に成立して動かざるなり。(『大乗仏説批判』、五頁)

本書では、このように教理＝大乗仏説、歴史＝大乗非仏説と、教理と歴史を使い分けることによって、大乗仏説の成り立つ余地を認めている。徹底的に大乗非仏説を貫き、大乗仏教を「開発的仏教」としてのみ認める『大綱論』とはいささかその論調が相違している。そればかりでなく、ここでは教理＝大乗仏説の方が歴史＝大乗非仏説よりも優れているかのような論じ方がなされている。

教理的観察を以てすれば、大乗は実に真仏の説たるに於て小乗よりも一層勝れるものありて存す、何となれば、小乗は応化身の説なるも大乗は真報身の説なれば也。(同、七―八頁)

而して歴史は必ず乾燥無味に終るものにして、情熱燃ゆる如き信念の由て生ずるものにあらず、情熱燃ゆる如き信念は必ず歴史已上の処に於て起る、即ち情熱ある信念は必ず教理に由て生ずるものなり、是を以て本問題が何れに解決せらるゝも、信念の上に於て毫も関係あることなき也。(同、八頁)

歴史に情熱をかけた『仏教史林』の時代はどこへやら、いまや歴史は「乾燥無味」なるものとして教理の下に置かれるのである。しかし、そもそも『大綱論』では歴史上の釈迦の他に「具体的実物」の仏を認めておらず、「真仏」「真報仏」の説法など考えられていなかったはずである。こうして、本書では大乗非仏説論を低い歴史の次元に押しこめることにより、その衝撃を最小限にとどめ、妥協を図ろうとしたのである。

本書の結論ではまた、「大乗その者は、要するに常識已上のものなり、常識已上の者は即ち結集已上のものなり」（同、二一二頁）と、大乗が「常識已上」であることを認めている。この点でも、あくまで「常識」の立場に立とうとした『大綱論』と明らかに隔絶している。

もちろん『大綱論』の単純明快な「常識」の立場がただちにすぐれているというわけではない。しかし、少なくともそこでは、非常識が常識としてまかり通っている閉ざされた仏教界の頑迷を、世間の健全な「常識」を拠りどころにして撃つという積極さがあったはずである。しかし、ここでは「常識已上」の「教理」の立場がきわめて都合よく導入されて、仏教界の常識と世間の常識がきれいに折り合って両立し、両者が棲み分けることによって、矛盾も葛藤もなく解決してしまっているのである。

このような方向転換は『仏教統一論』全体の動向にも関わる。第三編『仏陀論』では、『大乗仏説批判』とほぼ同じ方向の仏陀論が展開されている。そこでは、『大綱論』で説かれた釈迦一仏説を維持しつつ、それとはまったく異なった方向に展開してゆく。「学者一に有形的肉身の釈迦に制せられて、無形的精神の釈尊を疑ふこと勿れ」（『仏陀論』、五四三頁）と、『大綱論』では否定された「人間已上」の釈迦が認められてくるのである。

我が釈迦は真理の覚者なり、真理の覚者は真理と合同せる者なり、真理と合同せる者は自個を打破し去りて、全く真理と冥合一致し得たる者なり。(同、五四〇頁)

此の如き本覚《ほんがく》が、即ち仏陀伽耶に於て成道せる釈迦牟尼如来なりとは、何人の推察と雖も、遠く及ばざるところならん。然れども始本不二の判断に従へば、此本覚を以て直に釈迦牟尼如来なりといはざるべからず、随ひて釈迦牟尼如来以外に、大日如来もなく、又阿弥陀如来もなしといふべし。(同、五四二頁)

本覚＝釈迦牟尼＝大日＝阿弥陀という「何人の推測」をも超えた仏陀観。確かにそれによって、仏教諸宗諸派を理論的に統合することは可能であろう。だが、世間の常識を超えて、「常識已上」の世界に飛び込んでしまったとき、それが独断でないと誰が保証できようか。もしそれが独断でないとしても、もはや世間では通用しない、仏教者だけの閉ざされた世界から出ることはできない。こうして『仏教統一論』は当初のインパクトを失って、行きづまらざるを得なくなる。『仏教統一論』の当初の壮大な目標が挫折したひとつの原因は、外側の社会の変化だけでなく、村上の思想におけるこの微妙な転換の中にも潜んでいると考えられる。

だが、この問題は決して村上ひとりにとどまるものではない。アカデミズムの中の仏教学は、その後西欧からインド原典を扱う方法を導入し、やがて世界の最先端を進むようになる。しかしその一方で、その根底を支える既成教団の価値観そのものに触れることをタブー視し、その上部構造に甘んじることになる。そして、その重層構造の中に閉ざされ、世間の「常識」とかけ離れた世界の中に自らを閉じ込めることになる。それは過ぎ去った過去の問題ではなく、現在なお深刻な問題として継続している。村上の提起した問題とその限界は、過去に押し込めて過ぎてしまうには、あまりになまなましい問題をはらんでいる。

第五章　内面への沈潜

清沢満之

一　国家社会から個の探究へ

明治二二年（一八八九）、大日本帝国憲法が発布され、ようやく日本の制度的な近代化が一段落する。次に要求されるのは、近代国家を担う近代的人間の形成である。だが、これは国家社会の近代化に較べて、はるかに厄介なことである。第一に、これは制度によって外から、もしくは上から与えることができない。あくまで個の主体の問題である。第二に、日本の近代化が西欧近代を受け入れつつ、同時に西欧近代への反発を内包するという屈折した形を取ったことにより、それを担う近代的人間像もまた、一筋縄でいかない屈折を自らに引き受けなければならなかった。

憲法発布の翌年公布された教育勅語は、あえて上から理想的人間像を提供しようとしたものである。勅語の浸透度についてはなお疑問の余地もあるが、ともあれ初等義務教育を通じて、津々浦々にまで国家が要求する人間像を宣伝したことは間違いない。また、それに従わないことが、指弾弾圧の十分な根拠になりうるその基準を提示したものであった。後者の点は、ただちに「教育と宗教の衝突」論争において、御用学者井上哲次郎によって提起され、内村鑑三の不敬事件をきっかけに、キリスト教そのものを槍玉に挙げる一大キャンペーンへと展開された。それは第三章に取り上げたとおりである。

だが、こうした表面的な華々しい宣伝で、本当に近代の思想的な担い手が生まれるはずもない。国家有為の人材ではなく、本当に自分の頭で考え、自分の足で立てる人間はいかにして可能か。それが明治三〇年代の課題となる。いわゆる個の確立という課題である。人生の価値はどこに見出されるのか。人生の理想は、国家に尽くし、国家に吸収されることで済むはずがあろうか。今まで国家政治に向かっていた知識人の目は、ここで一転して、個の内なる探求に向かう。宗教が大きなテーマとして立ち現われる所以である。

国家に吸収されない価値観の確立は、キリスト教が先行する。特に内村鑑三の影響はあらゆる方面に及ぶ。内村に衝撃を受けながら、そのラディカルなリゴリズムについていけないところから、明治三〇年代の模索が展開しているといってもよい。そこで改めて仏教に目が向くようになる。また、「教育と宗教の衝突」論争を通じて、キリスト教が打撃を受け、そこで知識人の目が仏教に向けられるようになったという面も否定できないであろう。

当初、キリスト教排撃という点で井上の尻馬に乗っていた仏教も、どうやらその根本の問題は仏教にも関わるものであることに遅まきながら気づき、井上らの国家道徳主義のキャンペーンに如何に対抗するかが大きな課題となる。その課題に清沢ら、この時代の仏教者は正面からぶつかることになったのである。

ここで、明治二〇年代から三〇年代へかけての、仏教とその周辺に関係する事項を年表として掲げてみる。

明治二三（一八九〇）　教育勅語
二四（一八九一）　内村鑑三の不敬事件
　教育と宗教の衝突論争（—二六年）
二五（一八九二）　清沢『宗教哲学骸骨』
二七（一八九四）　日清戦争（—二八年）
二九（一八九六）　鈴木大拙『新宗教論』
三〇（一八九七）　大拙、渡米（四二年帰国）
三三（一九〇〇）　浩々洞のはじまり
三四（一九〇一）　田中智学『宗門之維新』
　高山樗牛「美的生活を論ず」（日本主義からの転換）
　清沢、『精神界』発刊
　村上専精『仏教統一論』大綱論（大乗非仏説論）

三五（一九〇二）　樗牛「日蓮上人とは如何なる人ぞ」、樗牛没
三六（一九〇三）　清沢没、藤村操自殺
　　　　　　　　　岡倉天心『東洋の理想』
三七（一九〇四）　日露戦争（—三八年）
　　　　　　　　　綱島梁川、見神の実験（翌年発表）
　　　　　　　　　岡倉天心『日本の覚醒』
三八（一九〇五）　漱石『我輩は猫である』（—三九年）

こうしてみると、明治二〇年代の終わりから三〇年代へかけて、即ち、日清・日露戦争間が、新しい仏教運動勃興の時であったことがよく分かる。日蓮系の田中智学、高山樗牛、浄土系の清沢、禅系の鈴木大拙の活動が一斉にこの頃始まるのであり、それに村上専精を中心とする大乗非仏説論の論争を加えれば、近代仏教思想はほぼこの時期に形を整えたということができる。岡倉天心の英文の主著も同じ時期のものである。時あたかも藤村操の自殺に象徴される近代的自我の目覚めと苦悩の時代である。そして、それが次の時代に漱石や西田幾多郎らの文学・哲学の中に、より普遍的な形で結実してゆくのである。

このような時代をもっとも代表する仏教思想家としては、何といってもまず精神主義の提唱者清沢満之をあげなければならないであろう。

二　苦闘の生涯とその活動

清沢満之は、文久三年（一八六三）、尾張藩士徳永永則の子として名古屋に生まれた。地元で学校教育を受けた後、勉強を続けたいという理由から得度を受け、一六歳で東本願寺育英教校に入り、さらに東京留学、東京大学予備門から東京大学文学部哲学科を明治二〇年（一八八七）に卒業する。しかし、東京に残って研究生活を続けることはせず、明治二一年、東本願寺の経営する京都府立尋常中学校校長となり、また同年、清沢やす子と結婚して、愛知県三河大浜の西方寺に入った。こうして、清沢のこの後の人生は宗門のために捧げられることになった。

これ以後、清沢は、教職についたり、宗門改革運動などの表に出ての活動と、禁欲生活や病気療養のための隠遁とを繰り返すことになる。その間、明治二五年（一八九二）、三〇歳で最初の本格的な著作として『宗教哲学骸骨《がいこつ》』を出版。同書は翌年、シカゴ万博の際に英訳本が出版され好評を博した。

次の主要な活動は、明治二九年（一八九六）、同志とともに京都白川村に籠もり、雑誌『教界時言』を刊行して、真宗大谷派の宗門改革運動に乗り出したことである。彼らは「白川党」と呼ばれ、村上専精ら多くの賛同者を得たが、結局その運動は翌年には宗門から除名処分を受けて失敗に終わった（翌々年除名解除）。その後、活動の舞台を東京に移し、新法主の教育や真宗大学の改革に意欲を燃やした。

明治三三年（一九〇〇）、清沢を慕う青年たちと本郷森川町に浩々洞《こうこうどう》を結び、翌年、『精神界』を発刊して、精神主義の運動を始めた。しかし、三五年には、清沢の厳しい修道性が学生の反発を招いて、大学騒動が起こり、真宗大学学監を辞任せざるを得なくなる。家庭的にも長男と妻を続けて亡くし、自らも結核の悪化に苦しみながら、ますます思索を深め、明治三六年（一九〇三）、四一歳で没した。

このように、清沢は、一方では教団の近代化のためのさまざまな改革、他方では初期の『宗教哲学骸骨』から晩年の精神主義に至るまでの近代的な批判に耐えうる浄土教思想の深化という両面に向かって、その一生を燃やし尽くした。本章では、後者の思想面を中心に検討したいが、前者の教団改革について一言触れておくならば、それは上述の略伝からも知られるように、二つの方向に向けられている。

一つは文字通り教団の封建的な体制に対する批判である。白川党としての活動などがその中心で、教団の民主化や財務の明朗化、教学の振興策などを含むものであった。もう一つは教育に関するものである。そもそも京都中学の校長として社会的活動を開始した清沢は、教育者としても強い情熱を持っており、真宗大学の改革など、きわめて熱心であったが、あまりに熱心で厳格でありすぎたためにかえって学生の反発を買って、挫折することになったのである。浩々洞もまた、一種の教育施設ということができる。

いずれにしても、これらの教団改革もまた決して思想改革を離れたものではない。

抑も余輩の所謂根本的革新なるものは、豈唯制度組織の改良をのみこれ云はんや、否、制度組織の改良は寧ろその枝末のみ、其称して根本的革新といふものは実に精神的革新に在り、即ち一派従来の非教学的精神を転じて教学的精神と為し、多年他の事業に専注したる精神をして一に教学に専注せしむるに在り、（「革新の要領」、一八九六。『清沢満之全集』七、二三頁）

教団制度の改革も、教学の改革に基づかない限り意味はない。その意味で、思想面の改革こそが根本である。とはいえ、教団組織の改革を低く見ることはできない。旧態依然たる仏教教団への危機感は、すでに井上円了らによって表明されていた。清沢と同時期に、日蓮信仰の立場では、田中智学が既成教団に絶望して、在家の新たな運動として国柱会を興している。その中にあって、清沢はあくまでも既成教団そのものを改革しうるという信念のもとに、その中でぎりぎりまで努力を続けたところに特徴がある。その清沢の方向が、のちのちまでさまざまな問題を孕みつつも、真宗大谷派のラディカルな教団改革を生むことになった。しかし反面、清沢とその後継者の活動は教団から外に出ることがなく、その枠の中に閉鎖されることになった面も否めない。いずれにしてもこのような教団改革という面もまた、もう一度検討しなおさなければならない多くの問題を持っている。

ちなみに、このように清沢の活動が真宗大谷派の範囲に限られていたため、清沢は「宗門内（東本願寺）ではウルトラ有名人、宗門外ではほとんど忘れられた思想家」（今村仁司編訳『現代語訳清沢満之語録』、岩波現代文庫、二〇〇一、あとがき）という状況が長く続いた。それが変わりつつあるのは、何よりも新版の『清沢満之全集』全六巻（岩波書店、二〇〇二―二〇〇三）の刊行で、広い立場からの研究の基礎ができたということが大きいであろう。本章の清沢の引用はこの新版全集による。

また、現代思想の最先端に立つ今村仁司が近年清沢に注目して、上記の現代語訳を刊行したほか、『清沢満之の思想』（人文書院、二〇〇三）、『清沢満之と哲学』（岩波書店、二〇〇四）を刊行するなど、その再評価のうえで大きく貢献している。その他、清沢をめぐって最近の研究動向は大きく変わりつつある。本章執筆に当たっては、それらを必ずしも十分に参照できなかったが、本章もまた、このような清沢の再検討に寄与できればと願っている。

三　信仰と理性―初期の宗教哲学―

『宗教哲学骸骨』（以下、同書の引用は、『清沢満之全集』一により、頁数のみ記す）は清沢三〇歳の時の著作であるが、清沢自身の出発点をなすとともに、近代日本の最初の本格的な宗教哲学書として、後の西田哲学などに連なる哲学思想史上においても画期的な一書であった。井上円了においては、ヘーゲルを援用しつつ、哲学を宗教より優位においていたのに対し、清沢においては、道理（哲学）と信仰（宗教）の関係は、より複雑である。

一方で、「哲学の終る所に宗教の事業始まると謂ふべし」（六頁）、「道理は到底信仰に依らざる能はざるなり」（七頁）と、信仰の優位を説くかのように見える。しかし他方、「若し道理と信仰と違背することあらば寧ろ信仰を棄てゝ道理を取るべきなり」（七頁）と、道理の優位を認めているかのような言も見られる。その理由は傾聴すべきである。即ち、「道理は之を正すに方あり。信仰は之を改むるに軌なければなり」（七頁）と、道理による信仰の是正を必要と見るのである。そこには、「総ての衝突争闘は信仰と信仰との間に存するものなり」（七頁）という冷静沈着な宗教観が背景にある。そこに、信仰を道理をもって思索する宗教哲学が成り立つことになる。

後の精神主義に至るまで、清沢の思想は信仰に基づきながら、常にそれを理性をもって反省していくところに成り立つ。暁烏敏《あけがらすはや》や曾《そ》我量深《がりょうじん》らの清沢門下が、体験そのものの喜悦に身を任せようという傾向が強いのに対して、清沢ははるかに哲学的思弁に長じていた。

さて、そこで『宗教哲学骸骨』の体系であるが、そのもっとも基礎をなす概念は有限と無限の対立である。有限と無限は次のように性格づけられる（九頁）。

有限＝依立＝相対＝単一＝部分＝不完全
無限＝独立＝絶対＝唯一＝全体＝完全

もちろん我々衆生は有限であり、阿弥陀仏は無限であるが、非人格的な悟りや真如もすべて同じように無限の範疇に入る。無限そのものについては、本書は必ずしも深く検討していない。無限が人格的に見られるべきものなのか、非人格的なのかなどという点に関しても十分な考察はない。むしろ本書で中心的に論じられるのは、有限者である我々がいかにして無限と関わり、無限に至ることができるかという問題である。「各自の霊魂或は心識が開発進化して無限に到達するが宗教の要旨なりとす」（一二頁）と言われるとおりである。

こうして、本書は、第一章「宗教と学問」、第二章「有限無限」で原理を述べた後、第三章「霊魂論」、第四章「転化論」、第五章「善悪論」、第六章「安心修徳」と、第三章以下は、有限の我々の分析と、いかにして無限に達しうるかという実践論に当てられている。

第三章では、霊魂の有形説を否定するとともに、霊魂を単なる作用と見る霊魂無形説をも批判し、霊魂自覚説を主張している。即ち、外界の事物を覚知・慮知する主体が霊魂だというのである。ここで注目されるのは、霊魂の実在を認めていることで、これはキリスト教系の西欧の宗教哲学を受け入れた結果と思われるが、仏教の無我説への顧慮がなされていないことは興味深い。清沢においては、有限に対する無限も実在的なものと見られており、無我・空への言及がない。これは晩年の精神主義に至るまで一貫している。清沢における有限と無限のぎりぎりの緊張は、それを無我・空に解消しないことによってはじめて成り立つものなのである。

第四章では、無限から有限へ、有限から無限への転化が扱われる。ここで注目されるのは、本来転化は成り立たない、とする点である。即ち、「無限真如と有限万法とは同体並立のものにして決して前後別立のものにあらざるなり」（二二頁）と言われるとおりである。そこでは、真如縁起的な世界の展開も、霊魂が有限から無限に発展することも本来的には成り立たない。なぜならば、「若し其本真の実体に至りては唯一の無限体なれば各有限が実は無限のもの」（二三頁）であるからである。有限と無限は、その実体を一にしながら、どこまでも対立し、転換不可能である。単純な相互転換でなく、同一なるがゆえに、かえって転換の不可能と徹底した対立という両義的な関係を提示したところに、清沢の独創性がある。清沢の無限の観念には、西田哲学の「場」を予知させるものがある。

第五章は善悪論であるが、幸福を標準とする説（功利説）、良心を標準とする説、神意を標準とする説、道理を標準とする説など、倫理道徳に関する諸説を論破し、「宗教の目的は無限にあるが故に之に向ふを善とし之に背くを悪とするなり」（二六頁）と、徹底的に宗教的な次元からする善悪の基準を立て、世俗的な倫理道徳とはっきり区別する。このことは、晩年の精神主義に至っても一貫しており、宗教に世俗的な価値観と異なり、それを超える価値観を与えるものである。

第六章は修行論であるが、ここでは自力門と他力門の別を説く。自力門は「各自の心内に無限性を認知する」のに対し、他力門は「各自の有限微劣なる覚知を根基とするが故に無限は固より吾人以外にありと認信する」（二八頁）。精神主義に至ると、他力の立場に立ちながらも、無限を自らの主観的な内面に求めるようになる。その点で本書の他力の無限観はいまだ常識的である。

しかし、本書の末尾をなす次のような他力観は、きわめて適切にその独自の宗教観を表現したものと言うことができる。

安心決得の時に当りて有限無限の関係は一層顕著となり無限の範囲内に有限の存在真に明瞭となり始て有限の有限たる所以を悟りて一方には無限に対する宗教的の関係を了し一方には他の有限に対する倫理的の関係を知り所謂宗教、道徳の分斉を認識して其宗教的方面に於いては他力の摂取を仰ぎ其倫理的方面には人世の正道を践行せんことを勤むるに至るなり（三四頁）

無限の場の中で、無限の力を受けながら、有限はあくまで有限として限定される。これもまた、西田哲学に連なる優れた定式化である。

以上のように、本書の宗教観は、有限・無限の対立を軸に据え、無限を場的な包むものと見ながらも、有限は決して無限に解消してしまわない。あえて通仏教的な原理である空・無我を無視し、霊魂の実在を立てることによって、自我の解消と全体への融合で安易な解決を求めることを拒否する。これは井上哲次郎的な現象即実在論による全体主義への道を閉ざすものであり、あくまで有限な個にこだわりぬくことで、国家社会中心の常識に対して、宗教独自の価値観の構造を論理化した。本書はまさに個と内面の時代の幕開けにふさわしい名著であるとともに、清沢のその後の体験と思索が晩年の精神主義を生む、思想的な基盤を提供するものである。

四　精神主義運動の結実

「精神内」の開拓

明治三三年（一九〇〇）、清沢は浩々洞を結び、翌年、『精神界』を発刊して、精神主義の運動を始める。『精神界』に論文や講話を発表したのはわずか二年余りのことであるが、この間、大学改革に敗れ、長男と妻を喪い、自らも悪化する病に苦しむ。極限的な状況の中で結実したその思索は、まさに近代日本の生んだもっとも独創的で実り豊かなものといって過言でない。

明治三四年一月に創刊された『精神界』の創刊号に、清沢は「精神主義」と題して、正面から自らの信念を提示した。

吾人の世に在るや、必ず一の完全なる立脚地なかるへからす。……然らは、吾人は如何にして処世の完全なる立脚地を獲得すべきや、蓋し絶対無限者によるの外ある能はさるべし。（『清沢満之全集』六、三頁。以下、引用は同書により、頁数のみ記す）

初期には「無限」と言われていたのが、ここでは「絶対無限者」と「絶対」という形容を被せられる。ここで注目されるのは、『宗教哲学骸骨』のように一般化した論述でないにもかかわらず、『精神界』所収の論文では、ほとんど弥陀という特定化した呼び方をせず、「絶対無限者」という一般化、抽象化した表現を貫いていることである。清沢は常に宗門内の問題を扱いながら、宗門を超えた普遍性を持つものとして、その思想を展開しているのである。

それでは、その絶対無限者はどこに求められるのであろうか。「此の如き無限者の吾人精神内にあるか、精神外にあるかは、吾人之を一偏に断言するの要を見す」（三頁）と、精神の内か外かという問題を回避するように見えながら、次の段落では、「精神主義は自家の精神内に充足を求むるものなり、故に外物を追ひ他人に従ひて、為に煩悶憂苦することなし」（三頁）と、徹頭徹尾「精神内」に沈潜すべきことを説く。精神主義と称される所以である。端的に「宗教は主観的事実なり」（二八三頁）とも表明される。

ここで注意されるのは、精神主義が精神内に絶対無限者を求めるからといって、唯心論的に外界の実在を否定するわけではないことである。「精神主義は強ちに外物を排斥するものにあらず」（「精神主義」、三頁）と言われるとおりである。このことは「精神主義と唯心論」にはっきりと述べられている。

宇宙万有が心的現象なるも物的現象なるも、所謂物質なるものが是れ心的現象なるも或は亦独立存在のものなるも、精神主義は、此等哲学的理論には、其如何なるものなるも、毫も関係することなく、只彼等哲学上の諸論が、何れも除却する能はさる所の、我と万物、主観と客観との対立を基本として、其上に於ける実際に就きて、主観的精神の内に、満足と自由との存し得へきことを宣揚するなり。（六七頁）

即ち、精神主義は哲学上の唯心論・唯物論とは関係ないものである。それに関しては、全く常識的な「主観・客観の対立を基本として」、あくまで関心の対象となるのは「実際に就きて」（同）の実践的な問題であり、抽象的な形而上学を論ずるのとは相違する。つまり、主客対立するうちの客観については全く関心の外に置き、もっぱら主観を探求し、主観のうちに絶対無限者を見出し、主観において自足し、客観的外物に左右されないことを求めるのである。客観的外界は確かに実在するが、しかし価値的には意味がなく、ひたすら主観を探求すべしというのである。清沢はそれを「内観主義」とも呼ぶ。

内観主義は、一切の事変を主観的に処理せんとするものなり。吾人の心を無限絶対の地位にありて活動せしめんとするものなり。一切の活動を以て我の活動と認めしめんとするものなり。一切の責任を以て、自己の責任と観せしめんとするものなり。（「内観主義」、二六八頁）

この徹底した主観主義、内観主義が精神主義の特徴である。「精神主義は、彼の客観的事業の進歩、特に物質的文明の進歩に対しては、敢て妨害せんとするものにあらさると同時に、敢えて貢献せんとするものにあらさるなり」(「精神的文明と物質的文明」、四四頁)という外界への無関心こそ、内面の豊饒を約束するものである。そこには、清沢の愛したエピクテトスなどのストア派の影響を見ることもできるであろう。それはさまざまな挫折の末に達した清沢の究極の境地の表明であるとともに、国家体制の確立の中で、外に自由な活動の場を求められなくなり、内面へと向かわざるをえない時代の知識人に、深く共感を与えるものがあったと思われる。「物質主義を去り動物主義を去り、社会主義を去り、国家主義を去り、個人主義の中にも、肉体主義、不足主義、競争主義を去りて、精神主義、満足主義、自由主義に就く」(「精神主義と三世」、九二頁)という個人主義の宣言は、やがて漱石の『私の個人主義』にも連なる潮流となるのである。だが、それは並大抵のことではない。

真面目に宗教的天地に入らうと思ふ人ならば、……親も捨てねばなりませぬ、妻子も捨てねばなりませぬ、財産も捨てねばなりませぬ、国家も捨てねばなりませぬ。進んでは自分其者も捨てねばなりませぬ。語を換へて云へば、宗教的天地に入らうと思ふ人は、形而下の孝行心も、愛国心も捨てねばならぬ。其他仁義も、道徳も、科学も、哲学も一切眼にかけぬやう

になり、茲に始めて、宗教的信念の広大なる天地が開かるゝのである。(「宗教的信念の必須条件」、七七頁)

すべて「形而下」のことを捨て去るとき、初めて本当の宗教に飛び込むことができるのである。注目すべきは、「国家主義」や「愛国心」もまた捨てるべき対象となっていることである。ここには宗教が世俗の価値観を超え、それを批判する根拠となりうる可能性が示されている。これは井上哲次郎によって提起された国家主義的道徳への明白な反論となるものであり、恐らくそのことがはっきりと意識されていたであろう。宗教は国家を超え、道徳を超える。国家主義的道徳がすべてを覆おうとするとき、これは強力な抵抗の原理となるものである。

ただそれは、あくまで原理的な可能性であり、現実的にどこまで力を持ちうるかといえば、微妙である。実際、その後では、「一度如来の慈光に接してみれば厭ふべき物もなければ、嫌ふべき事もなく」(七八頁)、「国に事ある時は銃を肩にして戦争に出かけるもよい、孝行もよい、愛国もよい」(七九頁)と、腰砕けのように、現実の肯定に落ち着いてしまう。

清沢のもつこの両義性は、清沢没後の弟子たちの活動にも反映する。日露戦争時に『精神界』のグループは、非戦論に近い立場を取る。例えば、無署名の「超戦争観」(『精神界』四巻一一号、一九〇四)では、「我等は我か日本国か如何に国家存亡の戦争たりと雖も、戦争以上に超然たる所のあらんを欲する也」と、戦争以上の「永遠の霊性」こそ求むべきものとして、その立場からは、「眼中日本なく露国なく、敵なく味方なく、勝敗なく利害なく、主戦論者なく非戦論者なく」という立場を主張した。そして、「平素は仏陀の慈悲を説ける学者、又は基督の博愛を教へし牧師の輩か、戦争の開始せらるゝと同時に、政治家又は商業家など地を行く人と付和雷同」して主戦論に変わったことを厳しく糾弾する。

このように、世を挙げての主戦論の中で、かなりはっきりした非戦論に近い立場を取ったことはきわめて注目されるものである。しかし他方、同じ頃、清沢の高弟暁烏敏は『軍人之宗教』を刊行して、軍人を鼓舞している。暁烏ら清沢門下の高弟たちは、その後昭和の戦争期に戦時教学の担い手となり、戦争協力に強く踏み込んでいくことになる。清沢の両義的な態度が、このように弟子たちにも反映することになったのである。

絶対無限者との出会い

主観主義、内観主義の徹底は、一見すると他者不在の自閉的な自己中心主義に陥りそうである。だが、そうではない。「精神主義は寧ろ之に反して純然たる他力主義に拠るものと云はざるべからず」（「精神主義と他力」、七三頁）。主観において、「相対が絶対に入り、有限が無限に合する」（同）のである。

吾人は精神主義の他力的なることを宣言せざる能はざるなり。何となれば、相対が絶対に入り有限が無限と合すと云ふ所に於て、吾人は相対の外に絶対を説き有限の外に無限を説き、而して吾人が所謂自己心中の満足なるものは、即ち此絶対無限の賦与する所に外ならざればなり。（同）

絶対無限者は主観を通して出会われながら、主観の中にあるのではない。それならば、それは有限者の内なるものであるから、絶対無限者ではありえないことになる。絶対無限者が絶対無限者であるためには、有限者を超えていなければならない。こうして、ここでは他者は外に見出されるのではなく、内を通して、内を突破するところに現われてくる。それが主観の場で受け止められるのである。「精神主義の他力を云云するは、其他力が各自の精神に感ぜらるゝ所を基本とするなり」（七四頁）。それ故、絶対無限者は私に対峙するものではなく、奥から私を包むものと考えられる。絶対無限者は「無限大悲の他力」（同）というように、「大悲」が強調されることになる。他人においても、その表面だけでなく、「奥底の本体を見つけねばならぬ」（「信ずるは力なり」、一〇頁）。それは、「絶対といひ、無限といひ、光明といはるゝ所のもの」（同）である。

では、その絶対無限者とはどのようなものであろうか。『宗教哲学骸骨』でも、無限者についての考察がほとんどないことに触れた。晩年においても、「仏とか如来とか云ふものはどんな者であるかと云ふ研究は、無用であると云ふこと、よしや研究し様としても、仏とか如来とか云ふものを智力的に解決することは出来ないと云ふこと」（「信仰問答」、一〇九頁）を主張する。「全体不可思議なものは、不可思議とも云ふことが出来ぬ筈であるのを、絶対無限だとか、不可思議だとか、仏だとか、如来だとか、阿弥陀仏だとか大日如来だとか、種々様々に名づけて」（一〇六頁）いるのであるから、「之を推し進めて云ふときは、牛が仏だとか、蛇が如来だとか、鰯の頭が絶対無限者であるとか」（同）ということさえできるのである。

もっとも中心となる絶対無限者について、ほとんど説明されないということは、いささか拍子抜けするようでもあり、まして「鰯の頭」と言われても困惑しそうである。しかし、絶対無限者は、我々人間の思惟により思考したり、言葉によって表現できるレベルを超越し、それこそ「不可思議」という把握でさえ超えた存在である。それゆえ、何と名づけてもかまわないし、それ以上それについて説明できないのも当然である。それは説明されるべき存在ではなく、信じられるべき存在である。

こうして、絶対無限者そのものではなく、絶対無限者といかに関わるかが問題になる。絶筆となった「我信念」では、「如来を信ずる」ということには、「信ずると云ふことと、如来と云ふことと、二つの事柄」があるが、その「二つの事柄か全く一つのことであります」（一六〇頁）と言われている。ただ、そこには「能信と所信の別」があり、「私の能信は信念でありて、私の所信は如来である」（同）。このように、宗教は、能信（＝有限者）と所信（＝無限者）の関係によって成り立つものであり、能信の私を離れて所信の無限者が存立することはできない。

それ故、「私共は神仏か存在するか故に神仏を信するのではない、私共か神仏を信するか故に、私共に対して神仏か存在するのである」(「宗教は主観的事実なり」、二八四頁)、「実なるか故に信するにあらす信するか故に実なり」(二八四頁)と言われるのである。もちろん、「主観的事実」と言うのは、主観の恣意性に依存するということではない。無限者が外界に客観的に実在するのではなく、あくまで主体との関係性においてのみ実在するということを言ったものである。一見、仏教よりもキリスト教的な感じさえする絶対無限者を立てながら、しかし、信ずる人を離れてはその存在が認められないという点で、やはりキリスト教的な神とは違うことが明白になる。

他方、このような絶対無限者観は、素朴実在論的な伝統的阿弥陀仏観、浄土観を克服し、近代的な浄土教を成立させる上できわめて重要な要因となるものである。彼岸に浄土が実在し、そこに実在する阿弥陀仏が救いの手を伸ばし、それによって我々は来世に往生することができるのだという神話をそのまま文字通り取れば、浄土教は近代的な批判精神に対してとても太刀打ちできるものではない。「私共は地獄極楽かあるか故に地獄極楽を信するのではない、私共か地獄極楽を信する時、地獄極楽は私共に対して存在するのである」(二八四頁)と言われるとき、地獄極楽観ははじめて近代人にも納得のいくものとなる。清沢教学が浄土教の近代化であるといわれるのは、まさにこの点である。

極楽は未来に望むべきものではない。「心霊上に享くる幸福妙楽を、茫漠と遥かなる将来に期して居て、それを唯今に得やうと為さぬ。之は頗る宜しくない考である」(「一念」、二六頁)、「徒らに将来ばかりを望まず、先づ現在の脚もとを踏固めねばならぬ。……我々は現在の一念を確固にせねばならぬ」（二六—二七頁）、などと言われるとおりである。絶対無限者と関わる、まさにこの今こそが問題なのである。

道徳を超える宗教

精神主義はあくまで主観にこだわり、内面において絶対無限者と関わることを求めるのであるが、それでは外における他者との関わり、具体的には倫理はどうなるのであろうか。「彼の外客の模様によりて煩悶し悩乱せさるを云ふなり。決して接触を拒否し、共同作用を廃絶するにあらざるなり」（「精神主義と共同作用」、九七頁）と、はなはだ消極的に社会的共同性を認める。「所謂規律秩序なるものに至りても、精神主義は、決して之を無視するの要を認めざるなり」（同）と、社会倫理に対しても同様の態度をとる。

では、社会倫理の根拠はどこにあるのか。清沢はそれを「万物一体の原理」に求める。「万物の動作は、皆是れ唯一本体の規律的秩序的活動なることを信知する」（同）ことから、「其万化の一部たる人間活動の範囲に於ても、固より規律と秩序との厳在することを疑はざるなり」（同）と、社会秩序が当然認められるようになる。「個人個人の発動受動は、皆各全団体の活動の一部分を成すものと云ふて不可なきにあらずや」（九八頁）というような全体主義的な発想も成り立つようになる。

だが、このような倫理観はいわば表面的なものであり、さらに突き詰めていくと、大きな壁にぶつからざるを得ない。「万物一体」と題する論文では、まず上記と同じような万物一体観を表明した上、その立場からは、人は万物と相関し、私は万物に対して責任を持つことになると言う。

天地間如何なるものに就て見るも、或一物よりして之をいへば、其他の万物は皆此一物に属するものたるなり、……而して今や天地万物が皆我財産たり、一切生物が皆な我子たり、吾人は万物を保重し、生物を愛重せざらんとするも能はざるべし。吾人にして実に万物を保重せんか、吾人は決して之を傷害せざるべし。吾人にして誠に生物を愛重せんか、吾人は決して之を悩苦せしめざるべし。（一二頁）

天地万物はすべて我が物であり、我が子である。即ち、私は天地すべてのものに対して責任がある。どんなに離れた地域の戦争や飢餓に対しても、それを放置するならば、放置したことにより、私は加害者に転ずる。責任は無限に広がる。だが、人はそのような無限責任に耐えることができるであろうか。無限の責任を負い、それを果たすことができるであろうか。とても不可能なことではないのか。「而して、今実際吾人の心裡に就きて之を尋ぬるに、吾人は到底天地万物を我有として之を保有し、一切生物を我子として之を愛重するの精神を確立する能はざるを感ず」（一二頁）。

この無能力の実感は苦痛煩悶を呼ばないわけにはいかない。そして、この「吾人々性の至奥より発する至深の苦痛」（一三頁）こそが、道徳から宗教への転換を導く。「所謂道徳より一転して宗教に入るといふものは、蓋し良心の苦痛が進みて罪悪の感覚となり、罪悪の感覚はやがて解脱の見地を惹起するの順序をいふものなり」（一三頁）。

この転換の過程は、絶筆となった「我信念」において、より感動的に記されている。

所謂人倫道徳の教より出づる所の義務のみにても、之を実行することは決して容易のことでない。若し真面目に之を遂行せんとせば、終に「不可能」の嘆に帰するより外なきことである。私は此の「不可能」に衝き当りて、非常なる苦みを致しました。……私は無限大悲の如来を信ずることによりて、今日の安楽と平穏とを得て居ることであります。無限大悲の如来は、如何にして、私に此平安を得しめたまふか、外ではない、一切の責任を引受けてくださるゝことによりて、私を救済したまふことである。（一六四頁）

無限責任に押しつぶされ、自らの不可能に絶望する中で、無限大悲の如来に出会う。如来はそのすべての責任を引き受けてくださることで、救済してくださる。人倫道徳は道徳の不可能性に行き当たることで、道徳の領域から宗教の領域に飛躍する。宗教は道徳を超えたところに、道徳の尽きたところに始まる。

「宗教的道徳（俗諦）と普通道徳の交渉」という論文では、真宗の俗諦（宗教的道徳）は、世間一般の普通道徳とは全く異なることをいう。一般普通の道徳では「立派な行ひを目的とする」（二五二頁）のに対して、真宗の俗諦は「立派な行ひをしやうが劣悪の行ひをしやうが、其はどちらでも搆はない」（二五三頁）。なぜならば、「其実行の出来難いことを感知せしむるのが目的である」（同）からである。「道徳的実行の出来難きことを感知するよりして宗教に入り、信心を得る道に進む様になる」（同）のである。

清沢はきわめてラディカルに、宗教は道徳を破壊することがあってもしかたないと言う。「宗教を説くが為に道徳を破壊するは不都合であると云ふ議論がある。此は一寸困難な問題の様ではあるが、しかし何とも致し方はない。道徳と云ふものがさ程脆きものなれば壊れるのもよいかもしれぬ」（二五七頁）。とはいえ、もちろん道徳を破壊することが目的ではない。むしろ「宗教と道徳の区別が明かでありて宗教者は宗教の分を守り、道徳家は道徳の分を守りて各其能を尽せば各其功績を国家社会に貢献することである」（二五八頁）。

このような宗教と道徳の峻別はきわめて注目すべきことであるが、だが、それにしてもすべての責任を如来に押し付けることは無責任ではないか。如来の大悲に達した者は、そこからどのような行為を引き出すことができるのだろうか。清沢はここでもきわめてラディカルな態度を貫く。路傍に急患者がいた時、介抱すべきだろうか、黙って通り過ぎるべきだろうか。その問いに対して、清沢は「無限大悲が吾人の精神上に現じて、介抱を命じたまはゞ、吾人は之を介抱し、通過を命じたまはゞ、吾人之を通過するなり」（「精神主義と他力」、七四―七五頁）と答える。

無限大悲の如来にすべてを任せた以上、彼の行為はもはや世俗の道徳的評価とは隔絶する。そのことによって、清沢は『教育勅語』を錦の御旗とする御用主義的道徳論に対して厳しい「ノー」を突きつける。だがしかし、それにしても、それではあまりに無責任ではないのか。

実際清沢は、「宇宙間一切の出来事に関しては、私は一も責任を持たない、皆如来の導き玉ふ所である」(「倫理以上の安慰」、一二一頁)と、我々の側には一切責任がないと主張する。それればかりではない。弟子の暁烏敏は、「私共の宗教は他力主義とでも云はうか、又無責任主義とでも云はれましやう」(「如来の大命」、『精神界』二巻一〇号、一九〇二)と、「無責任主義」という言葉さえ積極的に用いている。

しかしこのような無責任主義では、世俗の問題に対して、それこそ責任をもって対処できないではないか。何か問題が起こったとき、それは私の責任ではなく、如来の責任だといって済ますことができるだろうか。清沢のラディカルな道徳否定は、ここにきて大きなアポリアに突き当たらざるを得ないのである。

五　現代に続く課題

精神主義の名のもとに清沢が提示した宗教論は、常識的な宗教観と全く異なるものであった。それは徹底した外界への無関心により、内観により主観の世界にひたすら沈潜することで、有限の我々が絶対無限者である如来と出会うのである。この徹底した外面無視と内面への沈潜は、道徳に対しても超越を求め、世俗的な倫理道徳の通用しないところに、宗教の世界の豊かな可能性を切り開く。

だが、清沢の思想の魅力は、完全に外界無視が実現し、如来の大悲にすっかり任せてそこに安住しきってしまったところにあるのではない。むしろそこに行き着くまでの厳しい葛藤と煩悶、そして世俗との緊張関係にこそ注目すべきところがある。内面主義は、国家社会中心の風潮や国家に集約する道徳論に対する断固たる否定、批判にまでもなってゆく。もちろん清沢が明治の国家主義をすっかり脱していたわけではない。だが、その純粋で一途な内面の探求は、一切の安易な妥協を排し、宗教と道徳の馴れ合いの調和を打ち壊すのである。

ひたすら内面に向かって進んだとき、いったいどのような世界が開かれてくるのか。それは明治後期の課題であっただけでなく、現代においてもラディカルな問いを投げかける。他者との調和的な関係が自明なものでなくなり、他者との関わりの困難が露わになってきた今日、ひたすら内面を突き進むことによって絶対無限者たる他者と出会おうという清沢の実験は、主観へと退却しつつ他者を模索するレヴィナスと、どこか通い合うところさえある。また、『宗教哲学骸骨』における有限と無限の関係は、後の西田の「場」の理論を予知するところもあった。

だが、そこには大きな問題も潜んでいた。そうして出会われた絶対無限者＝如来は、なによりも大悲という性格によって、有限なる我々を包む存在である。如来がすべての責任を引き受け、すべてが如来の大悲に抱擁されるとき、その安心の境地は自己責任の放棄、無責任になりおおせてしまう。内面への沈潜による外面主義の批判は、真の批判として徹底せず、結局外面への無関心によるご都合主義に陥ってしまうことに対して、歯止めを持ちえないのではないか。

恐らくそこには、清沢一人だけの問題でなく、日本の近代の持つ根本的な弱さが露呈しているとは言えないだろうか。個の確立の時代は、個そのものの徹底した孤立に苦しむことなく、内面を通して、個は大きな無限者に抱かれることになる。個は、そのような形で、やすやすとより大きなものの中に包摂され、批判性を失ってしまう。このような傾向は、清沢だけでなく、日本における個の確立といわれる動向に共通する問題点のように思われる。そして、それは過去の問題でなく、そのまま現代にまで流れ込んでいる問題でもある。

高山樗牛

第六章 〈個〉の自立は可能か

一 時代閉塞の中で

明治が終わりを告げようとする時期、大逆事件の衝撃と閉塞的な時代を敏感に受け止めた石川啄木は、「時代閉塞の現状」（明治四三）の中できわめて的確に、その状況認識を表明した。

この論文は魚住影雄の「自己主張の思想としての自然主義」に対する批判として書かれたものであるが、「自己主張的傾向が、数年前我々が其新しき思索的生活を始めた当初からして、一方それと矛盾する科学的、運命論的、自己否定的傾向（純粋自然主義）と結合してゐた事は事実である」という魚住の主張を認めるとともに、その結合を「国家といふものに対抗する為に政略的に行はれた結婚である」とする魚住の説を批判し、「我々日本の青年は未だ嘗て彼の強権に対して何等の確執をも醸した事が無いのである」と国家に対する厳しい認識を示す。それとともに、「自己主張」と「自己否定的傾向」の結合が行き詰まり、そこに「時代閉塞の現状」を見ようとする。

啄木は、明治における「自己主張」の展開を三段階に分けて論ずる。その第一は「樗牛の個人主義」であった。その後、「宗教的欲求の時代に移った」。そして、第三が「純粋自然主義との結合時代」であった。その「三次の経験」を踏まえて、「「明日」の必要」を求めなければならない、というのである。

ここでまず、樗牛こそが明治における「自己主張」の第一歩とされていることが注目される。今日ではほとんど顧みられることのない樗牛が、当時いかに重要な位置を占めていたかに我々は驚かされる。

しかし、啄木は樗牛を単純に認めるわけではなく、むしろそこにはかなり厳しい批判が見られる。「樗牛は後年彼の友人が自然主義と国家的観念との間に妥協を試みた如く、其日蓮論の中に彼の主義対既成強権の圧制結婚を企てゝゐる」とした上で、さらに続ける。

樗牛の個人主義の破滅の原因は、彼の思想それ自体の中にあつた事は言ふまでもない。即ち彼には、人間の偉大に関する伝習的迷信が極めて多量に含まれてゐたと共に、一切の「既成」と青年との間の関係に対する理解が遥かに局限的（日露戦争以前における日本人の精神的活動があらゆる方面に於て局限的であつた如く）であつた。さうして其の思想が魔語の如く（彼がニイチェを評した言葉を借りて言へば）当時の青年を動かしたに拘らず、彼が未来の一設計者たるニイチェから分れて、其迷信の偶像を日蓮といふ過去の人間に発見した時、「未来の権利」たる青年の心は、彼の永眠を待つまでもなく、早く既に彼を離れ始めたのである。

ここで言われた批判の要点は、第一に、「人間の偉大に対する伝習的迷信」があったこと、第二に、「既成」に対する理解が不十分であったこと、第三に、「過去の人間」である日蓮に偶像を見出したことである。第一の点は、前近代的な発想から自由でないということであろう。これは第三点と結びつく。第二点は「対既成強権との圧制結婚」ということで、国家権力などとの関係をぬぐいえていないということであろう。

啄木は続いて、この樗牛の失敗が明らかにしたことは、「一切の「既成」を其儘にして置いて、其中に、自力を以て我々の天地を新に建設するといふ事は全く不可能だといふ事」だという。そこから「既成の外に同じ事（＝自己を主張する事）を成さんとした」第二の宗教的欲求の時代に移ることになるという。

啄木が念頭に置いている「宗教的欲求の時代」は、綱島梁川によって代表されるが、前章でも述べたように、その前に清沢満之の活動があり、また、樗牛の日蓮への傾倒も、やはり同じ流れに位置づけられるものと考えられる。「宗教的欲求」の時代は啄木の言う第一の段階にすでに始まっていたのであり、樗牛の活動において、まさに第一と第二の段階は重なっている。ともあれ啄木によると、この第二段階は、「「科学」の石の重み」によって「九皐の天に飛翔する事を許され」ず、第三の自然主義に道を譲るとされるのである。

自然主義に関して、魚住から啄木が受け継いだ、「自己主張的傾向」と「自己否定的傾向」の結合という観点は重要である。これは、第三期における、いわゆる近代的な〈個〉の確立と科学的客観主義の矛盾というにとどまらず、第一期、第二期にも同様に当てはまる問題である。即ち、宗教的な探求は、自己を超えた神仏という絶対者もしくは絶対的真理との関わりにおいて自己が把握されるのであり、それゆえ「自己主張」は、同時に絶対者の前での「自己否定」を含むことになる。

樗牛の場合もその例に漏れない。一見〈個〉の自立であるかに見える彼の超人主義にしても、きわめて不安定なものであり、それがその日蓮信仰につながるのである。西欧が時間をかけて成熟させてきた近代的な〈個〉の確立を、日本は短時間になしとげなければならなかった。しかも国家の権力の前でその〈個〉はあまりに無力であった。こうして日本における〈個〉の確立は、当初から危うさを内在させており、それ故にこそ、この時期に宗教が大きな意味を持たざるをえなかったのである。本章では、樗牛を例として、日本近代における〈個〉の確立の問題点を探り、その日蓮信仰について検討してみよう。

樗牛は短い生涯の間に、大きな思想転換を繰り返している。特に明治三〇―三三年の日本主義の時期と、明治三四―三五年の個人主義の時期とでは、ほとんど正反対の主張がなされている。

日本主義の時代には、宗教を全面的に否定し、国家を至上視するのに対して、晩年には宗教的真理が国家に優越すると主張するようになる。

明治三〇年以前を初期の思想形成期と考えるとすれば、樗牛の思想は三期の展開を持ったということができる。『樗牛全集』第二、四巻は、このような観点から三期に分けてその作品を収録している。即ち、第一期が明治二四―二九年、第二期が明治三〇―三三年、第三期が明治三四―三五年である。

第二期と第三期の間には結核の発病による挫折があり、それが思想転換の大きな動機となったことは間違いない。しかし、個人的な挫折感だけで正反対の思想に転ずると見るのはあまりに単純な理解である。少し樗牛の著作に立ち入って読み込めば、第二期にも第三期に通ずる要素があり、第三期にも第二期から継承しているものがあることは、多くの論者が認めていることである。

ここでは、第三期の個人主義の時代を中心として、それがどのように第二期から展開するのか、また、そのなかで日蓮信仰がどこに位置するのかを検討し、そこに樗牛ひとりの問題だけでなく、日本近代の問題が含まれていることを明らかにしたい。

なお、以下の樗牛の引用は『樗牛全集』改訂注釈版七巻本（一九二五―一九三三、博文館）により、巻数と頁数のみ記す。

二　感傷主義から日本主義へ

高山樗牛（本名林次郎。一八七一―一九〇二）は、羽前国西田川郡高畑町（現、山形県鶴岡市）の庄内藩士の子であった。仙台の第二高等中学校を経て、明治二六年（一八九三）東京帝国大学哲学科に入学したが、その翌年、二四歳のとき早くも小説『滝口入道』によってその文才を示した。しかし、本書は匿名で発表され、樗牛は終生それに言及しなかった。この作品は認知されない未熟児であり、今日ではほとんど顧みられない。樗牛の思想展開に関しても、本書は除外して考えられることが多い。しかし、それほど価値のないものであろうか。

この感傷的な小説は、後の樗牛の思想展開を予知する面を少なからずもっている。第一に、『平家物語』への着目は、後の「平相国」や「平家雑感」にまで終生続く。それだけでなく、日本的なものへの愛着は、後の日本主義から日蓮への伏線となる。

第二に、その感傷的な美文は、その後書かれた「吾が妹の墓」から、当時評判を呼んだ「わがそでの記」などへと続き、さらに「清見潟日記」にまで及ぶ。樗牛におけるいわば裏側の基調を形作る流れとなっている。

第三に、滝口の生き方は、かなりの程度において、その後の樗牛の思想展開を予言する。滝口は、恋愛と失恋という挫折を通して、父に背き、国家に背き、遁世する。それはあたかも、樗牛が第三期に、病気という挫折を通して、〈個〉を主張することによって、国家を超えた日蓮という宗教家に理想を見出したことと対比される。『滝口入道』は、第二期を飛び越えて、第三期の樗牛の思想につながるのである。

明治二八年（一八九五）になると、樗牛は『帝国文学』『太陽』などに発表の場を得ることによって評論活動を開始し、翌年には鷗外との論争などを経ながら、地歩を固め、その間、大学を卒業し、仙台の二高に奉職する。樗牛は井上哲次郎を師とし、三〇年には共著で『倫理教科書』を出版している。後には倫理を超えて自己を主張するのに対して、この頃はあくまで世俗的な倫理を重視した常識的な立場にとどまっている。井上との共同作業は、必然的にキリスト教批判から国家道徳の立場へと向かい、次第に第二期の思想を形作ってゆく。

「道徳の理想を論ず」（明治二八年）では、「個人は独り以て道徳を成すに足らず、必ずや社会に於てす。社会は個人の集合にあらずして一の道徳的団体として其の人格を有す。国家亦然り、人類亦然り」（四、七四頁）と、一種の社会有機体説を示す。しかし、単純に国家主義に結びつくかというと、そうは言えない。第一に、国家のみならず、人類をも「一の道徳的団体」として挙げており、単純に国家主義にはなっていない。そればかりか「宇宙道徳」（四、一〇九頁）にまで至っている。第二に、「個々体を離れて別に全体なきを以て、是の全体に於ける客観的理想の完成は、個々体に於ける主観的理想を待たざるべからず」（四、七五頁）と、全体と個の相即関係を説き、井上哲次郎ばりの「差別即平等」「平等即差別」という「即」の論法が展開されている。この抽象的な調和的論法が破れ、全体と個人の葛藤の中に第二期以後が展開されるのである。

明治三〇年（一八九七）、仙台での職を辞して再度上京し、『太陽』の編集主幹となった樗牛は、同誌を舞台に日本主義・国家主義を鼓吹することになる。日本主義・国家主義を積極的に主張したのは、同年から翌年にかけての二年間である。この間の樗牛の日本主義・国家主義の特徴をいくつか挙げておきたい。

第一に、日本主義と国家主義とは、本来必ずしも一致するものではない。日本主義は文化的な伝統主義・自民族中心主義であり、それに対して国家主義は政治的な概念である。もちろん両者が結びつくことはしばしばあるが、必然的に結合しているとは言えない。樗牛は「宗教及び道徳の歴史的関係を審にし」（「日本主義」、四、三二七頁）という道徳論の立場から論じている。この立場は、教育勅語に立脚し、国民道徳論への流れを作る井上の方向と一致するものであり、この時期の樗牛が井上の大きな影響下にあったことが知られる。

しかし、はたして樗牛の日本主義・国家主義が一貫していたかというと、必ずしもそうは言えない。国家主義に関していえば、「吾人が国家至上主義を唱ふるは、決して理論としての個人主義、若しくは世界主義を否定せるが為にあらず。只々国家に於て実行道徳の標準、及び制裁を認識したるが為のみ」（「世界主義と国家主義」、四、三五〇―三五一頁）と、世界主義・個人主義を全面否定はしない。そればかりか、「人生の目的は幸福にあり。国家至上主義は是の幸福を実現する方便なり」（「国家至上主義に対する見解」、四、三八八頁）と、国家至上主義をとりながらもなお、それを幸福のための方便とする視点を維持している。

日本主義に関していえば、第一期に属するものではあるが、「東西二文明の衝突」では、「今日我邦は、残念ながら未だ西欧の思想を理解するに至らざるなり。よし東西思潮の優劣は暫く之を言はざるも、吾等は尚ほ未だ西洋の文明を綜合し得るの位置に達せざるなり」(四、一三九頁)と冷静な認識を示しており、「島国的哲学思想を排す」では、狭隘な「島国的哲学思想」に批判的な立場を忘れていない。

それでは、なぜ過激とも見える国家主義・日本主義を主張したのであろうか。この時期の最初に書かれた、文字どおり日本主義のマニフェストとも言うべき「日本主義」という論文で、樗牛がもっぱら力説するのは、「吾等は我が日本主義によりて、現今我邦に於ける一切の宗教を排撃するものなり。即ち宗教を以て、我が国民の性情に反対し、我が建国の精神に背戻し、我が国家の発達を沮害するものとなすなり」(四、三二八頁)という宗教批判論である。

ただし、ここで注意すべきは、樗牛の宗教批判は、例えば近代的な合理主義、啓蒙主義、あるいは唯物論からする理論的な宗教排撃ではない、ということである。「吾等は素より世界一切の民族に向つて、彼らの宗教を放棄せよと勧むるものに非ず」(四、三二八頁)と、宗教そのものは否定しない。あくまでそれが否定されるのは、日本という場においてである。仏陀教もキリスト教も外来のものであり、「由来宗教的民族にあらざる」(同)我が国にはふさわしくないものである。ここから、「今日及び将来の我邦の道徳を以て、仏陀教、若しくは基督教の手に一任するの甚だ危険なること」（四、三三四頁）を認め、「国民的特性に本ける自主独立の精神に拠りて、建国当初の抱負を発揮せむことを目的とする所の道徳的原理」（四、三二七頁）である「日本主義」が要請されるのである。

樗牛が、井上哲次郎の尻馬に乗って、キリスト教排撃に熱心だったことは、当然考えられることである。「基督教の眼中には世界ありて国家なし。個人ありて家族なし、人類ありて国民なし。人類は国家君父に背きても神に従はざるべからず」（「宗教と国家」、四、三五七頁）と、「教育と宗教の衝突」論争以来の論法により、キリスト教が一方的に批判の対象とされるのに対して、仏教に対する批判はやや屈折している。即ち、一方で仏教自体が本来キリスト教と同じような世界主義的性格を持つという認識があり、また、そもそも「宗教の主性は迷信なり」（「吾人の宗教観」、四、四七八頁）という端的な宗教否定的な言辞が見える一方、現今の仏教の腐敗堕落を攻撃するというもうひとつの面が見られる。「あはれ今日の仏教と称するものは、殆ど空虚なる形式主義に非ざるか。仏教徒と称せらるる我が国民にして、真に仏教の信仰に憑拠して、其の思想行為を規定するもの、果して幾何ありや」（「日本主義」、四、三三〇頁）と指弾される所以である。

特に、「教育と宗教の衝突」論争で、仏教者が井上の尻馬に乗ってキリスト教排撃にうつつを抜かしたことに対しては、厳しくも的確な指摘がなされている。「仏教徒が教育と宗教の衝突論に際して、専心鋭意井上氏を援助して、ともに基督教を攻撃した」ことは、「今日より見れば甚だ笑ふべき矛盾」（「明治思想の変遷」、四、二九六頁）であった。なぜならば、「井上氏は特に耶蘇教に就いて言へりと雖も、其の実は仏耶両教に対して均しく打撃を加へ」(四、二九七頁)たものであったからである。

仏教に対する厳しい指弾は、『太陽』に発表された短文中にもしばしばうかがわれる。「日本を以て仏教国となすものは、鯨を以て魚類となすものなり。所謂る日本の仏教は釈迦の仏陀教にあらず、名空しく残りて実は異なれり……あゝ仏教は、畢竟国家の寄生虫にあらずや」(「国家の寄生虫」、四、四七七頁)、「仏者の迷妄、殆ど済度の縁なきに似たり」(「須らく三十棒を加ふべし」、四・四七六)、「吾人は宗教の現在を言はず、何となれば、今の我邦には宗教なるもの存在せざればなり」(「幽霊的宗教」、四、四八四頁)等々。

このような側面からすれば、仏教(広くは宗教)の改革こそ求められることになる。実際、明治三〇―三一年(一八九七―一八九八)頃からいささか論調が変わってくる。明治三二年の「腐敗せる宗教家」では、「宗教家の運動は、須らく宗教者らしかるべし」(四、五〇三頁)と、宗教者のあるべき姿が求められ、「今の僧侶は、内に修めずして、徒に外に求め、六慾煩悩の餓鬼となりて自ら覚らず、腐敗も亦極まれる哉」(四、五〇四頁)と、宗教家の腐敗を厳しく糾弾する。

その一方で、「宗教家の立場より見れば、今の世はまさしく革命の来るべき時代也」(四、五〇四頁)と規定し、「親鸞氏、日蓮氏が其の教を創めけむ時勢は正に是の如かりき。……第二の親鸞何処に在る、第二の日蓮何処にある」(四、五〇四頁)と檄を飛ばす。「宗教家にして果して真に救世の本願を有する乎、彼等は当に是の大勇猛心を示さざるべからず。人をして血を見るを畏れしむるものは真の宗教心に非ざる也。迫害と禍難を避けしむるものは真の慈悲心に非ざる也」（同）と、激烈な大勇猛心こそ宗教家に必要とする。いわば攻撃的な宗教観ということができる。

それゆえ、樗牛が例としてあげるのは、マホメットと日蓮であり、ここに明治三四年（一九〇一）になって樗牛が田中智学の『宗門の維新』に共鳴し、日蓮にのめり込む伏線が敷かれたということができる。一見唐突な樗牛の日蓮信仰であるが、このような第二期からの連続を考えるとき、それが決して偶然とはいえないことが知られるのである。

このように、明治三二年にはすでに樗牛は宗教の全面否定から転じて、「大勇猛心」による激烈な宗教改革を求める方向に転じている。樗牛の国家主義はすでに次へと移りつつあったのである。確かに明治三三年末になっても、父親への消息に、「私一個より申せば、世の中の神も仏も信じ不申候。但祖先崇拝、死屍処分のため暫く在来の所謂宗教に表面上帰依するものに御座候」（七、六五五頁）と、不信心ぶりを強調しているが、「今日の仏教は、ドダイお話にならぬものに有之」（同）という前提に立っており、仏教界に革新運動が起これば、話は違ってこよう。

実際、樗牛はこのような観点から清沢満之らの東本願寺の白川党の改革運動（第五章参照）にも注目して、「腐敗せる宗教」で取り上げている。しかし、白川党の運動をルターと較べて評価する説に対して、結局挫折した彼らの運動は到底ルターに比すべくもないと批判している。白川党に関しては、別に明治三三年に「東本願寺と村上専精氏」という比較的詳しい論で扱うなど、樗牛の関心の並々でなかったことが知られる。

こうして、「腐敗せる宗教家」の論文は、「時勢は革命を招く、一人の大勇猛心を奮起して本邦宗教界の風色を一変するもの無き乎」(四、五〇六頁)という一文で結ばれている。それはまさに『宗門之維新』を予言するものとも言える。樗牛が智学に狂喜し、日蓮信仰にのめり込む機は熟してきた。

ところで、第二期に関して、もう一点注意すべきことがある。それは、勇ましい日本主義の評論を次々と発表する一方、明治三〇年(一八九七)には「わがそでの記」のような感傷的な文章をも発表していることである。この頃から樗牛はしばしば病気に悩んだようであり、野心家で常に攻撃的な樗牛にとって、病気でその活動を制約され、静養しなければならないことは、はなはだ苦痛であったであろう。

樗牛は力を求め、ひたすら〈強さ〉を目指した思想家であった。それが国家主義ともなり、個人に向かえば、ニーチェに傾倒し、天才主義を主張することになり、日蓮=智学の闘う宗教への共感となる。すでに早い時期から厭世主義を批判し(「厭世論」明治二五年、「人生の価値及び厭世主義」明治二八年)、「人生終極の目的は所詮最大の幸福に外ならず、而して是の幸福は、人間が其の本然に固有せる能力を自由に活動せしむるに在り」(「人生の価値及び厭世主義」、四、一二七頁)という積極的な人生観を持っていた。このような基本的な方向は終生変わらない。

にもかかわらず、病気によって活動を制約され、「本然に固有せる能力を自由に活動せしむる」ことができず、それを甘受しなければならないところで、自らの〈弱さ〉を見つめなければならなかった。それが晩年の個人主義から宗教論へと結実するのであるが、この時期はいまだ「わがそでの記」のような感傷にとどまっていた。

即ち、そこでは、「まことに病は親しむべき友にてはあらざりき。沈みもだえたるこゝろに人生は其の憂鬱なる一面をもて迫るなり。楽しき、光ある世界はわれを去りて、悲しき暗き天地は、たよりなき身をつゝむなり。……われ病にかゝりて、こゝにまことの人生を見そめき」（六、二七九頁）と、病気ゆえに人生の暗い一面を見ることが言われている。

もっとも、この頃の病気は、いまだ一時的なものであり、やがて回復して復帰できるものであった。しかし、明治三三年（一九〇〇）に発病した結核によって、癒える見込みのない絶望の中に落とされる。その中で晩年の思索が深められるのである。

三　個人主義の時代

ニーチェ主義と〈個〉の確立

明治三三年は、樗牛にとって楽園から地獄に一気に突き落とされるような激動の年であった。この年三月に親友姉崎正治《あねざきまさはる》（嘲風《ちょうふう》）がドイツに留学した。六月には、嘲風に続いて、樗牛も文部省からドイツ留学を命ぜられる。嘲風が宗教学を学んだのに対して、樗牛の課題は審美学（美学）である。留学から帰れば、京都帝国大学教授の座が約束されていたという。ジャーナリズムの世界で名を挙げた樗牛であるが、浮沈の激しいその世界から足を洗い、一度ははじき出されたアカデミズムの頂点に立つことができる。まさに順風満帆であった。

ところが、得意の絶頂の人生が突然崩れだす。八月、喀血して入院。九月に予定されていた渡航は翌年に延期される。しかし、当初は比較的楽観視していて、八月二二日の嘲風宛て書簡には、「先には洋々たる春の海の如き希望もないではなかつたが、今や暗雲悲風前路を壅塞する様な感覚無きにしもあらずだ」としながらも、「乍併病気は左様の物でもないらしい」と「病人的楽観論」を述べている（七、六一六頁）。

しかし、病状は樗牛の希望的観測をはるかに超えていた。明治三四年（一九〇一）三月には、ついに留学を中止せざるを得なくなった。それはそのまま、洋々たる未来がすべて消えることであった。「君！　僕は如何にして目下の情を君に言ひ表はすことが出来ようか。洋行は断然見合はせることに決心した。……あゝ過ぎ去れることは是非もない。さればとて僕はこれと云ふ未来の見透しもない」（三月二四日、嘲風宛て、七、六八八—六八九頁）。その悲痛な思いは推して知るべしである。

このような中で、樗牛の思想は大きな転換を遂げる。病気のために、明治三三年の後半の半年間はほとんど文章を発表していない。三四年になって最初に発表した論文が「文明批評家としての文学者」で、ここで樗牛ははじめて「個人主義」を主張し、ニーチェに言及する。国家主義からの転換を告げる記念すべき力作であった。そして、八月には「美的生活を論ず」で本能主義を唱えて大きな反響を呼ぶ。

同年九月、田中智学が『宗門の維新』を刊行。それに感激した樗牛は、さっそく智学を訪れ、親交を結ぶとともに、一一月には「田中智学氏の『宗門之維新』」を発表して、智学の導きで日蓮信仰に入っていく。明治三五年、最後の年に力をふりしぼって書いたのは、「日蓮上人とは如何なる人ぞ」「日蓮と基督」「日蓮上人と日本国」などの日蓮関係の論文であった。

樗牛の「個人主義」は、まさに魚住や啄木の言う「自己主張」の先鞭として、時代に大きな影響を与えた。その「個人主義」の特徴と問題点をうかがうことは、そのまま日本近代における〈個〉の確立の特徴と問題点を解明する、何よりの手がかりとなろう。以下、その点を中心にいささか考えてみたい。

「文明批評家としての文学者」における個人主義とはいかなるものであろうか。樗牛はニーチェの超人説に言及して言う。「彼れの説は是に到りて現時の民主平等主義を根本的に否定し、極端にして、而かも最も純粋なる個人主義の本色を発揮し来りたるを見る。さはれ、歴史なく、真理なく、社会なく、国家なく、唯個人各自の『我』あるを認むるもの、十九世紀末の思想に対して何等の対比ぞや」（二、六九五頁）。

ニーチェに代表される個人主義は、時代の「民主々義と社会主義を一撃の下に破砕」するものであり、「人道の目的は衆庶平等の利福に存せずして、却て少数なる模範的人物の産出に在り。是の如き模範的人物は即ち天才也、超人也」（二、六九四—六九五頁）と主張するものである。

樗牛はすでに明治二九年（一八九六）の「天才論」で、「天才とは全く常識の彼岸に超絶し、連続律以外に独立自依の存在を有するものか」（四、二六三頁）と、天才を賛美していたが、明治三四年一一月には、「天才の出現」「天才の犠牲」「天才無き世界」「平等主義と天才」などの短文において、より激烈に「凡人」の「平等主義」を批判し、天才の出現を渇望する。

このような天才主義もしくは超人主義と結びついたところに、すでに樗牛の、ひいては日本近代の個人主義の大きな特徴が見られる。西欧の個人主義は、十七、八世紀のブルジョア民主主義の形成の過程で確立され、社会理論としての社会契約説をもっとも有力な理論として持つものであった。即ち、そこでは個人は他の個人といかに関わり、社会を形成するかということが大きな問題であり、そのための合理的な理論を形成することが課題であった。十九世紀になってブルジョア個人主義が行き詰まりを見せた段階で、その批判としてニーチェの思想が現われるのである。

ところが、日本では西欧が長い年月をかけて形成してきたブルジョア個人主義の社会理論を明治初期の啓蒙主義から自由民権までの時代に一気に受け入れ、それが国家主義的イデオロギーによって挫折したあとで、〈個〉の確立が問題になってくる。それ故、そこでは近代的な〈個〉の形成と同時に、近代を批判し、近代的個人主義を超えることが課題となってしまう。近代の確立と同時に近代の超克が課題となったところに、日本近代の特有の問題がある。近代の批判者ニーチェが、近代的な〈個〉の確立の手がかりとなるという矛盾が生まれるのである。近代日本を背負う〈個〉は、はじめから矛盾と屈折と脆弱さをはらんでいた。その問題点をもう少し樗牛に即して見てみよう。

美的生活と本能主義

「文明批評家としての文学者」に続いて、第三期のマニフェストとも言うべき「美的生活を論ず」が発表される。そこでは、それまでの国家・道徳重視の立場が完全に覆され、道徳主義の厄介な衣が脱ぎ捨てられる。「道徳は至善を予想す。……至善の実現に裨益する所の行為、是を善と謂ひ、妨害する所の行為、是を悪と謂ふ」（四、七六三頁）。だが、忠臣であれ、孝子であれ、はたして至善の観念を有して、その行為をなすのであろうか。たとえ楠公が湊川で討死したときでも、それが「公にとりての至高の満足」であったからで、至高の善というような道徳概念のためではなかったはずだ。「是の満足を語り得むものは、倫理学説に非ずして楠公自らの心事ならむのみ」（四、七六五頁）。

要するに、大事なのは道徳ではなくて、本人が満足するかどうかである。「何の目的ありて是の世に産出せられたるかは、吾人の知る所に非ず。然れども生れたる後の吾人の目的は、言ふまでもなく幸福なるにあり」（四、七六六―七六七頁）。幸福を感じ、自己満足することこそが目的なのである。

だが、それでは幸福とはなんであろうか。ここに、話題を呼んだ樗牛の本能主義が提示される。「幸福とは何ぞや、吾人の信ずる所を以て見れば、本能の満足、即ち是れのみ。本能とは何ぞや、人性本然の要求是れ也。人性本然の要求を満足せしむるもの、茲に是を美的生活と云ふ」(四、七六七頁)。

樗牛は道徳と知識が相対的であることを論ずる。道徳が善を奨励するとき、「戮力」が必要とされる。とすれば、道徳はかえって無道徳に帰着するのではないのか(四、七六九頁)。また、知識はどこまで行っても「疑問の積聚のみ」(四、七七一頁)である。とすれば、真善美のうちから残るのは美であり、美的生活のみが絶対的である。

樗牛の本能主義は、次代の自然主義の性欲肯定の思想につながるものであり、樗牛自身、「悪魔の如く詛《のろ》はるるに非ざれば、其の名決して彼等の口に上らざる也」(「性慾」、明治三四年一二月、四、八四一頁)とタブー視された性欲を、「夫の性慾の発動の醇なるものは、実にこれ天下の至美、人生の至楽也」(「性慾の動くところ」、明治三四年一二月、四、八四二頁)と賛美している。

しかし、樗牛の本能主義は決して単純ではない。第一に、本能は単に動物的本能にとどまらず、「種族的習慣」(四、七七〇頁)である。「祖先の鴻大無辺なる恩徳」(四、七七〇頁)によって伝えられてきたものである。それ故、〈個〉の問題に限定しきれない蓄積を含み持つことになる。しかし、この点は必ずしも十分に展開されていない。

第二に、美的生活は「本能の満足以外に拡充せらるゝことを得」(四、七七二頁)るものである。それ故、単純な欲望の満足というよりは、心的な満足であり、「王国は常に爾の胸に在り」(四、七七七頁)と言われることになるのである。そこには、病気によって到達された達観があり、清沢満之にも通ずる自省的な内面主義の態度がうかがわれる。

このような自省的内面主義の態度は、「静思録」（明治三五年三月）に至って、さらに深められる。ここでは、「自分はイゴイストだ」（四、七九三頁）というイゴイスト（エゴイスト）の宣言という形をとって表明される。本能主義にせよ、イゴイスト宣言にせよ、センセーショナルな言い回しで話題をさらい、旧弊に痛棒を食らわすことによって、若い世代に大きな影響を与えたところに、樗牛の面目がある。

だが、表現の過激さにもかかわらず、その内容は死病に正面から向かい合ったところに生ずる深刻なものを持っている。「自分はこの世の中で自分の外の何物をも思はない、否思はうとしても思ひ得ぬのである」（四、七九三頁）という直截な表明は、死病に立ち向かい、「自分は自分一人の身をすら持てあましてゐるのだのに、何で外を顧みる遑があらうぞや」（四、七九四頁）という内心の叫びであった。

「外には生活の為に戦ひ、内には病苦の為に悶きつゝある自分は、更に病ひよりも貧よりも、恐らくは天下の如何なる物よりも強い『己れの心』と云ふ大敵と闘はねばならないのだ」（四、七九四頁）という「己れの心」の発見は、まさに清沢満之と同様、病気を手がかりに到達しえた内面的な自己の発見であった。「自ら己れの体を持余して居る自分の様なものが、まあ如何して世の人々の為す如くに人の為とか、或は世の為とかに尽すことが出来やうぞ」（四、七九五頁）というように、「人の為」「世の為」を断念せざるを得ないところに、はじめて自己の問題が突き詰められるのである。

だが、その方向を徹底するには、樗牛にはあまりに時間が足りなかった。それだけでなく、樗牛は日蓮信仰を通して、新たに真理を外に求めることになる。

〈個〉は確立しえたか？

樗牛において、〈個〉の主張は、本能主義・イゴイズムという極端な形をとって主張された。それは、社会的に活動を封殺され、病気で死に直面する中ではじめて自己を見つめた結果であった。それは同時に、大日本帝国憲法の制定とともに、かつての自由な言動がなりを潜め、自己に沈潜せざるを得ない時代状況と合致していた。こうしてはじめて〈個〉に目が向くことになるが、その際、西欧の近代的な〈個〉の確立を超えて、その近代の克服をも同時に引き受けなければならなかった。それは、自己を確立し得ないうちに、その自己を超えなければならないという、あまりに性急すぎる要求であった。〈個〉は鍛え上げられることなく、脆弱なまま次の段階へと進んでいかなければならなかった。

明治末期の思想の喧騒が一段落したとき、夏目漱石は有名な講演「私の個人主義」（大正三年）で、自らの個人主義を次のように要約する。

今までの論旨をかい摘んで見ると、第一に自己の個性の発展を仕遂げようと思うならば、同時に他人の個性も尊重しなければならないという事。第二に自己の所有している権力を使用しようと思うならば、それに附随している義務というものを心得なければならないという事。第三に自己の金力を示そうと願うなら、それに伴う責任を重んじなければならないという事。

（岩波文庫『漱石文明論集』、一二六頁）

しごくまっとうな漱石のこの「個人主義」を、樗牛のそれと較べてみるならば、樗牛の「個人主義」に欠けていたものは〈他者〉という契機であったことが分かる。他者の制約のもとにはじめて〈自己〉が成り立ち、そこに〈個〉と〈個〉の関係が結ばれる。その他者の契機を欠いたために、樗牛の〈個〉はひたすら自己に潜りこみ、自己を無制限に拡張することとなった。

だが、漱石的な個人主義がうまくいくのであろうか。漱石の苦渋に満ちた小説群は、むしろ他者と関わることの困難を明らかにし、〈個〉の内なる欲望とエゴを剝き出しにした。そこから翻ってみるならば、樗牛の「イゴイズム」はまだ、あまりに楽天的である。日本近代において、〈個〉はどこまでも厄介な矛盾を解消し得なかった。やがて西田幾多郎が「絶対矛盾」をその哲学の根底に置くようになるのは、ある意味ではその正直な表現に他ならなかったのである。

四　「超」国家主義としての日蓮主義

樗牛が「田中智学氏の『宗門の維新』」を発表し、日蓮への傾倒を明らかにしたのは、明治三四年（一九〇一）一一月、死の約一年前であった。同じ月、「天才の出現」という短文では、「我れは天才の出現を望む。嗚呼日蓮の如き、奈破翁《ナポレオン》一世の如き、詩人バイロンの如き、大聖仏陀の如き、哲学者ショペンハウエルの如き、英雄豪傑は最早や此世に出づる能はざる乎。久しい哉、我れの凡人に倦めることや」（四、八三二頁）と、日蓮を天才の第一として、仏陀より前に挙げている。

明治三五年に、死を前にして矢継ぎ早に「日蓮上人とは如何なる人ぞ」（四月）、「日蓮と基督」（五、六月）、「日蓮上人と日本国」（六月）と書き継ぐ。この三つを読んでいくと、その間にも樗牛の日蓮観が急速に展開してゆくことが知られる。

「日蓮上人とは如何なる人ぞ」は、上行菩薩の化身という観点から見た日蓮伝であり、そのような観点の取り方に樗牛らしさがあるとは言えるが、全体として歴史史料を踏まえた叙述であり、その点で生硬さを免れない。ただ、その中でも、後に展開するもととなるものは顕著にうかがわれる。それは、「是の確信を得てより彼れの性格の偉大は殆ど人界の規矩を超越しぬ」（六、四九二頁）として、人間世界の秩序の超越に達したものと見ているところである。それ故、「彼れは国家政府が是の確信の前には如何に小弱なる者なるかを見ぬ」（六、四九三頁）と言われているように、国家政府を超えることが主張されている。この点が、樗牛の日蓮観のいちばん大きなポイントとなる。

「日蓮と基督」に至ると、この点はさらにはっきりと主張される。特に『聖書』の「カイザルの物はカイザルに帰へし、神の物は神に帰へせ」と、日蓮の「日蓮、王土に生れたれば、身は随ひ奉るとも心は随ひ奉るべからず」（『撰時抄』）という言葉を重ねあわせ、それを「人間霊性の独立、自由、光栄、威厳に対して万古動かすべからざる是認を与へたるもの」（六、四九四頁）と見、さらに、「吾人は是の世に於て別に霊の国土を有す。吾人は是の霊性の支配の下に、如何なる人をも、如何なる国をも、征服し君臨し、且つ審判し得る者なることを悟れ」（六、四九六頁）と、霊性の優越を説く。

国家との関係はさらに明白に、「国家的宗教と云ふが如き名目の下に、其の存在と昌栄とを誇らむとする宗教は見苦しき哉。人よ、何ぞ言ひ得ざる、我が教は地上の一切の権力を超越すと」（六、四九六頁）と言われており、かつての国家主義時代の国家優越論と、全く正反対の主張に転じている。それればかりか、エルサレムの運命に関するキリストの預言と、蒙古襲来に対する日蓮の預言とを比較し、「あゝ謗法の国家日本は滅びなむ、唯々幸なるものは日蓮が徒なる哉」（六、五〇三頁）として、謗法国家日本の滅亡を認めるまでに至っている。

一気にここまで飛躍してくると、当時の国家優先が常識化した状況下で、当然ながら批判を浴びることになる。「日蓮上人と日本国」は、そのような批判に対する反論として書かれたものである。この論文では、「日蓮は、今日の所謂る忠君愛国主義に反対せり」「日蓮は大不忠義漢なり」（六、五一〇頁）と、いかにも樗牛らしい過激な表現をもって断言するに至っている。

畢竟三界は悉く皆仏土たり、日本亦其の国土と神明と万民とを併せて、教主釈尊の一領域たるに過ぎず。苟も仏陀の悲願に適わず、真理の栄光に応へざるものは、其の国土と民衆と、共に膺懲し、改造せられざるべからず。日蓮、釈尊の勅使として、『国必ず亡ぶべし』と宣言せる、毫も怪むに足らざる也。（六、五一六頁）

この観点から、樗牛は日蓮晩年の身延隠退を消極的なものと見ていない。身延隠退の真の理由は、蒙古の襲来を謗法国日本に対する必然の仏罰と見、それを見守るために鎌倉を去ったとするのである。「蒙古は外敵の仮面を被れる仏陀の遠征軍のみ。……唯〻真理の光、是れによりて輝き、妙経の功徳、新国土を光被するを得ば、又恨む所なかるべき也」（六、五一九頁）。それ故、日蓮が蒙古を調伏したなどというのは全く事実無根であるとする。

樗牛の日蓮解釈はもはや明らかに国家主義を離れ、真理のためには国家の滅亡をも是認するという、当時としてはきわめて大胆な結論に至っている。日蓮が晩年、自らの諫言を容れない国家に対して絶望し、それを超えた真理の支配にユートピア的な未来の楽園を夢見たことは確かである。上行《じょうぎょう》菩薩化身説といい、身延期の日蓮に重点を置いた樗牛の説は、日蓮解釈においてははなはだ新鮮な視点を提供するものである。

樗牛のこのような日蓮観は、もし樗牛がもう少し命ながらえたならば、確実に大きな論争に発展していた問題である。「日蓮上人と日本国」掲載後、宗門の僧侶から厳しい批判があったことは、「雑談」（明治三五年八月）に記されており、そこでは、「国家は畢竟野獣の大なるもので、到底是の如き信仰の弘通を看過するの雅量などのあるものでは無い」として、国家権力への対抗的姿勢をあらわにし、不受不施《ふじゅふせ》派《は》の再評価に向かっている（改訂注釈版全集にはこの文章がないようである。姉崎嘲風・山川智応共編『高山樗牛と日蓮聖人』（博文館、一九一三）、二一三頁）。より過激な反国家的言説へと展開する兆しをはらみつつも、残念なことに樗牛の死とともに、その可能性は封印されてしまった。

このように、樗牛の日蓮解釈は、過激な反国家闘争にまで行き着く可能性を秘めたものであったが、では、樗牛のこのような最晩年の国家超越、反国家思想は、初期の国家主義と無関係のものであろうか。確かに、日蓮信仰の立場においても、個人主義は継承される。姉崎嘲風に宛てた「感慨一束」（明治三五年八月一九日）では「当代文明の革新は、社会の上下にゆき亙れる現世的国家主義の桎梏を打破するにあり」（六、四一六頁）として、それに対して、「個人は猶ほ依然たる無尽蔵に御座候」という個人中心の思想を改めて表明している。

しかし、反国家という形で再び国家を問題にするようになった点は注目される。確かにそれは初期の国家主義とは正反対で、国家と宗教の上下関係が逆転する。初期にはすべてに優越していた国家は、いまや宗教的真理に従属すべきものになる。しかし、国家が正面から問われているという点では共通している。明治三四年（一九〇一）頃に一時影を潜めた国家への関心が再び姿をあらわしたのである。

「日蓮上人と日本国」では、「日蓮は真正の愛国者也」という項目を立て、「若し特に日本国を愛したりとせば、そは生国の因縁以外に於て、真理其物と是の国土との間の或る必然的関係に基づかざるべからず」（六、五一三頁）という。それはどういうことかというと、上行菩薩が日蓮という化身を現わした場が日本であり、だからこそ、日本は真理そのものと特別の関係にあるのである。それ故、「愛国心の要求する所は、唯是の国土の究竟の栄光のみ」といわれ、「時として当路の君主に従順ならざること」（六、五一四頁）が認められている。

明治三五年八月に呼びかけた「日蓮研究会を起すの議」では、「日蓮を生じたる国土は、実に生まれ甲斐のある国土なることを思ふ。吾人の祖先の中に、日蓮の如き人物を有することは、吾人が世界万邦に誇称すべき所也」と、日蓮を媒介としての新たな愛国主義ともいうべき立場を表明する。そして、「今の世の腐敗は、道学先生の俗悪なる学説の能く救治する所に非ざる、諸君の既に知る所なるべし。願はくは予に信ぜよ。若し日蓮の精神によりて一世を率ゐること能ふべくむば、当代の風気必ず一変せむ」と、日蓮主義による世直しを熱く語っている（改訂注釈版全集にはこの文章がないようである。姉崎嘲風・山川智応共編『高山樗牛と日蓮聖人』〔博文館、一九一三)、二二五―二二六頁)。こうして、最晩年の樗牛は、国家に服従する国家主義者ではなく、真理によって国家社会を変革するという、文字通りの「超」国家主義者となるのである。

このように、樗牛は短期間ながら日蓮を文字通り身読することによって、戸頃重基が指摘するように(『近代日本の宗教とナショナリズム』、冨山房、一九六六)、田中智学をはるかに超えた日蓮理解に達しており、その解釈は今日でさえ示唆するところが大きい。

にもかかわらず、そこにはまた看過し得ない問題点も存する。樗牛の個人主義は、個人に国家を超える価値を認めた。その基本的立場は、日蓮に傾倒しても変わっていないはずである。だが、それを単純に個人主義と呼ぶことは困難である。むしろ個人をも超える絶対的真理の発見と見るべきである。樗牛は、あれほど傾倒したニーチェに関しても、そのニヒリズムにはほとんど言及しない。ニヒリズムのような価値の喪失に苦しむことはなかった。国家という〈個〉を超えた価値から、同じく〈個〉を超えた仏法の〈真理〉という新たな原理に移行して、ニヒリズムの穴に落ちることがなかった。〈個〉は〈個〉だけで自立しえないために、結局〈個〉を超えたものを措定することによってはじめて落ち着くのである。これは樗牛一人の問題であるよりは、日本の近代に共通する問題である。

しかも、樗牛の提示する真理は、必ずしも具体性をもっておらず、その内容は十分に検討されていない。「日蓮は果して上行菩薩の化身なりや。……吾人は唯日蓮が釈尊に対する無限の帰依によりて吾は上行菩薩也てふ金剛不壊の確信に到達したるを見るを以て足れりとせむ」(六、四九二頁）と、主観的な「確信」を根拠とする。こうして真理の内容よりも、主観的な心情、信念が重視されることになる。主観的な信念によって国家を変革しようというのであれば、これはいささか危険なことにもなりかねない。昭和の超国家主義者の日蓮主義に通じていく何ものかを、そこに見ることができよう。

樗牛は未熟なところが多く、矛盾に満ちた思想家である。だが、過激で振幅の大きいその思想は、それ故にこそ、きれいごとで収まらない日本の近代を象徴しているともいえる。改めて読み返すべき魅力に満ちた思想家ではある。

第七章　体験と社会　鈴木大拙

一　近代禅学の出発点

明治二九年（一八九六）一一月、当時二六歳の鈴木大拙は、処女作『新宗教論』を世に問うた。貝葉書院から「宗教文庫第壹編」として、釈宗演《しゃくそうえん》の序、元良《もとら》勇次郎《ゆうじろう》の書簡を付して出されたもので、『鈴木大拙全集』第二三巻所収本で一五〇頁足らずの小冊である。翌年、大拙は渡米して、ポール・ケーラスのもとで働くことになるが、その出発間ぎわに出されたものである。というか、そもそも渡米のための渡航費工面の目的で出版を意図したのである。

就ては頃日一小著述を始めて、何かのたしに致したきものと存居候、来月中には何とかして完成し、完成したらば老師との共著として世に出したなら、多少旅費の補助となるならんかと思ふ。（明治二九年二月二五日山本良吉宛て。『鈴木大拙未公開書簡』一九六―一九七頁）

五月三日同人宛ての書簡によると、「小著述の義も大略成就し、之より老師の修正を待ちて出版する運びに相成るべければ」（同、二〇二頁）とあってほぼ完成したことが知られ、六月二七日同人宛て書簡では、「拙著は既に完成したり」として、「書名は宗教択法眼」と知らせている（同、二〇五頁）。どういういきさつで『新宗教論』という書名に変わったか不明であるが、同書の「凡例」には、「陽春三月の末つかたに脱稿したものなるが、其後種種の事情に妨げられ、漸く今日に至りて発行するの運びとなりたり」とあり、完成の時期に多少のずれがある。

大拙は翌年渡米すると、その後日本の雑誌に多少の文章は発表したものの、明治四二年（一九一〇）三九歳で帰国するまで、日本語での本格的な著述はない。しかも、帰国後たて続けに出したものは、スエデンボルク協会の依頼によるスエデンボルクの翻訳とその解説書であった。本格的な鈴木禅学の展開は、学習院から大谷大学に移り（大正一〇年、一九二一）、さらに昭和期になってからである。それ故、『新宗教論』は大拙の著作活動の中で孤立しており、その位置づけは難しい。当時の状況の中でも、どれだけ思想・宗教界に影響を与えたかというと、恐らくそれほど大きなものはなかったであろう。

にもかかわらずここで取り上げるのは、明治二〇年代後半から三〇年代にかけての仏教の内面化の時代の中で、はじめて禅に基づいて体系的な思想を構築しようとした試みだからである。その点で、浄土教の清沢満之、日蓮信仰の高山樗牛と同じ位置に立つであろう。ただ、清沢や樗牛が死に真向かいつつ、ぎりぎりのところから自らの内面を見つめたのに対し、大拙はこれから海外に飛び立とうという希望に満ちた青年であり、その思索はいまだ決して深いとは言えない。だが、そのことを認めた上で、ここには一方で同時代的な問題意識が顕著にうかがわれると同時に、他方では大拙、あるいは大拙に代表される近代禅学の基本的な構造に関わる問題点が、すでに明白に提示されているように思われる。ここであえて取り上げるのはこのような理由による。

最初に、本書に至るまでの大拙の歩みを簡単に振り返っておこう。大拙は明治三年（一八七〇）、金沢の医者の家に生まれた。地元で小学校訓導などを経て、明治二四年（一八九一）上京し、東京専門学校（後の早稲田大学）、続いて東京帝国大学哲学科の選科に学んだ。金沢時代から禅に心を寄せていたが、上京すると、学業をそっちのけで円覚寺に籠もり、最初、今北洪川《いまきたこうせん》（一八一六—一八九二）についたが、間もなく洪川の入滅にあい、その後は洪川を継いだ釈宗演（一八六〇—一九一九）に師事することになる。

宗演は慶応義塾に学び、セイロン（現スリランカ）に留学するなど、開明的な禅者として知られ、円覚寺の居士林には第一線の知識人や政財界の指導者が集うこととなった。明治二六年（一八九三）にはシカゴの万国宗教会議に宗演は日本代表のひとりとして参加したが、そのときの講演原稿は大拙が翻訳したものである。そのときの縁で宗演はポール・ケーラスと交流をもつようになり、それが大拙渡米の伏線となった。大拙は『新宗教論』に先立ち、明治二八年（一八九五）にはケーラスの『仏陀の福音』を翻訳刊行しているが、本書はケーラスが宗演と会ったことをきっかけに執筆したものであり、大拙の運命は、宗演とケーラスの出会いによって急展開したといえるのである。

二　心的体験の理論化

『新宗教論』は以下の一六章からなる。第一「緒論」、第二「宗教」、第三「神」、第四「信仰」、第五「儀式・礼拝・祈禱」、第六「教祖」、第七「人」、第八「無我」、第九「不生不滅」、第十「宗教と哲学の関係」、第十一「宗教と科学の関係」、第十二「宗教と道徳の区別」、第十三「宗教と教育の関係」、第十四「宗教と社会問題」、第十五「宗教と国家の関係」、第十六「宗教と家庭」。第九までは宗教の原理論、第十以下はいわば応用論で、宗教と他の領域との関係となっている。

第一「緒論」では本書の意図するところが述べられる。「今日は物質主義・快楽主義全盛の時代」（七頁。以下、『鈴木大拙全集』二三により、頁数のみ記す）であり、国民は無信仰となっている。「宗教と曰へば、老婆老爺の専有物の如くに思惟し、国運の進歩、道徳の発達と何の関渉なきものと思惟し、少年血気の輩をして却て其鋭気を挫折せしむるものと思惟するは、今日邦人一般の思想と云つて可ならんか」（一一頁）。ここには当時の宗教の状況に対する危機意識が表明されている。だが、「吾人は実に、宗教は本来活潑潑地のものにして、人生百般の行為を支配すべき一大原則なるを確信す」（一三頁）と、非常に積極的な宗教観を展開しようとする。これが本書を通じてのモチーフである。

その宗教を論ずるに当たり、「本書の目的は、宗教と云へる人生の一大現象を歴史的・科学的に闡明講究せんとするにはあらず」（一四頁）と、その立場を明白にする。本書は『新宗教論』と題しながら、客観的な立場から諸宗教を論じようというものではない。この時代、ちょうど宗教学が興起しつつある時代であり、諸宗教を公平に見て、その本質を解明しようという態度が生まれつつあった。しかし、大拙はそのような立場は取らない。はっきり仏教の立場、さらに言えば禅の立場を打ち出す。

そして、「吾人は寧ろ之を心理的・通俗的に説明せんと欲す」（一四頁）と、その立場を明らかにする。「心理的」がどうして「通俗的」と並列されるのかよく分からないが、恐らく仏教的な理論でなく、一般的な言葉で語るということであろう。禅を禅者独特の時代離れした難解な言葉で語るのではなく、近代的な日常平易の言葉で語るということ、それが大拙の終生の課題となる。

第二「宗教」は、宗教の本質論であり、本書の中核をなすものといえる。

> 有限の無限に対する、無常の不変に対する、我の無我に対する、部分の全体に対する、生滅の不生不滅に対する、有為の無為に対する、個人的生命の宇宙的生命に対する関係を感得す。是これを宗教と謂ふ。（一九―二〇頁）

乃ち知る、宗教的感情は、個人的存在の桎梏を脱却して宇宙の霊気を呼吸せんとするの情なるを。又知る、乾坤崩るるも吾疑はざるの大信仰を得、大休歇を得んとするの情なるを。……又知る、天上の一小星も地上の一茎草も皆無限の意義を有し、人生の哀楽悲喜亦等閑の因縁にあらざる所以を悟らんとするの情なるを。（二〇頁）

ここで注目されるのは、小さな我々の心と大宇宙との一致に宗教の本質を見ていることである。大拙はまた、「或は宗教、或は宇宙的感情、或は宇宙的理想、其名字の何たるかは問ふ所にあらず」（二二頁）という言い方もしており、宗教と宇宙的感情、宇宙的理想が置き換え可能の言葉であったことが知られる。「故に宗教は実地を尊ぶ。否、宗教の本分は実地を離れて一物もあるなき也。実地とは何ぞ、直下に会するなり、文字言詮に由らず、道理分別を仮らずして、驀直に覰破するなり」（二五頁）として、一種の直接体験論を主張している。

有限対無限という構図は、清沢満之の『宗教哲学骸骨』にも見られるものである。清沢の場合も、浄土教という常識から想像されるほど、有限と無限を絶対対立的には見ていない。むしろ、「各自の霊魂、或は心識が開発進化して、無限に到達するが、宗教の要旨なりとす」（『清沢満之全集』二、一二頁）と言われるように、有限は無限に到達しうるものである。もっとも晩年の満之は、そこに収まらない深い思索へと展開する。しかし、大拙の場合、「個人的存在の桎梏を脱却して宇宙の霊気を呼吸せんとする」というように、一気に個人から宇宙に飛び出すのであり、そこに禅の立場に立つ大拙の独自性があるといえる。

もちろん、このような体験主義の立場に立つからと言って、理論性が要求されないわけではない。「吾人は宗教的感情を涵養せよと云ふと同時に、理智の研究をわするるなかれと叫ばんと欲す」（二二頁）、あるいは「宗教を以て道理に反き説明を拒むものとなさば、是れ亦事実にあらず。要は唯、即せず離せざる所にあるのみ」（二四頁）と言われるとおりである。第三「神」では、「宇宙は感情を以て解釈すべからず」（四一頁）、「智慧の指導によらんことを要す」（三七頁）と、智慧の必要性が言われている。しかし、それでも感情を出発点として、そこに智慧を加えてゆくのであり、感情が原点となることは変わらない。いわば第一義的には心的体験に基づき、それを理論化するという手順が取られることになる。これは後まで大拙に一貫した方法である。

第三「神」では、有神論を否定し、「神即真理」（三四頁）の立場を明白にする。

> 無神論の基教的有神論に優るや明矣。然れども只無神論だけにては、消極的方面を知るに止まりて、積極的方面は分明ならず。故に吾人は次に汎神論を主張す。汎神論は宇宙直に是れ神なり。神の外に宇宙なしと云ふ。（三八頁）

こうして、有神論→無神論→汎神論の順で高次のものとされる。しかし、汎神論が最高ではない。大拙が汎神論と呼んでいるものは、「悪なく邪なく凶なく、又随つて正なく邪《ママ》なく吉なきものならん。……世は混沌たる器械的活力の運動するを見るのみ」(三八頁)であるような、悪なき世界観である。スピノザあたりを念頭に置いたのであろうか。ともあれ、その点が汎神論の弱点とされる。「汎神論の弱点は世に罪悪災禍の存する所以を説明し得ざるに在り」(三八頁)。即ち、汎神論では神はまったき善であるから、悪の存在が説明できなくなってしまうというのである。

それ故、「吾人は汎神論の一切善主義をとらず」(四〇頁)として、「宇宙直に是れ神の面目なり。善にも神を見るべく、悪にも神を見るべし、神は到る処に現はるれば也」(四一頁)と汎神論を超える立場が主張される。宇宙に起こること一切、善も悪も含めて、みな神の現われとして認めることになる。

しかし、善も悪もすべて神の運動として見る大拙の立場もまた、一種の汎神論と呼ぶことができるのではあるまいか。宇宙の運動に「本来自然の活力の発現」(四〇頁)を見る大拙の立場は、いわば生命的汎神論とも呼ぶべきものであろう。第十二章で触れるように、西田幾多郎の『善の研究』などを受けて、大正時代には大正生命主義と呼ばれる一元論的な生命主義が流行する。『新宗教論』における大拙の立場は、その先駆となるところを持っている。

だが、善も悪もすべて神の現われと見るならば、これはきわめて楽天主義的な立場であり、そうなると当然、そこで倫理道徳がいかにして成り立つかが問題とならざるを得ない。これは第十二「宗教と道徳の区別」で論じられることであるが、後に見るように、そこにやはり大きな問題が残ることになる。

このような汎神論（を超える立場）から、以下の章では一般に宗教の特徴と考えられている要素を検討する。まず第四「信仰」では、「信仰即宗教、宗教即信仰」（四二頁）と、信仰の重要性が主張されるが、その信仰は、「神仏と云へる外物を宇宙の外に求めて而して之に帰依するにあらず、唯本来具有、箇箇円成底の真理を看破するに在るのみ」（四四頁）と言われるように、道理・真理を信仰するのであって、科学とも違背しないきわめて合理主義的な信仰である。

この態度は、第五「儀式・礼拝・祈禱」においても維持される。儀式は決して否定されない。しかし、それはあくまで「宗教的思想を形而下化したもの」（四九頁）であり、「無用の儀式」（五一頁）もある。「無用の儀式」として大拙が挙げるのが、「礼拝と祈禱」（五一頁）である。もっとも礼拝には二種類あり、「一を報恩謝徳の礼拝となし、一を希求願望の礼拝となす」（五一頁）。このうち、報恩謝徳の礼拝は認められるが、希求願望の礼拝が否定される。その中でも特に、「祈禱・呪詛・禁厭・神符の類」こそ「務めて排斥すべき」（五三頁）ものである。

もっとも、祈禱の中には世界平和を祈るように、「利他主義の祈禱」（五四頁）もあり、認めるべきではないか、と言われるかもしれない。しかし、「他時異日、遂に平和の地上に実行せらるべきは吾人の確信する所、然れども吾人は敢へて他の感応を願はず、他の加護を求めず。但々道義の大原則に遵ひ、寸を進め尺を進めて遂に無窮をきはめんと欲す」（五六頁）と言うように、それは自力で達成すべきものであって、祈禱に頼るべきものではない。こうして祈禱は全面的に否定される。そこには、「祈禱は希望の最高度に発現して之に迷信を加味したるもの」（五六頁）と断定しきる強い合理主義と、併せて、世界平和でも何でも自力で達成できるという、自力への楽観的確信を見ることができる。

第六「教祖」では諸宗教の開祖崇拝を扱うが、以上のような論法から明白なように、それには批判的である。「吾人は教祖の宗教における位地を以て第二段となす。蓋し宗教の無上尊とする所は真理に在り」（五七頁）。

第七「人」は人間論であるが、ここにも大拙の独特の見方がうかがわれる。「宗教的思想の最も高度に現はれて自覚に上り来るは、逆境に処するとき」（六三頁）というのは、ある程度常識的である。注目されるのはむしろ、逆境にある場合の宗教的現象を「厭世主義・消極主義」（六五頁）であるとして、「順境に処するときは、宗教心も亦愛世主義・積極主義の仮面を蒙りて発動するを見るべし」（六五頁）として、「功名を欲するの念、徳者を慕ふの念、無常を感ずるの念」（六六頁）を挙げていることである。「無常を感ずるの念」は消極的に見えるが、現世の無常から永遠なるものを求めるという点で積極的である。ここにも大拙の積極主義、楽天主義が明らかである。

神が人を作ったのではなく、「人を以て神を造りたるものとなす」（六八頁）のは、大拙の立場から当然であり、堕落史観を否定して、「保守退嬰の旧思想を捨てて改善進取の新主義を取らんと欲す。人類は代代に退化するにあらずして進化せんとするもの也」（六九頁）という楽観的な進化主義・進歩主義を取ることになる。

第八「無我」は仏教からキリスト教を攻撃する論点として常に挙げられるものであり、科学との適合性が論拠となるのも当然考えられることであるが、むしろ本書の注目されるべき箇所としては、第九「不生不滅」が挙げられよう。即ち、無我から無常へと論を展開するのではなく、逆に永遠へと志向するのである。ここにも、大拙の宇宙論的、楽観的で汎神論的な方向性が見て取れる。

吾人は忽然として此に孤存するにあらず、無窮より始まりて無窮に伝はるべき一大鉄索の一分を有して存在する也。而して一分の死は直に一分の生を喚び来る、一往一来、一進一退、其窮まる所を知らず。たとひ、大地は砕けて微塵となり、星辰は散じて雲霧とならんも、生の理は更に其形相を改めて新惑星の上に活現し、吾人が至善・至美・至真の一大理想に向つて驀進するや必矣。（九一頁）

以上、第九まで見た。そこで見られた大拙の特徴は、宇宙的な汎神論の立場に立ち、楽観主義・積極主義・進化主義が目立った。同時代の清沢満之や高山樗牛と大きく違うところである。ただ、心を重視し、仏教を体験から把握しようとする点では満之や樗牛と近似し、一時代前の井上円了が、もっぱら理論的に仏教の優越を説いたのと相違する。まさに内面の時代と言うべきである。このような内面主義は仏教だけのことではない。キリスト教の側からの時代の先駆として、ここでは北村透谷《きたむらとうこく》を挙げておこう。

心と宇宙とは其距離甚だ遠からざるなり、観ずれば宇宙も心の中にあるなり。故に宇宙の真相にして静ならば、心の真相も亦た静にてあるなり。(「心の死活を論ず」、明治二六、『透谷全集』〔岩波書店版〕二、九七頁)

人間は到底枯燥したるものにあらず。宇宙は到底無味の者にあらず。一輪の花も詳に之を察すれば、万古の思あるべし。造化は常久不変なれども、之に対する人間の心は千々に異なるなり。／造化は不変なり、然れども之に対する人間の心の異なるに因つて、造化も亦た其趣を変ゆるなり。仏教的厭世詩家の観たる造化は、悉く無常的厭世的なり。基督教的楽天詩家の観たる造化は、悉く有望的楽天的なり、(「内部生命論」、明治二六、同二三八頁)

心から宇宙へ――大拙のモチーフがすでにここで明白に表明されている。もちろんキリスト者透谷にとって、宇宙はその根底において造化たる神によって支えられているものである。その点で大拙とは大きく異なる。しかし、外から内に目を向け、内から宇宙へという展開には、次の時代の仏教思想家たちの進む方向を示すものがあったということができよう。

三　二枚腰の国家・社会論

大拙『新宗教論』の第十以下は、いわば応用編であり、宗教と宗教以外との関係を問うている。それだけに現実の国家・社会とどう関わるかという重要な問題が提示されており、注目される。まず、第十一、十二は宗教と哲学・科学の関係を論ずる。これらは井上円了や井上哲次郎以来の課題であり、その点で一時代前から続いている問題である。明治三〇年代の内面の時代になると課題から消えていくのであり、まさに大拙はその過渡期に位置することになる。しかし、大拙は「一種の哲学者より見れば、宗教は哲学の応用にして、哲学は宗教の理論なるべし。又宗教家より見れば、哲学は説明に過ぎず、宗教は事実なり。哲学是か、宗教是か、蓋し閑名字を争ふは吾人の欲せざる所也」（二〇四頁）と、突き放している。宗教と哲学の関係が新たに問われるためには、西田幾多郎の登場を待つ必要がある。

第十一「宗教と科学との関係」は、両者の衝突論（キリスト教）、両者の没交渉論（仏教）を批判し、「科学を以て宗教の塵垢を洗滌し、宗教の真美を発揚するものとなす」（二〇六頁）という立場を取る。一種の調和論とも言うべきものである。後に大拙が示す精神分析理論への関心などは、このような科学観に発するものであろう。

第十二「宗教と道徳との区別」は、宗教の立場から道徳をいかに捉えるかという問題であり、それ自体宗教の根本に関わると同時に、当時、教育勅語により、国民道徳論が定着する中にあって、きわめて注目されるものがある。大拙は、「道徳は社会における人と人との関係也。宗教は人と宇宙との関係也」（一一二頁）と両者の関係を明白に分ける。もっとも、宗教には宗教の道徳がある。「宗教的道徳は、宇宙の一大原則を基として発生す。此一大原則を領して、行住坐臥し、著衣喫飯し、屙屎送尿する、之を宗教的道徳と曰ふ。真理は普からずと云ふことなし、天地の間に行はれ、人心の裡に現はる」（一一五頁）と言われるように、宇宙と一体化した生き方がそのまま宗教道徳なのである。第三に戻れば、そこでは、「悪」は次のように規定されていた。

吾人の見処に依れば、宇宙全体の活動において、一局部の退歩を悪と名づく。即ち全宇宙が無窮の時間に渉りて一進一退するとき、其進歩的局面を善となし、其退歩的局面を悪となす。故に悪は絶対的退歩又は破壊にあらずして、一時変遷の途程中止むを得ずして現はるる所の現象なり。（四〇頁）

悪とは一時的な退行現象であり、絶対的な意味を持ち得ない。ここにも大拙の楽観主義は顕著である。しかし、それならば、悪への歯止めがどこにもないことになってしまうのではないか。善であろうが、悪であろうが、結局何でも認められてしまうことにならないか。「宗教的道徳は、無我を体とし、不生不滅を基となして、而して人類の進歩を信ず」（一一六頁）という楽観主義がどこまで通用するのか。そこに本書の限界があるのではないだろうか。

第十三「宗教と教育との関係」は、例の「教育と宗教の衝突」論争を念頭に置いたものであろうが、当時の倫理教育が「大信仰と大希望とを欠く」（一二一頁）ことを指摘している。

第十四「宗教と社会問題」は、若き大拙の社会問題への関心を知ることができる点で貴重である。「翻へって我国の現状を見るに、貧富の軋轢未だ甚しからず、貴賤の衝突未だ著しからず。是れ大に喜ぶべし。然れども物質的文明の益々進むに従ひては、富者と貴族とは自ら社会の怨府となるに至らんか」（一二五頁）という認識はあまりに甘い。しかし、

> 封建制度の下に在りて朝廷・幕府の保護を得たるときは、宗教を以て社会事業を超絶したるものの如くに思はしめたるも亦不可なかりしならん。されど今日立憲政治の時代に在りては、徒らに旧套をのみ是れ守べきにあらず、当に宗教をして、益〻現世的に、益〻俗人的に、益々実地的に、益々人道的ならしめんを要す。（一二六頁）

というところには、社会的問題に対する積極的な態度がうかがわれる。というよりも、現実を遊離した仏教界への強い危機意識が表明されている。

具体的には、婦人の地位、遊郭公設の制度、監獄囚徒の教化が挙げられているが、特に前二者はいずれも女性の問題に関わるもので、「分業の原則は、男子をして全力を竭して外患に当らし

め、婦人をして一意専心に子孫相続の経営をなさしめたり」(一二八頁)と、男女分業論に立ちながらも、「婦人の境遇を改善して男子の桎梏を脱せしむる」(一三〇頁)ことを宗教の課題とする。廃娼運動はキリスト教が熱心であったが、大拙はそれに対しても積極的な態度を示している。関連する問題は、第十六「宗教と家庭」でも論じられており、そこでは、宗教が、死者のための誦経だけでなく、「宗教を以て婚姻にも与かれ、出産にも与かれ」(一四二頁)と、葬式仏教から脱皮することを強く求めている。

仏教者が社会問題に大きな関心を寄せるようになるのは、ちょうどこの時期であり、明治二七年(一八九四)に古河勇《ふるかわいさむ》(老川《ろうせん》)らが経緯会《けいいかい》を結成し、やがてそれは境野黄洋《さかいのこうよう》らの仏教清徒同志会(明治三二年、一八九九、結成)へと引き継がれる(明治三六年に新仏教徒同志会と改称)。そのあたりの問題は、後に第十章で触れることにしたいが、大拙の社会問題への関心もこのような時代性を帯びている。境野が満之の精神主義などを批判しているように、内面主義の傾向と社会的問題を中心に置くグループとはかなり厳しく対立するものであるが、大拙はやすやすと両者の境界を跳び越える。そこに大拙の包容性が見られると同時に、その楽観主義、調和主義は大きな落とし穴を見落とすことになるのである。

この問題点がもっとも顕著に表われているのが、第十五「宗教と国家との関係」である。そこではまず、国家と宗教とは一見甚だ衝突するが如くに思はるるものなり。何となれば、国家は差別の上に建つものにして、而して宗教は一切平等主義を取るものなればなり。宗教は宇宙的理想を実行するを以て最後の目的となし、国家は自国の存在を保維するを以て終局の目的となす。（一三四頁）

と両者の対立が言われる。あるいはまた、次のようにも言われる。

人類は人類のために生存するものにして、国家のためにするにあらず。若し社会の進化にして必ずしも国家の組織を要せずとせば、直に之を打破して一層善良なる関係を案出するも亦不可なかるべし。果して然らんには、宗教即ち人類の理想・希望を実行するに当りて、国家の存在の却て之を防遏する如きことあらんには、国家を改造するは当然の事なりと謂はざるべからず。（一三六頁）

これはほとんど過激な無政府主義、革命主義と紙一重の言説である。それならば、国家は否定され、あるいは改造されるべきものと言い切っていいのであろうか。そう言いきれないところに大拙の二枚腰的な複雑さがある。大拙は反転して次のように言う。

一方より見れば、宗教と国家とは断じて相両立するものにあらず。宗教は三界を以て吾有となし、一切衆生を以て吾子となす。啻《ただ》に人類の平等なるを説くのみならず、山河草木・禽獣虫魚の類を挙げて悉く同一の位地に措かんとす、其国家が各自独立して互に其権利を主張するの比にあらず。加之、国家の存立は、人類の目的にあらずして手段なり、人類が進化の途上において経過すべき一ステーションに過ぎざるなり。（一三六頁）

ここでは、国家は全面否定されるのではなく、手段として認められている。ここに大拙の国家観の微妙なところがある。手段であれば、それは究極の立場から見ればどうでもよいものであるのか、それとも、手段は手段としての必然性を持ち、認められるべきものなのか。

大拙は、手段なくして究極の目標には達し得ないとする。そうであれば、真理到達のための手段にも「相対的真理」として一面の真理を認め、それが本来の目的から一時的に遠ざかる可能性があってもやむを得ないことになる。「所謂る方法なるものにしてその目的を達するには是非とも一たび経過せざるべからざるものとせば、たとひ此にして一時彼の実行に遠ざかる如き現象を呈せんも、吾人は之に依るより外なきなり」（一三七頁）。

それならば、宗教の立場から国家をチェックする歯止めはどこにあるのか。大拙はそれを提示できず、今度は国家の現状をそのまま認め、結局のところ陳腐な現状維持、現状肯定以上のものではなくなってしまう。「今封建時代を以て、各国政体の発達上必ず一たび経過すべき制度とせば、封建時代の理想的制度にあらざるは云ふまでもなしと雖も、此時代に処しては君臣相愛を以て第一の道義となさざるべからず」(一三八頁) と言われるように、もし封建時代が歴史上の必然的な一段階であるならば、その時代には封建的な君臣相愛の道義に従うのがいちばんだということになる。そうならば結局、その時代、その時代の主流たる力に追随するのがよいという無批判的な「長いものに巻かれろ」式の発想と異なるところがなくなってしまう。

さらに、国家を承認するもうひとつの論拠が導入される。それは、差別と平等の相即である。「差別を主義とする国家ありて而して始めて平等の宗教を説くべく、平等を目的とする宗教ありて而して始めて差別の国家を知るべし」(一三六頁) と言われると、差別に立つ国家と平等に立つ宗教は同等の位置に置かれることになってしまう。「国家のためにするは即ち宗教のためにするなり。宗教のためにするは即ち国家のためにするなり。二にして一、一にして二、差別にして平等、平等にして差別、円融化合、宗教と国家と毫釐の間隔を存せざるに至らんか」(一三九頁) と言われるに及んでは、宗教と国家の馴れ合い以上の何ものでもなくなってしまう。

それ故、そこから展開するのは、国家の弁護、戦争の弁護でしかない。「故に暴国あり、来りて吾商業を妨害し、吾権利を蹂躙せば、是れ直に人類全体の進歩を中絶せしめんとするもの、我国は宗教の名に由りて之に服従すること能はず」(一三九頁) と言うのは日清戦争を意識したものであるが、我国を妨害する「暴国」があれば、「宗教の名に由りて」撃つことを積極的に主張している。そうなれば、もはや宗教は国家に対峙するものではなく、国家の利害を支え、国家に従属するものに貶められることになってしまう。

而して其一たび外国と釁《きん》を開くに当りて、海兵は水に戦ひ、陸兵は野に闘ふ、剣花閃き砲煙漲るの間に在りて、縦横馳騁、命を鵝毛の軽きに比して義を泰山の重きに見る、只斃れて已むを期せんのみ。之を有事の時の宗教と謂ふ。（一四〇頁）

まさに軍国仏教と言わずして何であろうか。本節のはじめに見た一見ラディカルな宗教と国家の議論はどこに吹き飛んでしまったのであろうか。この極端な落差に、大拙の思想を解くひとつの重要な鍵があるのではあるまいか。

四　「宗教と国家」問題再考

大拙が再び宗教と国家の問題を正面から扱ったのは、第二次大戦が終わってからであった。敗戦とともに、大拙は堰を切ったように激烈な国家主義批判、神道批判を展開する。その中で、『新宗教論』第十五冒頭に見られたような過激な無政府主義的主張が甦ってくる。

近頃頻りに非国家又は無政府主義とでも云ふやうな考へが出る。国家とか政府とか云ふものがなければ、国民も民族も人民も何もなくなる、集団生活の安全性は失はれる、所謂る無政府状態に陥るといふ人々も固よりある。普通には漫然とさう考へるのであらう。が、又一方から見ると、日本の今日、世界の今日は、何れも国家なるものを八釜敷《やかましく》云つたからのことではなからうか。（全集九、二六一頁）

文字通り「国家と宗教」と題された小文（昭和二二年、一九四七）は、このように、無政府主義に同調するかのような文章で書き出されている。そして実際、「今日の所謂る国家は、外に向つては戦争の主体となり、内に向つては圧迫の権力となるより外に、何等取り得がないとすれば、国家を否定してもよいではないか。今までのやうではどうしても国家存在の意味が認められないのである」（全集九、二六四頁）というところまで議論が進むのである。国家のための戦争に進んで協力する「有事の宗教」と、この無政府主義的言説とはどう関わるのであろうか。単なる無節操であろうか。

ここで、近年大きな話題となっているブライアン・ヴィクトリア（Brian Victoria）の『禅と戦争』（*Zen at War*, Weatherhill, 1997）の大拙論について触れておこう。本書は、近代の禅者たちがどのように戦争に関わり、戦争を賛美したかを、丹念に史料に当たった労作であるが、これまで尊敬を集めていた禅の老師たちが、じつは多く戦争賛美者であったことを実証し、世界的に大きな衝撃を与えた（本書にはエィミー・ルィーズ・ツジモトによる邦訳『禅と戦争』（光人社、二〇〇一〕があるが、誤訳が多く学術的な批判に耐え得ないのは残念である)。

同書では、鈴木大拙について三箇所で比較的詳しく論じている。第二章では、大拙の処女作『新宗教論』を取り上げ、その第十五「宗教と国家の関係」を取り上げる（*Zen at War*, pp. 22–25)。次に、第八章では、戦時期における禅と武士道の関わりについて論ずる中で、大拙の英文の著作、特に後に『禅と日本文化』（*Zen and Japanese Culture*, 1959）に発展する一九三八年の著作 *Zen Buddhism and Its Influence on Japanese Culture* 及び荒木貞夫ら軍人たちとの共著『武士道の神髄』（武士道学会編、一九四一）を取り上げ、それらがナチス・ドイツに影響を与えた可能性を論じる（*Zen at War*, pp. 105–112)。第三に、第十章で、今問題にしている大拙の戦後すぐの言動を取り上げている。これらの検討により、ヴィクトリアは戦争協力にこそ大拙の本質があったと見て、戦後の反戦主義、反国家主義に大きな意味を認めない（『禅と戦争』の大拙論については、拙稿「B・ヴィクトリア『禅と戦争』の提起する問題」〔『鈴木大拙全集』新版第三巻月報、岩波書店、二〇〇〇〕参照)。

ところで、ヴィクトリアは、大拙の本質を戦争批判論に見ようとする大拙弁護論を厳しく批判しているが、そのような説の代表として桐田清秀の論を取り上げている（Kirita, "D. T. Suzuki on Society and the State," *Rude Awakening*, ed. by J. W. Heisig & J. C. Maraldo, University of Hawai'i Press, 1995)。しかし、はたしてヴィクトリアの批判が完全に当たっていて、桐田のように大拙の本質を戦争批判とみる説はまったく認められないのであろうか。逆に桐田説が正しく、ヴィクトリアの論のほうに無理があるのであろうか。どうも簡単に一方に決めつけることはできないようである。

『新宗教論』以後、大拙にはそのようにはっきりした戦争賛美や国家賛美が見られず、それは昭和の戦争時においても変わらなかったことを思えば、『新宗教論』の戦争賛美は一時的なものにとどまると見るべきかもしれない。実際、桐田が指摘するように、『新宗教論』発表後アメリカに渡った大拙は、「旅のつれづれ」(『六合雑誌』二二〇・二二一、一八九九。『鈴木大拙全集』三五所収)に代表される、かなり過激に日本の国家主義を批判するエッセーを日本の雑誌に投稿している。

けれども、ここで注意しなければならないことは、先に検討したように、大拙におけるこの両面はじつはたやすく転換しうる構造となっているということである。宗教の優越性は、方便としての「相対的真理」である国家を否定しない。それればかりか、差別と平等の相即という論理のマジックは、宗教と国家の同等性から進んで、国家をそのまま認める結論をも導くことになる。一方に転べば無政府主義、他方に転べば頑迷な国家主義と戦争賛美——それは同等であり、どちらに向かうことも十分に可能である。だが、それにしても、そのどちらかに行くしか方法はないのだろうか。単純な全肯定か全否定かという二項対立以外に道はないのだろうか。

ここで問われるべきは、『新宗教論』における楽観主義的な調和論である。そこでは、宇宙は全体として善も悪も含めて肯定されてしまい、悪は単なる局所的な意味しか持たない。善に向かっても、悪に向かっても、所詮最後は大いなる進歩に合一するのである。それならば、とりあえずどちらに進んでもよいことになりはしないか。

心と宇宙、宗教と国家・社会——大拙の天才は自由自在に飛び回る。だが、その裏には危うい両義性が秘められている。「国家と宗教」という上記の論文と同題の別の論文（昭和二三年、一九四八）で、大拙はこの両義性を自覚的に表明する。

宗教とは霊性的自覚の世界を云ふのである。此世界からすると、国家などはどうあつてもよいのだ。……併し霊性的自覚の世界はそのままで存在するものではない。……此点で宗教は国家の経営に大に関心を有する点があるのだ。一方では無関心で他方では多大の関心がある。宗教にはこの二面がある。（全集九、二九四頁）

この二枚腰に大拙の端倪すべからざるところがある。だが、本来緊張関係にあるはずの二面の緊張が失われるとき、両者は曖昧化され、馴れ合いに陥る。大拙はその危険にあまりに無自覚であったのではないか。あるいはそれは大拙だけの問題に限らない。近代の仏教思想を考えるとき、もっとも心して検討すべき問題である。

第八章　神を見る　綱島梁川

一　煩悶の時代

日清・日露戦争間の一〇年は、まさに個の内面への深化の時代であった。憲法制定により一応の形式的な近代化を成し遂げた日本は、次の段階として、その近代化を支える個の確立を要求された。それを裏から見れば、教育勅語の発布により、国民道徳が強制され、政治的な活動が大きく制約されることになり、「時代閉塞」へ向けて確実に進んでいく過程でもあった。社会的、政治的活動を封じられた若い知識人の関心は、自己の内面に向かうことになる。清沢満之・高山樗牛らの活動こそ、まさにその時代を代表する。しかし、樗牛は明治三五年（一九〇二）に、清沢は翌三六年に没する。その三六年を象徴する事件が藤村操《ふじむらみさお》の投身自殺であった。

悠々たる哉天壌、遼々たる哉古今、五尺の小軀を以て此れをはからむとす。ホレーショの哲学、竟に何等のオーソリチーに価するものぞ。万有の真相は唯一言にして悉す。曰く、不可解。我この恨を懐いて煩悶終に死を決す。既に巌頭に立つに及んで胸中何等の不安あるなし。始めて知る大なる悲観は大なる楽観に一致するを。

藤村の自殺は、その遺書とともに青年たちの間に大きな衝撃を与えた。文字どおり煩悶の時代であった。そして、その煩悶し、苦悩する青年たちに新たな光を投げかけたのが、綱島梁川の「見神の実験」だった。このことは、すでに当時の批評の中で中島孤島《なかじまことう》によって適切に指摘されている。中島は、満之・樗牛・梁川の系譜を「主観主義」と命名して、その帰結を次のようにまとめている。

三十五年十二月高山氏は遂に其の実行主義の基礎に触るゝに及ばずして此の世を去つた。……次いで世の視聴を聳えしめた華厳の滝の青年哲学者の事件が翌年の五月に起つた、清沢氏の逝かれたのは其の翌月である。……かく主観主義の系統を尋ねて綱島氏に来ると、爰に俄然として一新境地の開けたような感がする。(「閑是非録」、『病間録批評集』、資料I、一七〇頁)。

梁川は仏教ではなく、キリスト教を背景とする思想家であるが、内面の時代の最後を飾り、さまざまな問題を提起した点で逸することができない。本章で取り上げるゆえんである。なお、引用は『梁川全集』により、傍点は原著のまま。ただし、圏点は煩を恐れて省略した。「資料」とあるのは、松本皓一編『綱島梁川研究資料』二巻（『梁川全集』復刻版別巻、大空社、一九九五）である。

二　見神の実験と〈個〉の自覚

綱島梁川（本名栄一郎。一八七三—一九〇七）は岡山県の生まれ。少年時に洗礼を受け、東京専門学校（早稲田大学）に哲学・倫理学を学んだ。明治二九年（一八九六）に喀血し、転地療養をしながら思索を深めた。梁川がそれ以前から文筆の世界で名を知られていたとしても、一躍話題の人物となったのは、何と言っても明治三八年（一九〇五）に自らが前年に体験した、いわゆる「見神の実験」を発表したことによってである。それはたちまちに賛否の渦を巻き起こし、梁川は一躍時の人となった。梁川自身は病身の中で最後の精力を振り絞って、その体験をもとに新たな宗教思想の展開へと向かったものの、それを大成するいとまもなく、明治四〇年（一九〇七）、三五歳で没した。

梁川の「見神の実験」（「実験」は experiment ではなく、experience）の実際は、「予が見神の実験」（明治三八年五月）に詳しい。それによると、梁川は明治三七年に三回にわたって見神を体験

した。第一回は七月某日夜半、床上に坐っていたところ、

四壁沈々、澄み徹りたる星夜《ほしよ》の空の如く、わが心一念の翳《くもり》を著けず、冴えに冴えたり。爾時《そのとき》、優に朧ろなる、謂はば、帰依の酔ひ心地ともいふべき歓喜《よろこび》ひそかに心の奥に溢れ出でて、やがて徐ろに全意識を領したり。この玲瓏として充実せる一種の意識、この現世《うつしよ》の歓喜と倫を絶したる静かに淋しく而かも孤独ならざる無類の歓喜は凡そ十五分がほども打続きたりと思ぼしきころほのかに消えたり。（全集五、二一〇—二一一頁）

第二回は九月末であった。湯屋に行こうと門を出て、夕陽の景色を眺めたときのことである。一種のデジャヴュの感覚として現われる。

予はこの景色を打眺めて何となく心躍りけるが、この刹那忽然として、吾れは天地の神と偕《とも》に、同時に、この森然たる眼前の景を観たりてふ一種の意識に打たれたり。唯だこの一刹那の意識、而かも自ら顧みるに、其は決して空華幻影の類ひにあらず。鏗然として理智を絶したる新啓示として直覚せられたるなり。（同、二一一頁）

第三回は十一月某夜であり、これこそ最大のできごとであった。

一灯の下、小生は筆を取りて何事かを物し候ひし折のことなり、如何なる心の機《はづみ》にか候ひけむ、唯だ忽然はつと思ふやがて今までの我が我ならぬ我と相成、筆の動くそのまま、墨の紙上に声するそのまゝ、すべて一々超絶的不思議となつて眼前に輝き申候。この間僅かに何分時といふ程に過ぎずと覚ゆれど、而かもこの短時間に於ける、謂はば無限の深き寂しさの底ひより、堂々と現前せる大いなる霊的活物とはたと行き会ひたるやうの一種の Shocking 錯愕、驚喜の意識は、到底筆舌の尽くし得る所にあらず候。(同、二一三頁)

三回の経験は、最初の漠然としたものから次第に明確なものへと深化していることが知られる。第三回は、「今まで現実の我れとして筆執りつゝありし我れが、はつと思ふ刹那に忽ち天地の奥なる実在と化《な》りたるの意識、我は没して神みづからが現に筆を執りつゝありと感じたる意識」(同、二一四頁)とも言われている。「見神の意義及び方法」では、見神に三種を分け、第一は、「情的、静的、消極的見神」であり、第三は、「意的、動的、積極的見神」、第二はその中間と位置づけている(同、四八一頁)が、第一から第三に向かう展開は、あるいは梁川自身の三回の見神の展開を追っているものと見ることもできるかもしれない。

三回にわたる「見神の実験」の具体相は「予が見神の実験」に述べられるのみであるが、梁川はその後の短い晩年を、もっぱらこの体験を顧み、それを基盤として宗教的自覚を深めることに費やした。ちなみに、この三回以後は、もはや同様の体験はなかったようである。

「予が見神の実験」発表に対する言論界の大騒動は、今日から見ると不思議な感がないでもないが、藤村操の自殺などで動揺していた青年知識層への影響はきわめて大きなものがあった。そのことへの批判については後に検討するが、多くの批判が「見神の実験」という事実に関してのみ集中していたのはいささか奇妙である。確かにその体験そのものは、批判者たちが言うように、病気による衰弱がもたらした精神的な症状かもしれない。あるいはまた、やはり批判者たちが言うように、このような宗教体験は確かに珍しいことではないとも言える。キリスト教の神秘家であれ、禅の見性であれ、これと同じような体験はあるはずである。それらに較べるとき、梁川の体験は必ずしも深いものとは言えず、さらに深い体験へと進むことも可能であっただろう。

だが、たとえ病気の影響もあり、深いとも言えず、また、同様の経験が古今の神秘主義者や禅者に見られるとしても、それにしても近代の日本においてそれを明白に表明したのは梁川がはじめてであった。そして、それを言説化することによって、はじめてそれは反省の手がかりとなり、議論の発展の緒となる。大内青巒《おおうちせいらん》が「吾々に於ても其れを見聞しながら別に珍しくも思はぬに依て、書き立てゝ世に示すこともせぬから、随て誰も評論する者も無いまでのことであらう」（「見仏弁」『見神評論』、資料II、一一九頁）と記すのは、まったく正しいが、だからこそ逆にそれをあえて言説化したことが重い意味を持つのである。梁川が言表することによって、はじめて借り物の理論でなく、自らの体験としての宗教が正面から問題とされたのである。

「自己の煩悶と信念とは、トルストイのよりも、日蓮のよりも、親鸞のよりも、釈迦基督のよりも、一期の大事なるを知らざる乎」（「人に与へて煩悶の意義を説く」、全集五、一七五頁）。釈迦やキリストがどんなに立派なことを言っていても、自分の問題は自分の問題として解決しなければならない。さまざまな紆余曲折を経て進んできた日本の近代は、ここにきてようやく、自らの体験に基づき、自ら考え、自ら立とうという思想を産み出すにいたったのである。

それ故、三回「見神」を体験したということだけを取り上げて賛否の議論をするのは的を射ていない。梁川自身、「見神の一義は、唯だ見神そのものにして終はらず、枯れず、更に豊富なる客観的新生命を開発し来たりて、吾等が無窮向上の縁となる。少なくとも、見神は人をして真個の宗教生活に踏み入らしむる確実なる一関門なり」（「見神の意義及び方法」、全集五、四九三頁）と的確に述べている。それは、禅的にいえば「悟後の修行」であり、梁川自身「予は唯だ所謂「悟後の修行」に一念向上するあらんのみ」（「予が見神の実験」、全集五、二二八頁）と述べている。

問題は体験自体ではない、というのが不適切ならば、少なくともそれだけでなく、それをどのように表現し、そこからどのように新たな展開が望めるかということである。この点で注目すべきは、梁川がキリスト教から出発しながら、正統的なキリスト教の教義の枠をはずれ、他方で仏教をも視野に収めながら、自らの体験の反省の中から独自の思想に到達していることである。

まず注目されるのは、その「見神の実験」が決して神への没入というだけでなく、同時に神と我との対峙という性格をも持つ点である。「神我の融会也、合一也、その刹那に於いて予みづからは幾んど神の実在に融け合ひたるなり。我即神となりたる也」（「予が見神の実験」、全集五、二一五頁）と言いながら、決して個我が神の中に没してしまうというわけではない。「神は現前せり、予は神に没入せり、而かも予は尚ほ予としての個人格を失はずして在り」（「予は見神の実験により何を学びたるか」、同、二四七頁）。

さらに具体的に自らの体験を反省して言う。

我れは全く神そのものと化し去れるにはあらざりき。一面には我れが神と一つになりたる合一感の存じたると同時に、他面には、我れは尚ほ依然として我れとして存しつゝ、此の一場の不思議なる光景を横合ひより打眺めて、驚喜し、歎美し、帰依せるの意識も儼然として駢《なら》び存じたる也。（「見神の意義及び方法」、同、四八四―五頁）

個の人格を失わないということは、非常に積極的な意味を持つことであり、後にさらに考えてみたい。ともあれ、梁川にあっては、一方で神に没入しつつ、しかも他方で個人格を失わないという二重性を帯びていることは注意すべきである。即ち、「凡（＝汎）神的なると同時に、又超神的」（同、四八六頁）でもある。

このように、神と一体化しつつ、しかも神そのものではない個のあり方を梁川は「神の子」と表現している。「吾れは神にあらず、又大自然の一波一浪たる人にもあらず、吾れは「神の子」

也、天地人生の経営に与る神の子也」（「予が見神の実験」、同、二一九頁）。だが、「神の子」は中保者たるキリストのことであり、自らを「神の子」と称することは、このような正統的なキリスト教を否定することになる。梁川にとっての自覚は、「神子霊交の自覚」（「枕頭の記」、同、三六六頁）であり、「我みづから直接に基督の見たる神を見、我みづから直接に基督の游泳自在せる神子の自覚を握らざるべからず」（同、三六七頁）と言われるように、我はキリストと同格の位置に立ちうる。

それ故、「我は基督の中保者てふことを信仰の対象としての意味でなく、又世の常の皮相的、形式的、因襲的ではなく、もつと深奥なる内的、倫理的、精神的意義に解釈いたしたく候也」（「病窓雑筆」、同、六二六頁）。それはどういうことかと言うと、「吾れも亦十字架を負うて基督の御跡を履むべしてふ一念、炎の如く発起し来たる」（六二六―六二七頁）のである。即ち、キリストは神の子の模範を示すものであって、中保者としての特別の地位に立つわけではない。

しかし他方、十字架はただちに神自身の苦悩であり、「基督の十字架は、やがて神自身の十字架」（同、六二七頁）に他ならない。その点では、「基督と神と同一不二」である。そうなると、「小生は二箇の基督を有し候」ということになる。「一は歴史上の事実的基督にして、他はロゴスの化身として報身的、哲学的基督に候。前者は生活理想の模範にして、後者は信仰意識の対象たる神其者にて候」（同、六二八頁）。これは、いわば史的イエスと宣教のキリストの問題にも当たる問題提起である。

ここで、「報身的」という仏教の用語を使っていることは注目される。梁川はすでにキリスト教、仏教という枠組みを超えている。「釈迦、孔子の諸聖も亦、吾等衆生の為めに十字架を負へりと見做すことを得べし、小生は、その最代表的なるものを基督と見るものに候」（同、六二七頁）と言われている。

このように、梁川は正統的なキリスト教の枠を超えたばかりでなく、仏教や中国の宗教思想との境界線をも突破する。あくまでも自らの宗教体験にこだわり、そこに立脚することによって、かえっていずれの宗教にも共通する普遍性を獲得する。「我等は皆世の始めより天地の大霊と共在せる神之子、如来之子なりけり」（「自覚小記」、同、二九〇頁）と、「神之子」は「如来之子」とも同義である。もともと本来的に「神之子」「如来之子」であったのに、「吾等は三世実相の父の家を迷ひ出でて、遠く無明客塵の巷に浅ましき一日《ひとひ》の生を貪る」（同、二九一頁）状態でいる。それはまさに「『法華経』の長者窮子の譬喩、乃至は『聖経《バイブル》』の放蕩息子の譬喩」（同）にあるとおりであり、「吾等の全人が、事に触れ縁に接して、わが内在の仏性、神性を実現する所、そこに新真理の啓示はあるなり」（同、二九三頁）と、本来の仏性、神性への復帰を説いている。

このように、言葉はその体験を語る手段であり、したがって、キリスト教の言葉を借りようが、仏教の言葉を借りようが、いずれでもかまわない。「新プラトーンの見神あり、禅家の見性あり、浄土真宗などに謂ふ見仏あり」（「見神の意義及び方法」、同、五〇二頁）。しかし、いずれであっても「強ちに一に執して他を排斥するにも及ばざるべし」（同、五〇二―五〇三頁）。また言う。「所謂神秘力の根柢は、神なる乎、仏なる乎、真如法性なる乎、南無妙法蓮華経なる乎、南無阿弥陀仏なる乎、此等信仰の客観的対象の穿鑿は寧ろ第二義に属す、真に宗教に重んずべきは法悦もしくはこの類のことばをもて詮表し得べき一種の主観的充実の心状態にあり」（「法悦のこゝろを想ふ」、同、三二八頁）。

こうして達せられた「見神」の境地において、「永生」に至る。それは「時間的に死後の生活を続け行くことにあらず」して、「時間の制約を超越して、常に「大いなる現在」に生活する」「永生の自覚」を得ることである（「予は見神の実験によりて何を学びたる乎」、同、二五〇頁）。そこでは、「過去も未来も参滙《うづま》きて唯だ一個常楽の「今」あるのみ」（同、二五二頁）。

さて、この見神において注目されるのは、先に触れたように、それが個の自覚を消滅させるのではなく、むしろ個の確立を保証している点である。「我とは何ぞや」においては、「我」を積極的に肯定する。それは「意識の統一力」（同、五六九頁）であり、「人格の同一性」（同頁）である。そしてまた、死を超えて永遠なるものである。「霊魂の不滅」が主張され、「死は、我等が大いなる生に進まん為めの一飛躍である」（同、五七七頁）と言われる。

では、その「「我」の「我」たる意義」はどこにあるのか。梁川はそれを「個人性の発揮」（同、五七九頁）と端的に言う。「「我」は天地の間に於ける無類特絶の一物」（同）なのである。この立場から、梁川は仏教の「無我」を批判する。そこでは、「個人の価値は、動もすればその根柢たる凡神的思想の大海の波に洗ひ去られんと」（同、五八一頁）しがちである。それ故、「一切衆生を如来の子と観じながらも、其の子としての個人的価値を見ることが甚だ明確でない」(同)。それればかりか、「個人性の確立、発展は、取りも直さず唯一絶対の真実体を制限、否定するもの、人生の目的は此くの如き個人性を真実体の中に葬り去るにありといふ」(同)。

この仏教批判については、後にさらに考えてみたい。ここでは、この批判が単に仏教に当てはまるだけでなく、井上哲次郎らの全体優位主義をも念頭に置いたものではないかということを指摘しておきたい。井上は現象即実在論を主張しながらも、実際は個人を超える「実在」の優位を説き、個人主義に対する批判を展開した(第二章参照)。梁川はこのような個人主義批判に対して、明白な個人主義を主張するものである。個人主義の主張は、すでに高山樗牛においてなされていた。しかし、本能主義や天才主義とないまぜになった樗牛の個人主義はあまりに不安定なものであった(第六章参照)。

そのような状況の中で、梁川自身の主張する「神の子」としての「我」は、一方で「神」の子としての絶対性を有しつつ、他方で、神の「子」として個我であり続ける。ここにはじめて、確固たる主体としての個が成り立つ。

個人我は我執、我見の小我でもなければ、凡神的実体の大我でもない。個人我は、どこまでも個人我としての一種特別なる明確なる実在性を保持している。個人我は自ら宣して神とは謂はぬ、さればとて又実在の一泡沫たることを拒絶する。個人我の欲する所は、本能的衝動や自然的欲望の満足でない。其の要求は謙遜にして堅実に且つ合理的である。何ぞや、曰はく、神子的個人性の理想を完成して無窮の天工を亮くること之れ也。(「我とは何ぞや」、同、五八一頁)

もともと倫理学から出発した梁川は、晩年著しく宗教への傾斜を深めることになったが、しかし、その極点において到達した思想は決して神秘主義の中に埋没するものではなかった。むしろ倫理的な主体としての「個我」をきちんと確立しうるだけの根拠を与えるものであった。だが、梁川のこの側面は十分に評価されなかったし、梁川自身もそれをさらに発展させるだけの時間的余裕を持たなかった。

しかし、後に梁川の影響をも受けた西田幾多郎の『善の研究』と較べても、西田がこの人格的主体を言いつつも、それをより大きな実在に解体してしまうのに対し、あくまで個我にこだわる梁川のほうが、強靱な可能性を秘めていたと言うことができる。少なくとも「全体」の横暴に対して、その中に埋没せずに抵抗できるだけの個の自立と主体性へと展開できるだけの基礎はあったと見ることができよう。残念なことに、この面はその後十分な発展をみることができなかった。

三　摘み取られた芽

「余が見神の実験」が明治三八年（一九〇五）に発表され、さらにそれを収めた『病間録』が刊行されるや、いささか異常なまでの賛否の議論が言論界に惹き起こされた。それらは、『病間録批評集』（金尾文淵堂、明治三九）、『現今の宗教問題』（秋山悟庵編、弘道館、明治三九）、『見神評論』（宇佐美英太郎編、金尾文淵堂、明治四〇）にまとめられている。この三書は、松本皓一編『綱島梁川研究資料』二巻（『綱島梁川全集』別巻、大空社、一九九五）に復刻収録されているので、今日容易に見ることができる。

『病間録批評集』は、『病間録』第四版の付録として刊行する予定であったのを、分量が多くなったため、単行したもので、『病間録』に関する書評的なもの四三篇を集めている。短い紹介的なものや無署名のものも多く、本格的な論文は少ないが、当時の反響の大きさを知ることができる。

『現今の宗教問題』は、井上哲次郎の序を得て編集されたもので、必ずしも梁川のことを主題としたものではない。井上の序に、「近時我邦の思潮漸く物質的文明に飽きて精神的文明に趨らんとしつゝあり、……此時に当て或は自称予言者と云ひ、或は見神見仏と云ひ、真理発見者と云ひ、各々互に己れ自ら聖者たらんとして神の恩寵を独占せんとするものゝ如し」（資料I、一九七頁）

とあるように、当時の一種の宗教ブームを斬る形のものであるが、その中で梁川の「見神」が大きな問題となっているのは、この序文からも知られるであろう。一九篇の論文を集めている。『見神評論』は、もっぱら梁川の見神の問題を扱った論文四〇篇（梁川自身の四篇を含む）を収めたもので、「原文」（梁川の文章三篇）、「精神病学より見たる見神観」、「見神の幻覚的迷信的病的見解」、「見神を個人の主観に帰するの論」、「見性的見神観、道義的向上的意力的見神観」、「見神を詩的感想と見るの論」、「宗教的実験を基とする見神観」、「評論の評論」（井上らの批判に対する反論）、「告白」（梁川の文章一篇）に分類している。

梁川に対する批判の論点は、『見神評論』の分類からもうかがうことができるが、もう少し整理すると、病理現象と見るもの、社会や国家への対応がなされないという点を批判するもの、その境地を低い次元のものと見るものなどがある。

もっとも総括的な批判を行ない、新たな論争へと発展させたのは、井上哲次郎であった。井上は、『現今の宗教問題』に「自称預言者の言論を表す」「戦後に於ける我邦の宗教如何」「近時の宗教的傾向に就て」の三篇を寄せて、当時の宗教の流行現象を批判しているが、その中でも梁川への批判は大きなウェイトを占めている。三篇の論文の趣旨はほぼ同一であるが、いま「近時の宗教的傾向に就て」によって、その概略を見ておく。

まず、近時宗教問題が大きな問題となった原因を挙げる。第一に、維新により宗教道徳が動揺した上に、外来の思想が入って精神上の経営が困難になった。第二に、日露戦争は、「異教国が基督教国と戦つて之に大打撃を加へた」（資料I、四一八頁）のであり、「東洋の宗教も、亦宗教として決して無価値のものでないと云ふことが、明かになつた」（同、四一九頁）。それ故、「宗教問題が日露戦争の結果として起つて来る」（同）。第三に、そこから、「東西洋の宗教をと云ふものが如何様にしてか融合調和されなければならない」（同、四二〇頁）事態となっている。そして、第四に、青年の煩悶は、「人生の意味に於て、一層深く透徹しやうと云ふ傾向」（同、四二三頁）であり、それが宗教問題を惹起した。

こうして宗教問題が勃興し、「自称予言者」が出現した。それは、次の三種類に分かれる。第一に、「虚栄心に駆られて……山師的の所のある」者。第二に、「病的の者、殊に神経病的の者……聊か狂的分子を帯びたる所の、変調の者」。第三に、「真正に真面目な人もある」が、「例へば肺病の如き不治の病に罹つて、其病気の結果が多少影響している」ような者（同、四二五頁）。だが、いずれも「多少アブノーマルで即ち常軌を脱して居る者と云ふことは免れない」（同、四二六頁）。梁川の場合、第三のケースに当たることになる。

その後、具体的に個々の事例を分析するが、梁川の見神の実験に関しては、「事実と見る訳には行かない」として、「単に一個人の病室に於ける主観的の経験に過ぎざるものを天下に鼓吹して、さうして基督の如き権威を得たやうに自負するのは、驚入つたることと云はなければならぬ」（同、四三五頁）と厳しく批判する。

さらに、それが「其病的状態の結果が、そこに及んで来て居るのではなからうか」（同、四三六頁）と推察し、その理由として次の三点を挙げる（同、四三六―四三八頁）。第一に、不治の病で「先きが限られて居ると云ふ自覚」の影響。第二に、「全体の調子が女々しい……勇敢なる男子の口吻に似て居らぬ」。「女性的の所が勝つて居る」ので「か弱い女の繰言の如きものである」。第三に、「精神に弱みがあると云ふと……他力を頼む方になつて居る」。

そこで、見神の実験については、次のような点が明らかにされなければならない（四四二―四四六頁）。「それは幻覚錯覚とどう違つて居るか」、「其見神と称する所のものが、果して古人のそれと同じであるや否や」、「何故に自分一人が神様の恩寵を受けるであらうか」、「何故に見仏でなくして見神であるか」、「真に大悟徹底と云ふならば、最早それから以後と云ふものは、終始其状態に在りさうなものであるのに、途切れて居る」、「一個人の主観の経験でありますから……他人をして此経験に与らしむると云ふことは出来ない」等々。

さらに個々の分析を経て、梁川のみならず、「自称予言者」の共通の特徴を挙げる（同、四四七―四四八頁）。第一に、「是等予言者は、其歴史的観念の念に乏しい」。第二に、「社会事業と関係する所が極めて少ない」。第三に、「世界人類の発展上に、如何なる影響を及ぼすものであるかと云ふやうな将来の念が乏しい」。要するに、「唯一個人の道楽であつて、一向此社会経営の上に関係する所が無い」（同、四四九頁）のである。

さて、それでは神秘体験のようなものは無意味であろうか。我々は現象界から実在界に進まなければならない。スピリテステン（心霊主義者）たちの主張は、「もう一つ現象以上の世界の方面

(即ち実在界)があつて、之と関係して居る所にあるのであらう」(同、四五六―四五七頁)。その

限りでは、彼らの経験も無意味ではないが、「併しスピリテスチンの経験は下等の神秘的経験の

やうである」(同、四五七頁)。

こうして、戦場においてのように「生命を賭して健闘して来る者が、陸続起て来なければなら

ぬ」。そうすれば、「失敗者が出来ても、それは致方ない、何人か最後に成功者が出来ればそれで

償ふて余りありであります」(同、四六一頁)。その場合、日露戦争後、今後「宗教家が其精神上

の事業を成し遂げなければならぬ」ときに、「日本が一番便宜の多い土地」である(同)。なぜな

らば、「日本は最も宗教的偏見の少ない所」(四六一―四六二頁)であり、また、「日本は東洋の文

明を統一すべき地位に立つて」(同、四六二頁)おり、「東西洋の宗教が調和されなければならぬ」

際に、「日本が一番適当な地位を占めて居る」(同、四六三頁)からである。

以上、いささか詳しく井上哲次郎の批判を紹介した。それというのも、井上説は梁川の思想と

もっとも対極に位置するものであり、それと比較することによって、梁川の思想の特徴が明らか

になると考えられるからである。この井上の批判に対しては、原口竹次郎・芙蓉道人・豹子頭な

どの反論が『現今の宗教問題』『見神評論』に収められているが、ここでは立ち入らない。

井上の批判の論点は、大きく二点に分けられよう。一つは梁川の見神を不健全な偽物的なもの、

せいぜい次元の低いものだという批判であり、もう一つは梁川のような見神は歴史や社会を考慮

していないという批判である。第一点は、梁川の見神が病気によるアブノーマルなものであり、

主観的であり、女性的であり、他力的であるという。当然それは、これらの要素を低いものとして軽視し、ノーマルなもの、客観的なもの、男性的なもの、自力的なものこそ価値あるものとする価値観に基づいている。

豹子頭が批判するように、「アブノーマルであるからこそ、彼等が予言者の面影も見え、宗教精神の鼓励や性霊の喚起に効があるので、これが博士のような常識以上に一歩も踏出せない議論や理屈ばかりいふ人物行為のみ迎へられる世の中では、到底人生は助からない」（資料II、二六二―二六三頁）。だが、その井上のような論が権威をもって大手を振って通用してしまった。それは、日本の近代のひとつの大きな悲劇ではなかっただろうか。

もっとも梁川を擁護する勢力も大きく、その影響も大きい。決して井上のような俗論が圧倒的だったとは言えない、と言われるかもしれない。だが、井上の論が特に大きな意味を持つのは、それが第二点と結びついてくることである。思想宗教は歴史的状況の中で考えなければならず、その方向から考えるならば、日本こそ東洋の精神の精華を発揮し、東西の思想宗教を統合する立場にある、というものである。井上の論が日露戦争後の戦勝の高揚した雰囲気の中で書かれたという点を割り引いても、基本的には井上の年来の主張と大きく隔たるものではない。

思想宗教を歴史的状況から離して見るべきではないという主張は、それだけが出されるならば、きわめてもっとものように見える。しかし、その主張はかつての「教育と宗教の衝突」論争に見られたように、宗教の超越性を否定し、世俗倫理の優越を主張するものであり、さらに井上はその後、宗教は倫理化されるべきものと主張するようになっていった。日本が東西宗教を統合すべしという主張も、このような宗教の倫理化の過程を前提としている（第三章参照）。

梁川は、このような倫理主義に正面から反対する。「倫理は外より宗教に加へらるべき底のものにあらず、倫理てふ花は、寧ろ宗教的信仰の根柢より有機的一躰としておのづから咲きいづべき筈のもの也。……宗教を倫理化せよといふよりも、信仰を純真のものとせよと言ふ是れ寧ろ吾人が宗教に対して提出すべき真要求にはあらざる乎」（「宗教の倫理化とは何ぞや」、全集五、四四一頁）。

梁川が求めるのは、倫理以上のものである。「人は倫理以上也。倫理ありて人あるにあらず、人ありて倫理あり、倫理は人心の要求（欲）を容るゝ方式たるに過ぎず」（「倫理以上権威と人格の要求」、同、六五二頁）。「倫理的人格は宗教的人格、さらに具体的にいへば神子的人格より発源し来たる、又、実に発源し来たらざるべからず」（「倫理的人格と宗教的人格」、同、六五四頁）。これは、井上らの国民道徳主義に対する明白な否定であり、満之・樗牛を受けた宗教的主観主義がここにもっとも強固な形で完成される。

だがもちろん、梁川もまた歴史的な研究を決しておろそかにしていたわけではない。『梁川全集』の第一―四巻を占める梁川のアカデミックな仕事を見れば、東西の倫理思想史をきわめて広く網羅していることが知られるであろう。見神の実験とそれに伴う宗教思想の深化は、こうした蓄積の背景のもとになされたものである。キリスト教はもちろん、仏教や中国古代思想に対する深い素養に基づきつつ、それらを比較し、そしてそのいずれにも捉われることなく、自らの体験と思索を展開させているのである。しかも、そこにはナショナリスティックな偏見はほとんど見られない。また、「倫理以上」の立場は決して倫理を否定するものではなく、その極点で達せられる「神(の)子」としての個の自覚から、新たな倫理が築かれる可能性が引き出されるのである。皮肉なことに、井上が求めた東西洋の宗教の統合は、じつは梁川においてもっとも望ましい方向へと展開していたのである。それが井上らのナショナリスティックな倫理主義と形式的な東西文化合一論という声高の批判によって、アブノーマルなものとして消し去られてしまうとき、日本の近代思想はそのもっとも豊かな芽を自ら摘み取ることになってしまったのである。

四　残存する個我―梁川の仏教批判―

上述のように、梁川の信仰は、キリスト教を基盤としながらも、正統的なキリスト教からは逸脱するものであった。梁川は自らの信仰の経歴を顧みて、第一・無差別的盲信時代、第二・二元的懐疑時代、第三・調和的正信時代の三つの時期に分けている(「枕頭の記」、全集五、三五七頁)。第一期は正統的なキリスト教をそのまま信じていた時代、第二期は哲学・倫理学の研究に従事した時代、そして、それを超えて、自らの信仰に確信をもつに至ったのが第三期であり、見神の実験を通して、宗教への思索が深められたのはまさにこの第三期である。

ところで、梁川は一方、仏教に関しても深い関心をもち、しばしば言及している。それについては一部すでに触れたが、一方で、キリスト教でも仏教でも真理は変わらないとして、積極的に仏教の用語を用いている場合と、他方で、仏教に対して批判的に論じている場合とがある。ここでは、もう少し梁川の他の論を検討して、その仏教観をうかがい、そこから梁川の宗教思想の特徴をさらに明白にしてみたい。

キリスト教も仏教も、さらには中国の古代思想もすべて渾然とした宗教的境地を論じた文章として「如是我証」を挙げることができる。この題自体、仏教の「如是我聞」から来ているが、「聞」ではなく、「証」であるところに、梁川ならではの立場を見ることができる。この論文は「神と偕に楽しみ、神と偕に働く」という晩年のモットーを論じたものである。まず、「神と偕に楽しむ」というほうは、「在るもの皆善し」という境地である。「こゝには、在るもの皆実相合理のこゝろ深きを謂ふ也。山色谿声も仏陀金口の真実語ならずといふことなく、一香一色も実相中道の転法輪ならずといふことなし」(全集五、二七七頁)と、諸法実相の世界の全面肯定の立場である。この立場からすれば、「我等が偽也、醜也、悪也と観ずるもの、やがて神に在りては皆真也、美也、善也」(同、二七八頁)ということになる。

諸法実相を最終的な立場と見るならば、ここまでであるが、梁川はそこに止まらず、もう一方の「神と偕に働く」という立場を強調する。諸法実相といっても、現実には美醜の別、善悪の別があるではないか。それをおしなべて無差別化してよいのであろうか。「現実界に於ける一切美醜善悪の価値、森然として其の色を別かち来たる。漫りに美醜善悪の価値を払拭し去ること勿れ」(同、二八五頁)。ここから、「在ること」と「在るべきこと」の区別が生ずる。諸法実相とは、「未顕の真実」であり、「必ずしもこの現実界の光景そのまゝなりとはいふべからず」(同、二八四頁)とされるのである。「我等が見て在るべき理想となせるものは、即ち深き意義に於いては久遠劫の太初より既に在るの事実たり。究竟して既に在るの事実が吾人現実の意識に発しては、未だ在らずして当さに在るべき理想たり」(同、二八三頁)という両義性こそが、真実を言いとめている。この両義性を知り、理想実現のために戦うことこそ、「神と偕に働く」ことなのである。

ここでは、先に触れた倫理批判の立場から進んで、新たな宗教の立場からする倫理の可能性へと発展してきている。そして、そこでは例えば清沢満之において解決できなかった宗教と倫理の矛盾が、きわめて実践的な立場から解決されている。他力だからといって、努力を放棄して、すべて任せきればよいわけではない。理想のために闘わなければならない。「人生に於ける理想現実の戦そのものが、仏者の所謂自然法爾の発動也。……こゝには最早自力も他力もあらず、我が行ふ所が即ち神の行ふ所、我れ生くるにあらず、神我に在りて生くる神我一如の自在境也」(同、二八七頁)。

梁川はこのような立場から、浄土真宗の他力説に対して疑問を投げかける。「純他力観についての復書」は、『病間録』に対する真宗の立場からの批判に答えたものであるが、真宗の立場からの批判とは、「宗教の骨子は服従に尽き候絶対の服従の前には自己を見ず候神の無限力の外に自己の微力だも実現不仕候」（全集五、三二二頁）と、一切の自力を排した純他力こそ真宗の立場であり、梁川の他力よりも進歩したものだというのである。

それに対して、梁川は「絶対的に神意に服従するそのことが、我等が自由自力の権能にはあらざる乎、……されば小生の所謂他力は、一味の自力を包み容れたる他力にして、打つけに之れを排し去りたる他力にては無之候」（同、三二三頁）と、自力の加わらない他力はありえないとする。「神は我等を全く無相の海に呑みつくしたまはず、我等に子たる一味の自力を許し給ひて、その合同協力をさえ要め給ふ」（同、三二四頁）のである。

自力の要素を認めるということは、個の活動、したがって「我等が個性、個人格の存在を認め許し給ふ」（同、三二三頁）ということに他ならない。先に触れたように、梁川の宗教体験の特徴は、神と合一しながらも、どこまでも個が解消せず、個としての自覚をもち続けるところにある。それが「神の子」と表現されるのである。その立場から見るとき、仏教は汎神論的にその個を消してしまうのではないか、という批判がここでも繰り返される。「真宗の純他力観は、仏教通有の凡神論的根柢より来たれる必然の結論、即ち吾人の個人性、個人格、随うてこれに含まるゝ一味の自由自力の自覚を余りに軽視せるものには候はじ乎」（同、三二四頁）と批判されるのである。

このような「個」の重視と、そこからする仏教批判は、じつは梁川の若い頃から一貫しているものであった。明治三二年（一八九九）のノートである『我観録』は、主として禅の批判に終始する。そこには、「禅は一個の人の悟をのみ重んじて、社会の人として社会的に達せらるべき究竟の悟あるを説かず」（全集六、一六七頁）と、後には否定される社会性を表に出した批判もあるが、むしろ注目すべきは、「悟の触るゝ所は実相の一部を出でず」（同、一七八頁）と、禅の悟りの全体性を否定しているところである。なぜ禅の悟りは全体的でありえないのであろうか。「自我は全く超越し尽くす能はざるが故也」（同、一七六頁）と、自我の超越不可能性を根拠とするのである。

だが、禅の目指すところは、自我の超越、差別の超越ではないのか。しかし梁川は、悟りにおいて一切の差別相を超越したかに見えるものの、「彼れは尚依然として差別相を排除し了らざるなり」（同、一八二頁）と、やはり差別相は厳然として残る、という。どうしてそのように言えるのであろうか。それは、釈迦の悟りと凡夫の悟りが同一かどうか較べてみれば分る。「釈迦の悟は凡夫の悟に比して如何ばかり其内容の富贍、深奥、博大なるぞや」（同、一八〇頁）。悟りの内容に差別があるならば、それは到底すべての差別相を超越したとはいえない。

梁川の論法はいささか無理がないわけではないが、そこで彼がこだわるのは、個の個たる所以であり、それを簡単に突破超越することの不可能性である。それは、見神の実験における個我の残存と照応する。個我は決して簡単に消滅してしまうものではない。それはどこまでも残存し、居心地悪く、個我が個我を縛りつける。しかし、逆から見れば、その差別化された自己にこそ自力の努力の可能性があるのであり、積極的な倫理の開ける場ともなりうるのである。

晩年、梁川は浄土真宗の純他力説には批判的であったが、浄土教には親近感をもつようになった。なぜならば、そこでは「如来と道交する」(「聞光録」、全集五、四二八頁)からである。それ故、涅槃を理想視したり、浄土往生を目的とするような態度は否定される。あくまで「神仏との道交」というところにポイントが置かれてこそ、浄土教はキリスト教と通い合い、もっとも奥深い宗教たりうるのである。

内面の時代の最後を飾るにふさわしく、梁川においては、仏教系の思想家において十分に解決のつかなかった個と他者の問題に行き着き、それを根拠に、世俗の倫理と異なる次元での新たな宗教的倫理の可能性が開かれた。それは確かに一面では大正の人格主義、教養主義に受け継がれるところがあるものの、梁川のもつ深い宗教的葛藤と苦渋は十分に顧みられることなく、井上哲次郎的な世俗倫理主義の次元に平板化されてしまうのである。

第九章　国を動かす仏教　田中智学

一　封印された巨人

近代の仏教思想家として、清沢満之や鈴木大拙を挙げることに誰も異存はないであろう。しかし、それに見合う日蓮系の思想家は、ということになると、それほどはっきりとした答えは出そうもない。樗牛を挙げる人もあろう。また、戦争下にあくまで信仰を貫き獄死した牧口常三郎《まきぐちつねさぶろう》、独自の世界観を展開した宮沢賢治、戦後の平和運動の先頭に立った藤井《ふじい》日達《にったつ》などの名前も挙がるかもしれない。石原莞爾《いしはらかんじ》への関心も根強く続いている。その中で、田中智学を真先に挙げるとすれば、首を傾げる人がいるかもしれない。しかし、影響力の大きさからすれば、日蓮系では智学以上の人物はいない。樗牛も賢治も莞爾も、いずれも智学の影響下に立っている。

それほど重要にもかかわらず、この大物が直接脚光を浴びることは少ない。国柱会《こくちゅうかい》の継承者たちによる鑽仰を別にすれば、外部の研究者による本格的な研究は最近までほとんどなかった。国柱会系のもの以外に、単行本の研究書も一冊もなかった。鑽仰的なもの以外で智学を論ずるものは、ほとんどが無理解な批判で、それも必ずしも十分な検討なしに、ただちに昭和の超国家主義者たちとの関係で頭ごなしに批判するようなものが多かった。

その中で、智学系日蓮主義発掘の先駆者である西山茂の教えを受けた大谷栄一が、大冊の研究書『近代日本の日蓮主義運動』（法藏館、二〇〇一）を刊行して、はじめて智学と本多日生《ほんだにっしょう》の日蓮主義の活動を詳細に検討し、ようやく彼らの言動を日本の近代の中に本格的に位置づけようという本格的な研究が緒についた段階である。大谷はその後、『福神』第二―八号に「日蓮主義の再考・田中智学の思想と行動」の題で、智学の評伝を連載した。

それにしても、どうして智学はこのように無視され続けてきたのであろうか。もちろん清沢満之でさえ、ごく最近まで宗門では聖人視されながらも、外からの研究がほとんどなかったのであるから、智学の場合も無理はないとも言える。しかし、それでも満之はある程度は外にも知られていたし、大拙に至っては近代の仏教思想家のトップに挙げられる有名人であった。そればかりでなく、近代の新宗教関係者など、かなりマイナーな人物についてまで研究が進んでいる中で、智学についての無視は、意図的な黙殺としか考えられないほどである。

なぜそのように黙殺され続けてきたのだろうか。ひとつには、ほとんどホラ話に属するその気宇壮大な説が知識人好みでなかったことが挙げられるであろう。しかもそれが忌まわしい昭和の戦争の記憶と重なるとあっては、見て見ぬ振りをしたくなるのも無理はない。しかし、智学の思想はそれほど無価値なものであろうか。智学の著述は膨大に上り、その全面的な検討は短時間でできるものではない。本章は大谷氏らの研究に導かれながら、その一端を検討するにとどまる。

まず、智学の生涯と活動について簡単に見ておこう。田中智学（一八六一―一九三九）は、江戸日本橋に医師多田《ただ》玄竜《げんりゅう》の三男として生まれた。幼名秀丸、後に巴之助。玄竜は熱心な法華信者で、智学の信仰もその影響による。九歳、一〇歳のときに両親を相次いで亡くし、一之江の妙覚寺に入って得度した。智学はそのとき受けた僧名である。そこから、飯高檀林、日蓮宗教学院に学び、とりわけ新居《あらい》日薩《にっさつ》に学んだ。日薩は幕末の大学者優陀那《うだな》院日輝《いんにっき》の弟子であるが、日輝の学風は摂受《しょうじゅ》主義であり、後に智学は折伏《しゃくぶく》主義を採り、大きく対立することとなる。相手を受け入れながら、穏健に法を説く摂受主義と、正面から相手を論破して屈服させる折伏主義とは、日蓮門流の二つの立場としてしばしば対立するもので、今日でも大きな議論になっているところである。

智学はすでにこのころから、必ずしも日薩の指導とそりが合わなかったようである。一六歳の時に大病して一之江に帰り、そこで独学研鑽するが、この間に学んだことがその後の彼の教学の基礎を作ることになった。

結局一九歳で還俗《げんぞく》し、横浜の次兄の家で在家の宗教活動を起こすことになった。明治一三年（一八八〇）、二〇歳で蓮華会をはじめ、明治一七年（一八八四）には東京に進出して、浅草に立《りっ》正安国会《しょうあんこくかい》を創めた。この立正安国会が、大正三年（一九一四）国柱会に発展することになるのである。

智学の初期の活動を代表するものとして、『仏教夫婦論』並びに「仏教僧侶肉妻論」を挙げることができる。前者は明治一九年に講演されたものを、保坂麗山が筆録して同二〇年に出版したもの、後者は明治二二年に構想が立てられ、同二四年に創刊された雑誌『師子王』の創刊号から第八号まで連載されて中断したものである。前者は『日蓮主義研究』一七号（一九九四）に再録、後者は同一号（一九六八）に未発表部分と併せて掲載されている。智学は前者によって在家仏教としての活動を理論化するとともに、後者によって宗門僧侶をその活動の中に取り込むことになり、いわゆる新宗教と一線を画するその活動が明白にされる。ちなみに、前者は後に修訂され、明治二七年の天皇皇后の銀婚式に献上されている。

ところで、明治二二年には大日本帝国憲法が発布され、翌二三年教育勅語が出される。それによって明治の思想史が大きな転換点を迎えることは、前章までに述べたとおりである。智学の活動もそれを契機に新たな方向へと向かう。憲法が発布されるとただちに憲法講義会を開き、はじめて国家的問題への積極的な発言を行なった。智学は後に教育勅語を「勅教」と読んで聖典化する。また、明治二三年には、重野《しげの》安繹《やすつぐ》による滝口法難否定論を論駁した『滝口法難論』を講演、出版して、その活動を広く社会に知らせることとなった。

智学の活動もまた、日清・日露戦争間にひとつの頂点を迎える。明治二七年（一八九四）、日清戦争開戦時には、いち早く戦勝祈願の大国禱修法を行ない、その後の国家＝天皇と密接に結びついた活動の出発点をなした。そして、明治三四年には壮大なプランをもって宗門の覚醒を促す

『宗門之維新』を発表するとともに、活動の根拠となる『本化摂折論《ほんげしょうしゃくろん》』の講義を行ない、翌三五年刊行した。さらに、明治三五年には立正安国会の教義の大綱を『本化妙宗式目《ほんげみょうしゅうしきもく》』として定め、翌三六年に開いた本化宗学研究大会でその講義を行なった。その講義録は『本化妙宗式講義録』と題して刊行され、後に『日蓮主義教学大観』と改められて、ここに教学の全貌が示されることになった。

　このように、智学もまた紛れもなく日清・日露戦争間の仏教思想家である。しかし、満之や樗牛が個の内面を深めたのに対し、智学はあくまで国家を媒介とした仏教を求めた。社会的関心を強く示した点では、次章に論ずる新仏教徒運動や仏教社会主義と一致するが、後者が国家に批判的であったのに対して、智学は国家を第一と見るところに決定的な違いがある。近代が政教分離を基本として進展してきたのに対して、智学は政教一致（法国冥合）を主張する。それは組織的には対立しつつも、戦後の創価学会の活動に引き継がれるものであり、近代的な政教関係に大きな問題を投げかけるものである。

二　男女・夫婦からの出発

『仏教夫婦論』は、「夫婦」という特殊な問題を扱っているように見えるが、智学は夫婦を基礎に据えることで、既成仏教の大改革を図ろうとしている。明治五年（一八七二）の僧侶肉食妻帯《にくじきさいたい》令は日本の仏教を本質的に大きく変えることになった。確かに僧侶の肉食妻帯はもはや当たり前のこととして行なわれており、現象的には単にそれを追認しただけであるかのように見える。しかし、それは宗教の持つ社会的な位置づけを制度的に根底から逆転させるものであった。それまで、たとえ実質はどのように世俗化したとしても、僧侶は士農工商の身分外のものとして、世俗の秩序に位置づけられない聖職者であった。ところが、いまや僧侶は俗姓を持ち、従来の聖なる身分から世俗の一職業になったのである。しかし、当時の仏教界はそのことを認識するだけの力もなく、明治初年の戒律復興運動にわずかに気概を見せたものの、ほとんど抵抗することもなく、新しい秩序の中に組み入れられていった。大教院制度に抵抗してそれを崩壊させた島地黙雷らの運動も、この点に関してはむしろ真宗の状況を公認し、他の宗派を真宗化する内容であっただけに、特に反対する根拠もなかった。

ともあれこうして仏教は否応なく世俗国家体制の中に組み込まれ、その中で活路を見出す以外に道がなくなった。こうして明治一〇年代から二〇年代へかけて、居士《こじ》仏教、在家仏教が積極的に主張されるようになる（池田英俊『明治の仏教』、評論社、一九七六、第三章参照）。先に論じたように、井上円了もまた、当時の停滞した仏教に対して、世俗への積極的な対応を求めた。智学の活動もまた、そのような状況において見るべきものである。

『仏教夫婦論』は、第一・総論、第二・夫婦ノ成立及ビ宗教ノ関係、第三・夫婦ノ倫道ニツキ仏教ト耶蘇教トノ相違、第四・東洋仏教ノ振ハザルハ夫婦ノ成立ヲ誤レルニ基クコト、第五・夫婦ハ仏教最上ノ教義ナルコト、の全五章からなっている。演説の筆録であるが、いかにもその場の雰囲気がありありとうかがえるもので、智学が名演説家として出発した様がよくわかる。

さて、本書の主張を見ると、夫婦は宗教・倫理のもっとも根本であることを言い、仏教もまたそれを根底としているから、今後仏教は葬式仏教をやめて結婚式など生者のための宗教でなければならない、という論の進め方をしている。

もう少しその議論を追ってみよう。まず、夫婦について、「夫婦ハ社会ヲ組織スル元分子ニシテ、且ツ社会ノ活動ヲ起ス原機関ナリトイフコトハ、誰モハヤ知タル議論」(『日蓮主義研究』一七、二三頁)であると認める。夫婦を単位とすることは、男女の同権を認めることである。「社会ノ基本実ニ男女ニアリ。社会ノ活動実ニ夫婦ニ在リ」(五七頁)とも言われる通りであり、「吾国上古ヨリ中古ニ至ル迄ノ、婦人ノ元気風俗ハ云何ナリシヤ」(二三頁)と、もともと我が国の女性が「勇壮豪邁」「学見高尚」であったことをいう。

ところが、支那の男尊女卑の教えの影響で女性の地位はすっかり落ちてしまった。仏教もまた、「古来仏教ガ東洋各国ニ於テ、大ニ勢力ヲ得タル議論ハ、所謂彼女人排撃説ナリ」(四四頁)と言われるように、女性差別を助長してきた。まさにそのことが、仏教停滞の原因に他ならない。

社会ノ基礎タル夫婦ノ成立ヲ誤解シテ、単ニ煩悩生死ヲ製造スル根元ナリトシ、所謂三界ノ苦ヲ離レ生死ノ迷ヲ出ヅルニハ、之ヲ遠離セザルベカラズトナシタルモノ、全ク東洋仏教ガ永ク不振ノ地位ニ坐シタル原因ナルコトハ、毫モ非難スベカラザル確論ナリト信ズ、(四六—四七頁)。

それゆえ、いま仏教を盛んにしようと思うならば、まさに男女・夫婦から出発しなければならない。だが、そのようなことが仏教の教理から言えることであろうか。智学は、一心説から出発して、二法から万物へと展開してゆくということで、それを説明しようとする。男女という二元的な原理が媒介になって、はじめて根源の一心から万物への展開が可能になるというのである。

さらにもう一方で、『法華経』の竜女成仏説に触れて、「竜女ノ成仏ハ、一人ノ成仏ニアラズ、一切女人ノ成仏ナリ」(五九頁)と、女性も男性と同格に扱われていることに注目する。そして、「女人ヲ排撃スル」のは「未顕真実」の教義であり、「真実本懐ト名乗リシ教義(=『法華経』、引用者注)ニ、女権ヲ伸張セシ上ハ、釈迦教ノ本意究竟ニシテ、男女同等、両性感応、二物相依、異質調和、ノ本義ヲ以テ社会整治ノ常則トシ、修行剋進ノ目的トナシタルニ相違ナキコトアリ」(五九頁)と、男女同等こそが釈迦の本意であるとしている。

はたして智学がどこまで女性の権利を深く考えていたかというと疑問はあるが(他の著述には女性差別的表現が見える)、ともあれ、従来の男尊女卑を否定し、夫婦を単位とした新しい社会のあり方を基盤とした仏教を構築しようとしていたことは確かであり、それが仏教活性化という当時の不可欠な課題に対する強力な方策であった。それは必然的に在家中心の仏教へと向かうことになるが、それればかりではない。同時に、仏教界が「一ノ最大ナル葬式会社」(二〇頁)となっていることを批判し、「死人ヲ相手ニスルヲ止メテ活タ人ヲ相手ニスベシ。葬式教ヲ廃シテ婚礼教トスベシ」(二一頁)と、葬式仏教から婚礼仏教への転換を主張するのである。

これもまた、きわめて独創的であるとともに、時代を先取りする発想であり、実際、智学は明治二〇年(一八八七)に仏式の結婚式の方式を定め、執り行なうに至るが、それは神前結婚式が明治三三年に始められるよりはるかに前であった(田中香浦「田中智学居士の在家仏教」、『日蓮主義研究』一七)。

以上、『仏教夫婦論』を概観した。ところで、『仏教夫婦論』が演説口調そのままで読みやすいのに対して、「仏教僧侶肉妻論」は仏典を多く引いた本格的な論文であり、長大な構想のうち、約四分の一しか残存していないので、決して分かりやすいものではない。しかし、本論文が『仏教夫婦論』以上に興味深いのは、智学が単純に在家仏教を主張するのではなく、僧侶をも含めた仏教界全体の改革を志している点が明白に示されているところにある。立正安国会から国柱会という組織そのものが膨大な信者を抱えたわけでもないのに、智学の運動が大きな影響を残したのは、日蓮宗の既成教団を巻き込んだ動きに展開したからである。その点が、智学の活動が新宗教運動と大きく違う点である。それは単に組織上の問題だけではない。智学はきわめて独創的な視点を持ちながら、この論文でも、また後の諸論でも、伝統的な教学を踏まえて立論しており、その点でも教団への衝撃は小さくなかった。

この論文は、僧侶肉食妻帯令を受けて、僧侶の肉食妻帯が当たり前のものになりながら、それでも教団ではなお肉食妻帯を罪悪視しているのを批判し、肉食妻帯を戒律上からも正当のものと認めようと主張する。即ち、「今天下ノ僧侶ソノ肉妻ヲ敢テスルモノ、宗制之ヲ許シテ而シテ之ヲナスニ非ズ。古来ノ厳禁ヲ解除シ、ソノ改新ノ下ニ立テ而シテ潔ク之ヲナスニ非ズ。則チ只一己ノ私慾ヲ以テ、戒律ノ神聖ヲ侵シタルニ過ギズ」（二〇―二一頁）と言われるように、肉食妻帯は世俗法的には問題なくとも、現状では宗門的には戒律違反とみなされるのであり、正当化されていない。

しかし、それにしても、仏教の戒律から見て、僧侶の肉食妻帯を認めるのは難しいではないか、という批判が考えられる。それに対して、智学はさまざまな観点から肉食妻帯が必ずしも戒律に背かないことを証明しようとしており、その途中で現存の原稿は終わっている。その中でもっとも力説されるのは、末法という時代性である。明治期の仏教者の中で、末法という問題を正面から問題にしたのは、恐らく智学以外にいないであろう。末法は行・証が滅尽して、教のみが残る時代である。それならば、戒律が守られないのは当然である。むしろ「信ハ是レ末法ノ戒律」（三五頁）と言われるのである。

そのような状況では、僧侶の本質そのものが過去と違うと考えなければならない。「今日ノ僧侶、已ニ父母ノ家ヲ出ヅル能ハズ、王化ノ下ヲ脱スル能ハズトセバ、亦コレ既ニ一箇ノ在家タルノミ。況ヤ族籍ヲ置キ生家ノ姓氏ヲ冒ス、安クニ出世間ノ資格アランヤ」（四七頁）。これはまさしく正論であり、肉食妻帯令以後の日本の僧侶が、もはや出世間性を失った世俗の職業人であることは、前述のとおりである。

だが、だからと言って、彼らの存在が否定されるわけではない。さまざまな論拠を挙げて、智学は大乗の菩薩は必ずしも出家である必要はなく、在家の菩薩でよいと結論する。

又復夕応ニ知ルベシ、末法今時吾国ノ僧侶ハ、早ク已ニ其法籍ト資格ヲ在家ノ菩薩ニ編シ去ラレタルコトヲ。又復夕更ラニ応ニ知ルベシ、在家ノ菩薩家居シテ妻子ヲ畜フ、一己ノ私欲ニ在ラズシテ、護法護国ノ為ナルコトヲ。（四九頁）

このように、智学は僧侶が肉食妻帯をするからといって、それをもって僧侶たることを否定するわけではない。むしろそこに末法の在家の菩薩としての役割があるというのである。その役割は、護法護国ということに求められる。原稿のない本書の後半は、目次によると、この肉食妻帯の在家菩薩たる僧侶を主体とし、仏教婦人たるその妻たちを積極的に活用する未来の仏教のあり方を、プランとして描き出すことを意図していた。そのプランは、後の『宗門之維新』により大規模に実現されることになる。ただし、『仏教夫婦論』や「仏教僧侶肉妻論」が通仏教的であったのに対し、後の著述では日蓮宗の宗門の中の論として立てられることになる。

智学にあっては、決して末法は否定的に捉えられているわけではない。後述のように、末法にこそ真の仏法が広まるのである。そのとき、真の仏法を広める先頭に立つのが肉食妻帯する僧侶たちであり、その後を在家の信者たちがついていくという形になる。それだけではない。『宗門之維新』では、妻帯する僧侶は世襲を原則として、世襲料を払うという、きわめて現実的な経済的効果も求められている。そのことは次節で見ることにしよう。

三　侵略仏教のプラン

『仏教夫婦論』では国家の問題はほとんど出てこなかった。それが「仏教僧侶肉妻論」に至ると、「護法護国」ということで、護国がクローズアップされる。それでも現存の草稿部分では、その問題は大きくは展開されなかった。しかし、憲法発布から日清戦争のころになると、そうした国家の活動に関与しようという智学の姿勢が次第に明らかになってくる。その方向が整理され、壮大な未来へ向けてのプランとして展開されたのが『宗門之維新』である。

本書はもともと立正安国会の機関誌『妙宗』に三回にわたり掲載された後、まとめて日蓮宗宗会議員に贈呈されたが、反響はなかった。そこで、再版は宗門を超えて、より広く「吾国有識の士に贈りて、国家の為に精読と批評を求めぬ」（第三版序）として、その贈呈は八百余名に上ったが、大部分は黙殺された。確かに、当時まだ無名に近かった人物から、気宇壮大ではあるが、およそ夢物語のような壮大なプランを書きつけた本を贈られても、まともに取り合うことなどできなかったであろう。

その中で、「唯一人の感謝と、唯一人の共鳴者とを得るのみ」と自ら言っている（「東京新都市論」緒言、『師子王論叢篇』三八七頁）。「感謝の一人は近衛篤麿公にして、共鳴の一人は博士高山樗牛なり」（同）。近衛篤麿のほうはともかく、樗牛の感動はただごとではなかった。樗牛の日蓮信仰についてはすでに論じたが、当時病気による挫折の中で、天才崇拝の方向を強めていた樗牛にとって、智学の描く壮大なプランは響くところがあったのであろう。樗牛は本書を賞賛し、これを契機に、智学と晩年の樗牛は親交を結ぶようになる。ただし、智学がその後国家主義の方向を強めるのに対して、樗牛は国家を超越した真理の絶対性の方向に向かうことになる。

さて、本書は簡単な序論（序分）に続いて、総論（正宗分の上）・別論（正宗分の下）と続き、最後に付録として妙宗未来年表（流通分）を収める。本書もまた、日清・日露戦争間の仏教思想に共通する問題意識に立つことは、あくまで「改造の原動機を信仰の醇発に在りと断ず」（『師子王論叢篇』、五頁。以下、『宗門之維新』の引用は本書により、頁数のみ記す）という信仰中心の立場に見られる。その信仰は「不惜身命の正信」であり（七頁）、それが起これば、「聖祖の備へたまはんほどの智徳、不知不識の間宛然として吾身に光被影現し来て、第二の小日蓮爰に生ぜん」（同）というほど、核心となるものである。

「仏教僧侶肉妻論」ですでに明らかにされたように、末法には戒律は成立しない。「今の所謂僧は古の所謂優婆塞《うばそく》なり」（四七頁）と断言される。そうであれば、「末法の道徳は、五戒十善にあらず、……、唯だ一の信仰也、即ち本化下種の根本信也、不惜身命の心地也、護持正法の請願也」(同)と、信に基づく行動が要請される。

さらに清沢満之との類似を求めるならば、満之もまたけっして社会的関心を失ったわけではなく、宗門改革に熱意を燃やしている。信を基盤とした宗門改革という点で、智学の活動も近似している。ただ、満之が内面主義的方向を強めたのに対し、智学が宗門から国家・世界へと向かったという方向性が異なるのである。なおその場合、智学のいう「宗門」が既存の宗門そのものではないことは注目される。満之が東本願寺(大谷派)という既存の一つの宗派の中での改革を志したのに対して、智学の「宗門」は日蓮宗の中の一派というわけではない。かと言って立正安国会という在家組織をいうわけでもない。それはあるべき理想の宗門であり、分裂した日蓮宗諸派が統一されたところに実現される。「現日蓮宗は、名に於て一宗なれども、事実に於いて四十有余派の聯邦制度なり。……宗門統一の実を挙ぐるが為めには、須らく歓んで之を廃合すべきもの也」(三四―三五頁)。

立正安国会自体は大きな組織ではなく、また当初『宗門之維新』が冷たくあしらわれたにもかかわらず、智学が次第に日蓮宗の中で大きな無視できない影響力を持つようになるのは、日蓮宗諸派にとっても、統合して勢力を強めることは切実な課題であり、その点で智学の呼びかけは現実的な意味を持ったからである。実際、日蓮宗諸派の間では、度々統合の動きが見られ、後に昭和六年(一九三一)に実現する立正大師号宣下に至る過程などで、智学をリーダーの一人としながら諸派の協力が実現するに至るのである（『国柱会百年史』、一九八四、第六章参照）。

しかし、すでに教義の相違や利害関係によって分かれている宗門諸派を果たして統合できるのか。そのための具体的なプランを提示することが、本書のもっとも中心の課題である。その基本は、「寺院的宗門を破して、法義的宗門と為し、僧侶的宗門を変じて、信徒的宗門と為す」（三八頁）ことである。それには、諸派の本山を一丸とし、本尊を統一し、「全宗一貫の大統化を施き、一宗を以て一人となし、信徒を体とし、宗法を魂とし、本山僧侶を肝脳支官として」（三九頁）いかなければならない。

本書の別論は、その細かいところまで具体的に規定しようというものである。それは、例えば、本尊の統一、修行の統一、宗学の組織、布教の統一、教育の統一などから、宗門の経済的基盤をどうするかにまで及ぶ。その中で、僧侶の妻帯も大きな意味を持ってくる。それは妻帯により子孫伝持が確立し、血族制度による宗門の繁栄を期待できるからである（四八頁）。そのためには世襲住職の制度を確立することが必要となる（四九頁）。住職の世襲はまた、世襲料を上納することで、宗門の経済面でも重要な意味を持つことになり（同）、また、寺院妻女は信徒誘発の上でも大きな役割を果たすことになる（六三頁）。

こうして日蓮宗は大発展を遂げることになる。というよりも、大発展を遂げなければならない。それを成し遂げるのが「侵略的態度」である。智学は『本化摂折論』において、摂折問題を解決し、断固たる折伏主義を採る。智学は日輝・日薩系の摂受主義を批判し、折伏論こそ日蓮主義の本来のあり方であると主張する。「謗法邪見の世にあらん際は、恒砂の法門すべて折伏也」(一九頁)、あるいは「『コーラン乎剣乎』は猶甚だ緩弱也、須らく『法華経は剣也』と曰へ」(二一頁)などと威勢のよい掛け声をかけている。

では、その侵略の目的は何か。「人類を統一するは、聖的事業の尤も大なるもの也」(一五頁)と言われるように、その最終目標は人類統一に置かれる。「侵略的態度」とは、「宗教及び世間の諸の邪思惟邪建立を破して、本仏の妙道実智たる法華経能詮所詮の理教を以て、人類の思想と目的とを統一する「願業」」(一五頁)に他ならない。

世界統一のためには、まず日本が統一されなければならない。「大日本国成仏せずんば吾れ成仏すべからずと念ぜよ、皇室、憲法、議会、政府、乃至人民、すべて悉く発迹顕本《ほっしゃくけんぽん》して、唯一妙道に帰融せざれば、死するとも瞑する勿れ」(二三頁)。日本をすべて「唯一妙道」で統一した上で世界に向かう。日本にはその使命がある。「日本国は正しく宇内を霊的に統一すべき天職を有す」(一六頁)。日本人が世界統一のために選ばれた民であるというのは、後の智学の国体論の核心を作ることになる。

智学は、本書付録の「妙宗未来年表」において、この先五〇年間の推移を想定し、ユートピアを描き出す。その間着々と勢力を伸ばすことによって、諸宗の学者は「改悔帰宗し、其宗団の解散を宣言するに至らん」(二一九頁)。こうして国内の宗教が統一され、理想の国立戒壇《こくりつかいだん》の設立が実現する。

皇室亦疾くに斯正教と冥合し玉ふに至り大詔巍然として煥発し、議会恂々如として協賛し奉りて、世界未曾有の『開迹顕本的国教』爰に憲定せられ、本門事妙の「大戒壇」涌然として吾邦の中央最勝地に建鼎せらるゝ暁は、即ち大日本国　天祖の「神謨」と、斯霊奇最勝の「国体」と、斯　神裔一系の「帝室」とが、本仏釈尊と本法法華経との化身たる　日蓮聖祖に縁りて、残りなく解釈せられて、其真価を実現し了れる時也、(二一二頁)

天皇の帰依による国立戒壇の樹立は、後に創価学会の折伏活動においても目標とされた。日本がすべて日蓮主義の宗教によって統一され、それがさらに世界統一にまで広げられるというのは、ユートピアであろうか、それとももしかしたら悪夢の逆ユートピアであろうか。オウム真理教の事件を経た今日、それは真剣に問われなければならない問題である。ともあれ当時の他の仏教思想家の誰もが描かなかった夢物語を大上段から主張したところに、いわゆる「トンデモ本」とすれすれの本書の魅力と危険がある。

後の創価学会と異なる智学の活動の特徴は、この理想に向かって進むのに、草の根的な折伏活動よりも、既成の宗門の統一から国家へという、上からの再編成に力を入れたことである。世界へ向かうためにもまず日本国家から出発しなければならない。そこから、宗門と並んで日本国家が極めて大きな比重を持つことになる。日本国家は世界統一の使命を持つ。

それならば、もし天皇がどこまでも『法華経《ほけきよう》』に帰依しなかったならば、どうなるのか。仏法に逆らう天皇は謗法者として非難され、退位させられるのか。この問題は本書では十分に論じられない。しかし、そうはならないことは容易に推測できる。なぜならば、皇室の継承は選ばれた民日本の国体の根本をなすからである。そこに、その後の智学の国体論的日蓮主義が展開することになる。だが、国体と日蓮主義とは矛盾しないのか。樗牛が指摘した世俗と宗教の矛盾は、智学においてはまったく問題にならなかった。それはアプリオリに合致するものである。そこから、智学はやがて時代の変転の中で、国体の宣伝者としての活動を展開することになる。

四　日蓮主義と天皇

『宗門之維新』の「侵略的態度」の教学的基礎となる折伏論は、『本化摂折論』において詳細に論じられる。摂受か折伏かは、今日でもなお日蓮宗学の根本をなすものとして大きな論題となっている。それは、この問題がただちに宗門の活動の方向を決めるところがあるからである。今本書を詳細に検討する余裕はないが、智学の論の大きなポイントは、教・機・時・国・序のいわゆる五教判に従って、状況に応じて摂受と折伏が使い分けられる。その中で、末法論はとりわけ特徴のあるものである。

智学によれば、末法は「時世的の大退歩にして、宗教的の大進歩期である」(『師子王教義篇続々』、五二頁)。しかも日本という国は、邪知謗法国である。そこにこそ、本化の上行菩薩《じょうぎょうぼさつ》が出現する必然性がある。「本化」というのは、本門の釈尊の教化を受けた地涌《じゆ》の菩薩のことであり、日蓮はその上首たる四菩薩のうち上行菩薩であるというのが、智学の一貫した立場である。上行菩薩は末法の邪知謗法国である日本にこそ出現した。それによって、末法は「宗教的の大進歩期」となり、日本は「正義妙国」となるというのである。

智学は末法をまた四期に分ける(同、五二—五三頁)。

本化開教前期……入末二百年(像法の残機に逗する辺での摂受)

本化開教期……建宗以後(純折伏の正時代)

宣伝広布期……統一以前(折伏主義の布教)

統　一　期……四海同帰一天皆妙の時(超悉檀の摂受)

本化上行菩薩である日蓮が開教して以後、現在は宣伝広布期に当たり、この時期には折伏主義以外にはありえない。その折伏により世界統一が成し遂げられたのが、統一期になる。このように、本書は、仏教学的な末法観並びに国土観から日本の位置づけを与えているが、そこには国体論は入ってこない。

智学の教学は、明治三五年(一九〇二)に制定された『本化妙宗式目』に大成されたが、これは大綱を記したものであり、翌三六年に行なわれた講義によって詳細に解説された。その講義録『本化妙宗式講義録』(『日蓮主義教学大観』)は平易な言葉でその壮大な体系を展開しているが、その中では、かなり具体的に日本の国体への言及が見られる。この講義を行なった本化宗学研究大会の際、畝傍《うねび》大陵（神武天皇御陵）に参拝したときに講演を行なったが、翌三七年、日露戦争開戦に際して、急遽その一部を出版したものが『世界統一の天業』であり、日本民族の使命を正面から説いている。

本書は、『宗門之維新』以来の「世界統一」ということを正面から問い、それを実行するのは誰かと問う。「世界統一の実行者とは、日本国に王統を垂られた　神武天皇である」（『師子王国体篇』、八一頁）。それは何故か。ここで智学は奇想天外な説を提示する。日本の帝室は、じつはインドに由来する転輪聖王の血を引くというのである。「日本国の祖先は太古印度地方より日本の地に王統を垂れたもの」（同、八五頁）である。智学はこの日本人印度起源説をその後必ずしも維持したわけではないが、日本王統と仏教を習合するのにきわめて都合のよい説である。

転輪王と仏陀とはコンビを組んで世界の政治的統一と宗教的教化に当たるものとされる。「神聖の中にも実行を主とするのが王者で、所謂転輪聖王《てんりんじょうおう》で、指導を主とするのが仏陀で、即ち釈迦仏である、而してこの神聖は、根源同系で、一の徳義的血性より出で来たるものであると定まッて居る」（同、八六頁）。日本の王統はその転輪王の血を受けたもので、「世界統一の天命を負うて居る」（同、八七頁）のである。天皇を輔けて、世界統一をなしとげるのが日本人の使命である。このような選民思想は、日本のナショナリズムの中でもきわめて特異である。

とすれば、政治的統一を行なう転輪王＝天皇に対して、宗教的教化を担当するのが日蓮主義である。「釈迦仏の真意を伝へて、世界統一の根本義を遺憾なく具備した教がある、それが終に統一主義の実行者と一体になりて、人類最終の光明を与へるものとして、既に已に宣伝広布せられてあること、併せてそれが末法の名教たる本化妙宗日蓮主義なることを言明して置く」（同、九〇―九一頁）。こうして、智学における法国冥合論《ほうこくみょうごうろん》は、釈迦と転輪聖王の関係を日蓮主義と天皇の関係に移すことによって成り立つ。その世界統一は、商工業営利主義の膨張的統一でもなく、領土拡張併呑主義の統一でもなく、人種的拡張の強者的統一でもなく、宗教的拡張開発主義の統一であり、それは道義的統一主義によるもので、次のように統合される（同、九〇頁）。

道義的統一主義（文明的）
　├ 道義的実功統一主義（日本帝業）
　└ 純宗教的統一主義　（日蓮主義）
　　→（冥合帰一）

『日蓮主義教学大観』では、「天皇は、直ちにこれ本化上行の垂迹」（第四巻、二六四五頁）と言われており、日蓮と天皇が同じ上行の垂迹として一体的なものと捉えられているが、このあたりの解釈については論争があり、智学自身の説かどうか疑問が呈されている（大谷、前掲書、一一二頁・注一〇六）。そこまで言えるかどうかはともかくとして、『世界統一の天業』でも「根源同系」と言われているのであるから、両者の一体性は明らかである。それゆえ、天皇と日蓮主義が矛盾するということはまったくありえないことになる。

しかし、天皇は日蓮主義者ではないではないか、それでもよいのか、という疑問は当然残る。それに対して、後の『日本国体の研究』（一九二二）では、「明治大帝は日蓮主義開闢以来はじめての大外護者」（九七〇頁）であったとする。政教分離、信教の自由という大英断も、実は「王法仏法の冥合一体」が実現されるまで、「ヘタなものを信じてはならぬ」（同、九八〇頁）という意図だという。これはあまりにこじつけに見えるが、智学としては両者の一体はけっして揺らぐことのないアプリオリな真理であったのである。

五　日本ファシズムと仏教

智学の国体論的な日蓮主義は、今日から見れば、あまりに無理が多く、強引に見える。しかし、それを戦前の天皇絶対主義下における徒花《あだばな》と見ることもできない。『国柱会百年史』（一九八四）では、智学の影響を受けた人として、坪内逍遥《つぼうちしょうよう》・高山樗牛・姉崎正治《あねざきまさはる》・北原白秋・宮沢賢治・石原莞爾《いしはらかんじ》・中里介山《なかざとかいざん》らの名前を挙げており、その影響の大きさをうかがわせる。そうした外部への影響だけでなく、日蓮宗内部でも確かに突出した存在ではあったが、まったく孤立していたわけではない。近い位置に立つ国家主義的日蓮主義者として本多日生《ほんだにっしょう》（一八六七―一九三一）がおり、また、清水梁山《しみずりょうざん》（一八六五―一九二八）がいた。梁山の系統からは、昭和一〇年代に智学ら以上に過激な天皇本尊論が主張されている（執行海秀「近代日蓮教学の形成」、望月歓厚編『近代日本の法華仏教』、平楽寺書店、一九六八）。

さらにまた、血盟団、五・一五、神兵隊、二・二六などのテロの首謀者に日蓮信仰者が多くいたことはよく知られている（戸頃重基『近代日本と日蓮主義』、評論社、一九七二、参照）。そうとするならば、日本ファシズムは純粋な天皇信仰とばかりは言えない。神道ではなく、日蓮主義の補強を要したとすれば、神道を含めた日本主義、あるいは天皇主義だけでは思想として完結しえないのではないか、という疑問が生ずる。天皇主義だけでは特殊日本という枠の中に閉鎖されてしまう。普遍的正義のお墨付きを与えるには、仏教という普遍性を持った宗教の枠が必要だったのではないのか。まして、海外への侵略を正当化するには、国内の論理だけでは通用しない。昭和のファシズムにとって、仏教は単なる添え物ではなく、その本質に関わる問題を持っていたのではないか。

明治期の智学から直ちにそこまで跳ぶのはいささか性急である。しかし、明治末の思想は、意外にも大正を乗り越えながら、昭和の戦争期につながっていく。その観点から改めて昭和の思想を捉えなおすことも必要であろう。

ところで、智学はそのイデオロギーによって単純に断罪しきれない不思議な魅力を持っている。『宗門之維新』の「トンデモ本」すれすれの未来記もそうであるが、『師子王論叢篇』に収められた「東京新都市論」（一九二〇）は、海上埋め立てにより東京新都市を作ろうという卓抜したアイディアを提示している。「国性芸術」の演劇運動や、建築・造園など、その才能は多岐にわたり、さまざまなアイディア商品も開発している。「毎日配達する（牛乳）ビンに「乳暦」というビラをつけ、それには道を説くとともに日常生活の万般にわたるミニ百科辞典的記事をのせ、好評を博した」（田中香浦『田中智学』、真世界社、一九七七、二〇二頁）などという芸の細かいところも見せている。

奇抜であると同時に卓越したカリスマ的なマルチタレントという点で、智学は大本教の出口王《でぐちお》仁三郎《にさぶろう》と並ぶ近代の宗教的異才と評することもできよう。そのような面からもさらに見直す必要がありそうだ。

第十章　社会を動かす仏教

内山愚童・高木顕明

一　社会変革をめざす仏教

ここまで個人思想家を中心に取り上げながら、明治の思想史の中での仏教の役割を考えてきた。ごく常識的にいえば、明治の思想史は、初期の啓蒙主義から自由民権運動へと進み、その退潮の中で、帝国憲法の発布（明治二二、一八八九）、議会開設（明治二三、一八九〇）により、立憲君主国として近代国家の形態を整える。しかし、同時に教育勅語の発布（一八九〇）により、学校教育の場を通しての国民道徳の形成へと進むことになる。そして、その後の「教育と宗教の衝突」論争を通してキリスト教が非難の槍玉に挙げられた。それに対抗する形で、個の内面の深化が、とりわけ日清・日露戦争間の一〇年にひとつの頂点に達した。これまで主として考察してきたのは、その間に仏教が果たした大きな役割であった。

その中で、田中智学のように、そのような枠に納まりきらず、より社会的な活動に進んでいくものもあった。その面から見れば、清沢満之にしても、宗門改革や教育活動に最後まで意欲を燃やしており、決して社会的な側面を無視していたわけではない。しかし、満之の活動は挫折し、智学の活動は国家へと収束して、批判性を失っていった。清沢没後の精神主義一派にも日露戦争に対する非戦論的な動向が見られたが、それも大きな広がりを持つにはいたらなかった。

それでは、社会的な問題に対して、批判的な目を持ち、底辺から社会の問題を考え直し、変革しようという仏教者は他にいなかったのであろうか。確かに、そのような面はキリスト教のほうが目立った活動をしている。明治期の社会主義の重要な部分はキリスト教徒によって担われている。だが、仏教者にも社会に目を開いた活動がなかったわけではない。

日清・日露戦争期に確立した日本の資本主義体制は、同時に貧困問題や労働問題を惹き起こすことになり、社会運動・労働運動が活発化し、やがて社会主義へと展開してゆく。その間、仏教者の間でも社会的意識に目覚めた活動が始まる。当初活動の中心となったのは古河勇《ふるかわいさむ》（一八七一―一八九九）で、明治二七年（一八九四）に経緯会《けいいかい》を結成して、伝統的な教団に対して批判的な自由な立場を主張した。しかし、古河が若くして没したため、その活動は頓挫し、経緯会も明治三二年には解散された。

その後、境野黄洋《さかいのこうよう》らが中心となって、仏教清徒同志会（明治三二）から新仏教徒同志会（明治三六）へと新たな活動に向かうことになった。そこには、高島米峯《たかしまべいほう》、加藤咄堂《かとうとつどう》、伊藤左千夫などが集まり、雑誌『新仏教』を刊行して論陣を張った。新仏教徒同志会の綱要は次のように謳っている。

一、吾徒は仏教の健全なる信仰を根本義とす
二、吾徒は信仰及道義を振作普及して社会の改善を力む
三、吾徒は宗教の自由討究を主張す
四、吾徒は迷信の勦絶《そうぜつ》を期す
五、吾徒は従来の宗教制度及儀式を保持する必要を認めず
六、吾徒は宗教に関する政治上の保護干渉を斥く

ここには政治的な干渉を退け、自主的な社会改善へ向かう志向が明白に表明されている。『新仏教』の執筆者は、右から左まで多岐に亙り、必ずしも一方に偏ったものではないが、一方で旧弊を改めない伝統的な仏教への批判を行なうとともに、他方では清沢満之らの内省主義に対して、社会意識を失ったものとして厳しい批判を突きつけた。社会主義者たちにもかなり積極的に発言の場を与え、堺利彦《さかいとしひこ》や石川三四郎も寄稿している。

活動の中心になった境野黄洋（哲、一八七一―一九三三）は、哲学館（東洋大学）の出身で、また村上専精の高弟として仏教史学者としても大きな成果をあげ、後には東洋大学の学長ともなっている。他方、同じ真宗大谷派内の精神主義批判の先鋒に立つなど、強い社会的な問題意識を堅

持した。また、やはり中心の一人であった高島米峰は幸徳秋水とも親しく、その遺稿『基督抹殺論』の刊行に尽力している。他にも、『牟婁新報《むろしんぽう》』を刊行して、管野《かんの》スガ（幽月）・荒畑寒村《あらはたかんそん》らの先鋭的な社会主義者を記者として招いた毛利清雅《もうりせいが》（柴庵）なども注目される。

さらに、仏教系の社会運動としては、伊藤證信《しょうしん》（一八七六―一九六三）の無我愛の運動が明治三七年（一九〇四）に始まっていることも注目される。伊藤は真宗大谷派の僧であったが、脱宗して自由な立場に立ち、仏法の根本を無我の愛に見て、その実践運動を展開した。明治三八年に無我愛に基づく共同体の場として東京巣鴨に無我苑《むがえん》を開き、そこには経済学者河上肇《かわかみはじめ》が教職をなげうって参じたことがよく知られている。初期の伊藤は日露戦争に反対し、社会主義とも近い思想を表明していたことから、内山愚堂も親交を持っていた。

その運動はまた、西田天香《てんこう》（一八七二―一九六八）の一灯園《いっとうえん》の活動とも通ずるところを持っており、明治だけでなく、大正・昭和へかけて運動を展開するが、やがて天皇主義、国家主義の中に呑み込まれてゆく。そのあたりについて、ここではこれ以上立ち入らないが、栄沢幸二『近代日本の仏教家と戦争』（専修大学出版局、二〇〇二）という好著があることを紹介しておく。

二　大逆事件と三人の僧侶

そうした中で、一躍社会の注目を引いたのは、大逆事件に三名の仏教者が関与していたことであった。即ち、内山愚童《うちやまぐどう》（一八七四―一九一一）、高木顕明《たかぎけんみょう》（一八六四―一九一四）、峯尾節堂《みねおせつどう》（一八八五―一九一九）である。内山は曹洞宗の僧で、死刑判決を受けて、処刑された。高木は浄土真宗大谷派の僧で、死刑判決の後、無期懲役に減刑されたが、刑務所で自殺した。峯尾は臨済宗妙心寺派の僧で、同じく死刑を無期懲役に減刑され、服役中に病死した。いずれも強い社会的な関心を持ち、それが冤罪によって十分にその思想を成熟させるに至らず、不遇の死を遂げるに至った。

以下、彼らの思想の検討に入るに先立って、大逆事件についてごく簡単に触れておこう。そもそも大逆罪は、明治四〇年（一九〇七）改正の刑法では第七三条に規定されているもので、「天皇、太皇太后、皇太后、皇后、皇太子又ハ皇太孫ニ対シ危害ヲ加ヘ又ハ加ヘントシタル者ハ死刑ニ処ス」とされている。実際に危害を加えたのではなくても、「加ヘントシタ」だけでも該当し、しかも、死刑以外にないというきわめて厳しい規定である。実際に危害を加えた場合は認定できるであろうが、「加ヘントシタ」ということをどのように認定できるのか、常識で考えてもあまりに漠としている。ちなみに、危害に至らない不敬行為の場合、第七四条により、「三月以上五年以下ノ懲役」とされている。

いわゆる大逆事件は明治四三年（一九一〇）、長野県秋科で、天皇暗殺のための爆弾を製造していたという理由で宮下太吉《みやしたたきち》らが逮捕されたのに端を発して、幸徳秋水《こうとくしゅうすい》をはじめ、次々に無政府主義者が逮捕され、結局、翌四四年一月一八日の判決で、二四名が大逆罪で死刑、二名が爆発物取締罰則違反の有期刑となった。死刑判決者のうち、一一名は一月二四日に処刑、管野スガは二五日処刑、残りの一二名は判決翌日に、天皇の名による恩赦で、無期懲役に減じられた。内山は処刑され、高木・峯尾は無期に減刑されたのである。

今日、この大規模な大逆事件が、じつはほとんどがフレームアップによる冤罪であることが明らかになっている。宮下が爆弾を作って天皇を狙っていたことは確かで、それは物証もあり、管野らがその計画を支持していたことも認められるようである。内山は、彼の書いた天皇不要論を説くパンフレットが宮下に大きな影響を与えたことは事実であるが、具体的な計画には関与していなかった。まして、新宮グループに属する高木や峯尾は、ほとんど無関係でしかなかったが、政府の狙う無政府主義者・社会主義者一掃の網に引っかかったのである。

このように、大逆事件はその実態を長いあいだ国民に知らせないまま、控訴なしの大審院の一回限りの判決で、「恐るべき無政府主義者の陰謀」を裁いたのである。その実態が明らかになるのは、はるか後の昭和の敗戦以後であり、三人の僧侶の名誉の回復はじつに一九九〇年代にまで下らなければならなかった。

大逆事件に関与した仏教者の思想と活動については、吉田久一の『日本近代仏教史研究』(一九五九)が先駆的であると同時に、関連した資料を丹念に調べ、研究の基礎を作った。その後、内山については柏木隆法『大逆事件と内山愚童』(JCA出版、一九七九)、森長英三郎『内山愚童』(論創社、一九八四)などの単著がある。高木については、彼が住職をしていた浄泉寺の現住職山口範之が復権に尽力し、浄泉寺のウェブサイト（http://www1.ocn.ne.jp/~jyosenji/）は高木に関する詳しい情報を掲載している。また、真宗大谷派の真宗ブックレットの一冊として『高木顕明——大逆事件に連座した念仏者』（真宗大谷派宗務所出版部、二〇〇〇）が刊行されている。

ところで、大逆事件に連座した仏教僧について、日本のアナーキズム研究者として名高い大沢正道は、「アナキズムと思想の土着——大逆事件に連座した三人の僧侶」（中村雄二郎編『思想史の方法と課題』、東京大学出版会、一九七三）という論文で、この三人の仏教者の言動に問題を投げかけている。大沢は、「これらの僧侶のなかに現われてきたアナキズムは、もちろん、仏教思想そのもののなかから内発的に創りだされていったものではなく、逆にアナキズムが都市から地方へと浸透していく過程で、仏教が、というよりは地方知識人として現実の矛盾に苦闘する良心的な僧侶が、それを受容する、あるいはそれにひきつけられるというかたちで形成されたもの」（大沢論文、三八五頁）と見ている。その結果、伝統的な仏教と新来のアナーキズムとの「折衷主義路線があえなく挫折し、伝統思想の変革も、外来の革新思想の定着も結実し得なかった」と批判して、その理由を「社会主義ないしはアナキズムと、仏教思想という二つの異質な思想を、その表面上の共通性で結びつけ、わが国のあしき伝統である混合主義の論理によって、異なった次元に配置し、補完、共存、親和の関係でくくった」（同、三九七―三九八頁）ことに求めている。大沢の断罪はかなり厳しいものである。

確かに彼らの社会主義や無政府主義がどれだけ仏教そのものと内在的に関係しているかは、必ずしも明瞭ではないところがある。とりわけ、内山の場合、社会主義・無政府主義に深入りしていく中で、仏教批判的な面をかなり強めていったと思われる。また、峯尾の場合、社会主義に必ずしも強く賛同したわけではないが、大石グループと関係を持ったことで逮捕されることになった。

しかし、彼らが「異質な思想」としての仏教と社会主義を折衷しただけという大沢の評価は、あまりに無理解な酷評であるように思われる。内山にしても高木にしても、高等教育を受けていない中で、まさしく「土着」の思想としての仏教に立脚しながら、草の根レベルで実践的な思想を鍛え、展開しようとしているのである。とりわけ高木の場合は、きわめて自覚的に仏教に内在しながら社会主義へと展開しようとしており、仏教社会主義といってよいものである。内山も、仏教との格闘の中から無政府主義を深めていっている。

彼らは確かに高等教育を受けた最先端の学者や活動家たちが、海外の動向を紹介しながら展開した純粋な社会主義、無政府主義とは異質なものであるかもしれない。しかし、海外直輸入の純粋理論のほうが、地道で泥臭い実践の中で苦しみながら生みだした草の根的な運動理論より優れているかと、一概に言えるであろうか。むしろ逆ではあるまいか。そのような目で見直すとき、高木や内山の活動や思想には、荒削りで未展開のままで芽を摘み取られた新鮮な可能性と魅力が満ち満ちており、今日、むしろそこから学ぶべきところが大きいように思われる。

三　高木顕明の社会主義

内山がかなり強いアナーキズムの思想を抱き、直接行動に踏み込もうとしていたのに対し、ともに紀州新宮の大石誠之助《おおいしせいのすけ》（一八六七―一九一一）のグループに属する高木や峯尾は、はるかに穏健であった。大石はアメリカ留学帰りの医師として財力もあり、地元の名士として人望も厚かったが、持ち前の正義感から社会主義へと入っていった人である。幸徳秋水とも親交があり、そこから共同謀議の濡れ衣を着せられることになり、そのグループのメンバーとともに一網打尽に逮捕されることとなった。その中でも高木は、逮捕されたとき四六歳と、逮捕者の中でも年長であり、それまで新宮の浄泉寺住職として、地道な実践を重ねてきていた。それだけに、その社会主義も深い信仰と実践に裏打ちされたものを持っていた。

高木は元治元年（一八六四）愛知県西春日井郡に生まれた。一七歳頃までに出家して、尾張国小教校に学んだ。もともと山田姓であったが、三〇歳のとき道仁寺の高木義答の養子となり、高木姓を名乗るようになった。その頃から新宮を中心に布教活動に従うようになり、明治三二年（一八九九）三六歳のときに正式に浄泉寺の住職となった。浄泉寺はその檀家に多数の被差別部落があり、そこから差別問題に関する認識を深め、同時に、日露戦争に対しては非戦論を唱え、また、公娼制度に反対するなどの活動の中から、社会主義に接近した。「余が社会主義」（一九〇四）は、このような中で書かれた彼の社会主義宣言である。

その後も、「虚心会」を開いて部落改善運動に取り組んだり、新宮の社会主義の中心人物であった大石誠之助のグループと交わり、幸徳秋水の談話会を浄泉寺で開催したこともあった。こうしたことが大逆事件連座につながることとなった。明治四三年（一九一〇）逮捕され、翌年死刑判決後に無期懲役に減刑され、秋田刑務所に服役中の大正三年（一九一四）に自殺を遂げた。起訴されたとき、住職を差免され、判決時に大谷派から擯斥されていたが、一九九六年ようやく処分が取り消されて名誉を回復し、今日その活動が評価されつつある。

高木の社会主義思想は「余が社会主義」に述べられている。短い文章であるが、論旨が明瞭で、その思想をよくうかがうことができる。その緒言には次のように言う（以下、「余が社会主義」の引用は、真宗ブックレット『高木顕明』所収のものによる）。

余が社会主義とはカールマルクスの社会主義を稟けたのでない。又トルストイの非戦論に服従したのでもない。片山君や枯川君や秋水君の様に科学的に解釈を与へて天下ニ鼓吹すると云ふ見識もない。けれども余は余丈けの信仰が有りて、実践して行く考へであるから夫れを書て見たのである。何れ読者諸君の反対もあり御笑ひを受ける事であろー。しかし之は余の大イニ決心のある所である。

この箇所には高木の大きな自負が籠められている。緒言の前半は謙遜のように見えながら、じつは後半の揺るぎない自負と自信を導くための導入である。高木の社会主義はどこまでも自らの信仰に立ち、その実践の中から育ったものであり、決して頭だけの理論で生まれたものではない。頭だけの知識人がどれほど笑おうと、信仰と実践に立つ自分の信念は誰にも負けないという覚悟のほどが示されている。あえて片山（潜）、（堺）枯川（利彦）、（幸徳）秋水の名を挙げたのは、一面では彼らへのコンプレックスであるとともに、他面では彼らに負けないという自負でもある。大沢は、高木らの社会主義が「仏教思想そのもののなかから内発的に創りだされていったものではなく」と否定的に見ているが、少なくとも高木としては、それを仏教自体から出てくるものと考えている。そして、本論において、平民社をも含めて、外から持ち込んできた社会主義をしばしば批判の対象としている。身についた仏教の中から出てくるものこそ本物であり、外から持ち込んできたものは借り物にすぎないというのである。

頭で考えられた社会主義ではなく、信仰と実践から出てきたものだという自負は、本論のはじめに、「社会主義とは議論ではないと思う。一種の実践法である。或人は社会改良の預言ぢゃと云ふて居るが余は其の第一着手ぢゃと思ふ」といっているところにも示される。「余は社会主義は政治より宗教に関係が深いと考へる」というのも、決して無理やり社会主義を仏教と結びつけたというわけではなく、以下を読んでいけば、きわめて自然な発想として彼の信仰から生まれていることが知られる。

社会主義を政治の問題でなく、信仰の問題とするのは、一方にキリスト教社会主義があることを見ても、必ずしも不自然なことではない。仏教を地盤とした社会主義の構築は十分に可能であるが、成功した例は必ずしも多くはない。その中で、高木の実践に鍛えられた思想は一つの手がかりを提供しているように思われる。

本論は、社会主義を信仰の対象と信仰の内容という二面から考察する。信仰の対象はまた、教義・人師・社会の三つがある。教義は南無阿弥陀仏であり、人師は彼の理想とする人で、釈迦やその他の仏教者、とりわけ親鸞を挙げる。社会は極楽という理想世界である。ここで注目される点を挙げてみると、第一に「南無阿弥陀仏」に平等を見ている点である。「詮ずる処余ハ南無阿弥陀仏には、平等の救済や平等の幸福や平和や安慰やを意味して居ると思ふ」と述べている。これは必ずしも無理な解釈ではない。法然の『選択本願念仏集《せんちゃくほんがんねんぶつしゅう》』では、阿弥陀仏が「南無阿弥陀仏」という名号《みょうごう》を選んで衆生に与えた理由として、誰にでもできる易行《いぎょう》であるということを挙げ、阿弥陀仏の「平等の慈悲」を強調している。もちろん親鸞も基本的に法然を受けている。

ただ、法然にあっては、その平等性は宗教的な観点に関してのみ言われるもので、現実の社会の変革は当然ながら意図されていない。しかし、高木は極楽を理想世界と見て、必ずしもそれを来世のこととは見なかった。「真ニ極楽土とは社会主義が実行せられてある」といわれるように、それは理想の社会主義の実現を我々に示してくれる模範だというのである。極楽を手本として、現世にその平等の社会主義の社会を実現しなければならない。

高木は、こうして浄土教の教義に社会主義を読み込む。釈尊は「霊界の偉大なる社会主義者」であり、親鸞もまた、「心霊界の平等生活を成したる社会主義者」であるという。戦後、服部之総らマルクス主義者によって親鸞の再発見がなされるが、高木の親鸞並びに浄土教解釈はそれを先取りするものである。しかも、高木は釈尊や親鸞の社会主義を「現今の社会主義者とは議論は違ふ」として、単純に当時の社会主義と一括されることを拒否している。高木の浄土教的社会主義は、十分に浄土教の近代的解釈の範囲内で出てきうるものであり、それほど無理のあるものではない。

もう一つ注目されるのは、「此の南無阿弥陀仏に仇敵を降伏するという意義の発見せらるゝであろーか」と、念仏者が日露戦争に対して開戦論を主張していることを批判していることである。「余は非開戦論者である。戦争は極楽の分人の成す事で無いと思ふて居る」とはっきり言明し、念仏者でありながら戦争を主張する南条（文雄）や比較的身近にいた開戦論者の仏教者毛利柴庵の名を挙げて批判している。後のほうでも、繰り返し非戦論を主張している。日露戦争時にはキリスト教徒の非戦論が名高く、仏教者の非戦論はないわけではないものの、これほどきっぱりと表明されたものは他には見られない。高木の態度は高く評価されなければならない。

次に、信仰の内容としては、第一に「思想の回転」を挙げる。これは回心とも言うべきもので、「一念皈命《きみょう》とか、行者の能信」とかいうことであるが、それも単純な信仰世界の問題にとどまらない。一部の特権者のために「一般の平民が犠牲となる国ニ棲息して居る」のであるから、「実に濁世である。苦界である。闇夜である。悪魔の為めに人間の本性を殺戮せられて居るのである」。その中で、御仏の声を聞き、光明を見つけて、「真ニ平和と幸福を得た」のであるから、いまや「御仏の成さしめ給ふ事を成し御仏の行ぜしめ給ふ事を行じ御仏の心を以て心とせん」ということになる。ここには、精神主義に見られた受け身一方の阿弥陀仏信仰ではなく、積極的に御仏の行を自ら果たしていこうという実践的姿勢が見られる。

それゆえ、信仰の内容の第二は「実践行為」である。我々は「大爵位とか将軍とか華族とか云ふ者に成りたいと云ふ望みはない。……生産の為めに労働し、得道の為に修養するのである」。こうして「念仏に意義のあらん限り心霊上より進で社会制度を根本的に一変するのが余が確信したる社会主義である」。

以上、「余が社会主義」を検討してみた。そこでは、浄土真宗の立場に立ちながら、そこからどのようにして社会主義が可能であるか、その可能性を切り開こうとしている。それは決して無理な理論づけではなく、高木自身の仏教者としての実践の中から生まれてきたものとして説得力を持つ。また、ともすれば受け身一方になりがちな浄土教の立場に立ちながら、あくまで積極的な努力を求める点でも、新しい方向を開くものである。「余が社会主義」に見る高木の社会主義は、暴力革命やテロに結びつく要素は少ない。その後も一貫して社会主義を主張したが、その基本的な方針を変更したようには見えない。

高木は一九九四年に処分が取り消されて名誉が回復され、被差別部落解放や非戦論の実践を伴うその社会主義に対する再評価が進みつつある。ただ、今のところそれが浄土真宗という宗門内の問題にとどまっているところが大きく、その枠をどのように乗り越えられるかが一つの課題であろう。それには、大石誠之助を中心として地方に根ざした活動を進めた新宮グループの社会主義全体から見直してゆくことが必要と思われる。そのグループの中では、キリスト教徒で連座を免れ、一生小説などによって事件の真相を訴え続けた沖野《おきの》岩三郎《いわさぶろう》（一八七六—一九五六）も注目される存在である。与謝野鉄幹を通して、大逆事件の弁護士として名高い平出《ひらいで》修《おさむ》を被告たちに紹介したのも沖野である。

その新宮グループのもう一人の仏教僧、臨済宗の僧峯尾節堂（一八八五—一九一九）についてもここで触れておこう。峯尾はもともと新宮の出身で、幼時に父と死別して、寺に入り、妙心寺で修行した。しかし、僧としての生き方に疑問を持ち、大石誠之助のグループに加わったが、社会主義にも完全には共感できず、大逆事件の頃には大石とも離れていた。したがって、高木以上に事件のとばっちりを受けた冤罪性が強い。死刑判決後、無期懲役に減刑され、千葉監獄に服役中、流行性感冒で亡くなった。

峯尾の著述としては、服役中に書いた「我懺悔の一節——我が大逆事件観」（神崎清編『新編獄中手記』所収）が残されている。回心して「陛下は私の生命の親様であります」という天皇主義の立場に立って、大逆事件を振り返ったものであり、その限界はあるが、事件の当事者による証言として重視されている。

思想的には、「あゝ恐るべきは科学一方で即ち唯物論的見地に立つて世を解釈し人を救ふとするの人である。私の失敗・堕落も、元はと云へば如来を信じ乃至天地間に厳たる因果律の存在するといふやうな天地的洪大な東洋思想が欠如して、唯々物慾にかられて其の日を空しく消費してゐた不敬虔な精神に胚胎してゐる」というところに尽きるであろう。社会主義者が転向して東洋思想を賛美するようになることは、大沢正道の指摘するように、この後パターン化するが、その原型ともなるものである。僧であったことはこの文中には出てこないが、もともと僧であっただけに、その方向へ向かいやすかったであろう。獄中では、禅よりも親鸞の他力思想に接近した。逮捕後、臨済宗妙心寺派より擯斥《ひんせき》処分に処せられたが、一九九六年に処分を取り消された。

四　内山愚童の「天皇と仏教」批判

高木顕明が大逆事件そのものとしてみるときは周辺に位置したのに対して、内山愚童はかなり中核的な役割を果たした。内山自身は直接テロに関わったわけではないが、自ら地下出版した『無政府共産』では、はっきりと天皇を批判しており、宮下太吉がテロを志したのにも影響を与えた。

内山は明治七年（一八七四）新潟県の小千谷に生まれた。幼名慶吉。父直吉は和菓子の木型を作る職人で、慶吉は小学校を卒業すると父の見習いをしていた。一七歳のとき父が事故で亡くなり、家長となったが、二〇歳のときに上京して、井上円了の家の書生または家庭教師になったという。明治三〇年（一八九七）、叔父の青柳憲道（曹洞宗の僧）の縁で神奈川県愛甲郡宝蔵寺坂詰孝童について得度し、天室愚童と称した。この後、参禅修行を重ね、明治三四年には神奈川県足柄下郡温泉村（現箱根町）大平台の林泉寺住職宮城実苗の法を嗣いだ。同三六年林泉寺に入り、翌年住職となった。大平台は貧しい土地で、内山はここで住職を続けるうちに社会主義に関心を深め、『平民新聞』の創刊（明治三六）以来の読者であった。

その後、平民社の社会主義者と交流して名を知られるようになり、伊藤證信の無我苑の運動にも共鳴し、交流を持っている。『平民新聞』廃刊（明治四〇年）以後、社会主義運動が穏健派の議会政策派と強硬派の直接行動派に別れた中で、内山は直接行動派に近づき、「革命は近づけり」という意識を持つようになった。明治四一年、社会主義者たちが赤旗を持って街頭行進をしたところ、有力な指導者たちが逮捕され有罪となった赤旗事件があり、社会主義運動は壊滅の危機に瀕した。その状況に危機感を募らせた内山は秘密出版を志し、自ら執筆したパンフレット『無政府共産』を各地の社会主義者に送り、その後も二冊刊行した。明治四二年、その件に関する出版法違反で逮捕され、家宅捜査で見つかったダイナマイトの不法所持と併せて同四三年有罪判決を受けたが、獄中で大逆事件について再起訴された。こうして同四四年一月一八日に死刑判決を受け、二四日に処刑された。明治四二年に逮捕されたとき住職を退き、同四三年有罪判決で曹洞宗から擯斥処分を受けた。曹洞宗が擯斥処分を取り消したのは、一九九三年であった。

高木顕明がきわめてはっきりと仏教の立場を表明しているのに対して、内山は必ずしもその点が明瞭でない。確かに、『平民新聞』第一〇号（明治三七年）には、「予は如何にして社会主義者となりし乎」という問いに対して、「予は仏教の伝導者にして曰く一切衆生悉有仏性、曰く此法平等無高下、曰く一切衆生的是吾子、これ余が信仰の立脚地とする金言なるが余は社会主義の言ふ所の右の金言と全然一致するを発見して遂に社会主義の信者となりしものなり」と答えている。それぞれ『涅槃経《ねはんぎょう》』『金剛般若経《こんごうはんにゃきょう》』『法華経』の文句に基づいており、これによるならば、仏教の信仰に合致するから社会主義に入ったということになるが、後述のように、必ずしもそうした理論的な理由によるものとは思われない。

しかし、石川三四郎ら、林泉寺を訪れた社会主義者たちに座禅を勧めたり、伊藤證信に対して、「折角因縁あつて住職した今の地が、三百年来、曹洞宗の信仰の下にあり乍ら、高祖道元の性格は勿論、其名も知らぬといふ気の毒な人ばかりであるから、之を見捨てゝ去る時は、千万劫此地に仏種を植ゆる事は出来ぬ」（明治三八年一一月初旬頃。柏木隆法『大逆事件と内山愚童』所収）と書いているように、一時期は宗門人として生きる覚悟を強く示している。同じ書簡には、「何人も今の世に在つて、真面目に道の為に働かんとする者は、魔窟より発する本山の偽法には堪えられません」と書いて、本山のやり方に義憤を露わにしている。そうした正義感が、貧しい大平台の人々の生活に触れる中で、その社会主義を深めていくことになったのであろう。

内山の著作としては、地下出版した『無政府共産』と、獄中で書いたとされる草稿「平凡の自覚」が知られている。ただ、いずれにおいても直接仏教に関わるような思想や用語は用いておらず、仏教との関係ははっきりせず、その点が問題となる。「平凡の自覚」に関しては、獄中の執筆ではなく、もっと早い時期に書かれたものではないかという説もある（森長英三郎『内山愚童』）。大逆事件の被告が獄中で書いたものは、秘密保持のために遺族に渡されなかったはずにもかかわらず、この手記は遺族に渡されており、獄中の手記としては疑問があるからである。この点に関しては私には何とも言えないが、後述のように、獄中で書いたことがはっきりしている「獄中にての感想」と似た書き方のところもある。「平凡の自覚」は『無政府共産』に較べれば穏健であり、個人の自覚による社会改良という方向を示している。そこでは、資本家を倒すことではなく、「自覚セル資本家」のあり方をも説いており、社会協調主義的な面が見られる。

「平凡の自覚」（諸書に収録されているが、ここでは神崎清編『新編獄中手記』による）は、現存の原稿は途中で切れており、最後のほうが散逸している。前書きに続いて、最初の目録では、個人ノ自覚・家庭ノ自覚・市町村ノ自覚・国家ノ自覚・世界ノ自覚・工場ノ自覚とあるが、実際には個人ノ自覚・家庭ノ自覚・村民ノ自覚・市町村ノ自覚・工業界ノ自覚・農業界ノ自覚と進んで、その中途まで現存する。

その原稿では、まず「自覚」について説明する。「他カラ教ハツタ者デモ、自分ガ発見シタモノデモ、ソレニハ関係ナシニ、自心ニ深ク消化セラレテ吾物ニナツタ処ヲ自覚ト云フノデアル」。その自覚は、宗教家・政治家・哲学者などでいろいろ異なっているが、ここでは、「学者モ無学者モ貴キモ賤キモ富メルモ貧シキモ、共力シテ自覚セネバナラヌ者ガ、ナケレバナラヌ」と、すべての人に共通する自覚をあげている。これを内山は「平凡ノ自覚」と呼ぶ。

その具体的なところを、「自覚的行動」という項目に記す。そこでは、「一個人ノ発達モ国体トシテノ発達モ同ジイ者」とする。「一個人ノ幼少ノ時代ニハ凡テノ利害ガ父兄・長者ノ意ノマヽデアルケレドモ、成長シテカラハ、自己ノ意ニ逆フテ父兄ニ盲従スル事ナク、即チ自覚的ニ行動スル」。それと同様に、国体も幼稚な頃は強い人に服従しているが、「事由ノ力量ヲ自覚スル迄ニ進ンデ来ルト、……各個人ガ参与スル事ニナリマス」。こうして、民本主義、民主主義になるというのである。このように、自覚の問題は、個人だけでなく、同時に政治の問題に関わってくるところに、社会主義者としての内山の面目がある。

もう一点注目されるのは、続いて、「宗教家ノ自覚、学者ノ自覚ハ、ドウデアリマスカ知リマセンケレドモ、私共平凡ノ自覚ニ満足シテ居ル者ハ、人民各自ガコヽ迄、自覚シテクレバ充分デアルト思フノデアリマス」とあるところである。このように、ここでは「平凡ノ自覚」が「宗教家ノ自覚」と異なるとされている。そのことは、すでに冒頭部分でも言われており、かなり強調されている。先にも触れたように、内山の著述には仏教的な用語や概念がまったくなく、そればかりか、このように宗教との相違が強調される。

それならば、彼の「平凡ノ自覚」は仏教と無関係なものであろうか。簡単にそうも言えない。このように区別が強調されるところに、逆説的に宗教が強く意識されていると考えられるからである。高木が素直に信仰の立場に立つのに較べて、内山には宗教に対する屈折した思いがある。それは先に触れたように、内山が宗門の現状に対して厳しい批判的な見方をしていたからである。処刑のとき、教誨師から念珠を掛けるように勧められて拒否したというが、そこにも、形式化した仏教に対する批判の意が籠められていたと思われる。少なくともある時期からは、既存の宗派仏教には絶望していたのではあるまいか。

確かに社会の問題を「自覚」というところから捉えようというのは、社会思想のレベルだけでは考えられず、禅の影響があるかもしれない。また、「平凡」を強調するところには、内山自身がかつて自ら挙げたように、「一切衆生悉有仏性《いっさいしゅじょうしつうぶっしょう》」の発想があるかもしれない。社会問題を「自覚」に還元することは、社会主義の本流から言えば、真の問題を隠蔽するものとも言えるかもしれない。

しかし、別の観点から見れば、個人の自覚の上に社会問題を考えていこうという姿勢は、思想史的にきわめて重要な意義のあることともいえる。これまで指摘してきたように、日清・日露戦争間に、日本の思想界ははじめて本格的に個の自覚の問題とぶつからなければならなかった。しかし、必ずしもそこでの個の確立は十分に成しえなかった。その中で、「自由・平等・博愛」「独立独歩・自治自適・自由自在」に目覚めた平凡な個人から社会問題へと出発しようという内山の構想は、まさにあるべき個のあり方を提示するものとして注目される。

「平凡の自覚」についてこれ以上立ち入ることは略し、「獄中にての感想」（吉田久一「内山愚童と高木顕明の著述」、『日本歴史』一三二、所収）について触れておこう。「獄中」とはいっても、出版法違反で逮捕された明治四二年（一九〇九）一〇月二六日付のもので、大逆事件起訴以前である。はじめのほうが散逸しており、途中からしか残っていない。表題は仮のもので、実際には個人的な感慨を記したものではなく、理性的に行動すべきことを説いた論である。

ここでも、学者などでなく、「一般の無学者にも、それ相応に理性に従って後悔なきの行動をとることができる」と、「平凡の自覚」と同じような論調で論じられている。ただ、「其理性に従つて行動した為に、断頭台上の露となつても、十字架上の辱かしめを受けても、寒風骨を刺す北海の地下獄に半生を終るとも、泰然自若たることが出来る。これが人生の幸福と云ふものである」と、厳しい刑罰を予想して、それに動じない信念の確立を説くところに、獄中での切迫した状況がうかがわれる。

最後に、『無政府共産』について見ることにしよう。本書は諸書に収録されているが、柏木隆法『内山愚童と大逆事件』所収本による。本書は前述のように、赤旗事件の後、社会主義壊滅の危機感の中で、地下出版の第一号として出されたパンフレットである。旧式の印刷機を林泉寺の本尊の須弥壇の袋戸棚に隠し、自ら活字を拾って作り上げた。表紙には「入獄紀念無政府共産」とあるが、「入獄紀念」は赤旗事件の入獄者を記念するということである。地下出版はその後、『帝国軍人座右之銘』（大杉栄の訳文の改変）、『無政府主義・道徳非認論』（バシンスキー、大石誠之助訳）の二冊を出している。

本書は「小作人ハナゼ苦シイカ」として、もっぱら小作人に訴える形で進んでいく。そのポイントは、「なぜにおまいは、貧乏する。ワケをしらずば、きかせうか。天子、金もち、大地主、人の血を吸ふダニが居る」と歌われている。これは『日本平民新聞』第一四号付録『労働者』に載った「社会主義ラッパ節」の替え歌であるが（柏木隆法『内山愚童と大逆事件』、一〇一頁）、その際、元歌の「華族」を「天子」に替えたところに、本書の主張がある。金持ちや大地主を攻撃するだけならば、社会主義に共通することであり、危険思想とされても、合法的な出版が不可能ではなかったであろう。しかし、その批判が直接「天子」に向かうことにより、その出版は敢然として「不敬」に挑むことになった。

> 今の政府を亡ぼして、天子のなき自由国に、すると云ふことがナゼ、むほんにんの、することでなく、正義を　おもんずる勇士の、することで　あるかと云ふに。今の政フや親玉たる天子といふのは諸君が、小学校の教師《（ママ）》などより、ダマサレテ、おるような、神の子でも何でもないのである、今の天子の祖先は、九州の　スミから出て、人殺しや、ごう盗をして、同じ泥坊なかまの。ナガスネヒコ　などを亡ぼした、いはゞ熊ざか長範や大え山の酒呑童子の、成功したのである、神様でも何でもないことは、スコシ考へて見れば、スグ　しれる。

天子を正面から批判し、「今の政府を亡ぼして、天子のなき自由国に、する」ことを訴える論調は、もはや完全に非合法な活動へと踏み込むものである。「何事も犠牲なくして、出来るものではない。吾と思わん者は　此正義の為に、いのちがけの、運動をせよ」、あるいは、「無政府共産と云ふ事が意得せられて、ダイナマイトを投ずる事をも辞せぬと云ふ人は、一人も多くに伝道して願ひたい」と、実行を迫ることになる。

この内山の呼びかけは、あまりに過激として同志たちにも無視された中で、正面から応じたのが宮下太吉であった。宮下は愛知県亀崎の工場労働者であったが、本書に触れて共鳴し、「天皇モ我々同様血ガ出ル人間ダトイフコトヲ示シテ迷信ヲ破ラナクテハナラヌト決心」（第一回予審調書）して、天皇に対する爆弾テロを行なおうとする。それが大逆事件に発展するのである。それゆえ、『無政府共産』こそが大逆事件の遠因ということができる。

そこで問題は、この『無政府共産』が仏教と関係するか、ということである。本書は最初に、小作人がなぜ一生懸命働きながら苦しいか、という問いに、「そは仏者の云ふ、前世からの悪報であらふか、併し諸君、二十世紀といふ世界てきの今日では、そんな迷信にだまされておつては、末には牛や馬のやうにならねばならぬ、諸君はそれをウレシイト思うか」と、仏教の業説が「迷信」として批判の対象とされている。

この場合も、仏教が意識されていることは確かであるが、「平凡の自覚」以上に、仏教との直接の関係は見がたい。「平凡の自覚」の場合は、そこに屈折した禅的な発想を見ることが不可能ではないが、『無政府共産』の場合は、そこに仏教を見ようとするのはかなり無理があろう。むしろ最初に仏教の業説が否定されているところに、因襲的な仏教に対して批判的になっている姿勢が見られる。

内山が三番目に地下出版したバシンスキー『道徳非認論』は、大石誠之助の訳と考えられているが、平民の自覚を防ぐために、「これまでは宗教が其道ぐとして甚だ有力なものであつたが今日では最早昔日における程の効能がなくなつた」として、宗教に対して否定的な見方を示している。その表紙には、「道徳と宗教とは、泥坊の為に番頭の役を勤むる者なり」と、明確に規定されている。

内山が仏教を捨てたとは単純には言えないであろうが、内山においては仏教と仏教批判、そして仏教離れが屈折したかたちで深く関連している。批判という形で宗教、仏教に投げかけた問題を見るべきであろう。

五　土着思想の可能性

大逆事件と仏教という問題は、大逆事件で刑に服した三人の僧侶の問題に限られるものではない。何よりも三人を出した宗派の問題であった。三人を出した曹洞宗・浄土真宗大谷派・臨済宗妙心寺派は、それぞれ慌てて三人を擯斥処分にするとともに、宗門寺院に諭達を発し、曹洞宗・臨済宗妙心寺派では宮内省などにおうかがいを立てたり、陳謝したりした。時代の制約とはいえ、

「尊皇護国ヲ以テ立教ノ本義トシテ此ノ宗門ヲ開創セラレ」「天恩ニ感激シ奉リ日夜孜々トシテ報効ノ実蹟ヲ奏センコトヲ熱衷スル」（曹洞宗の諭達、吉田久一『日本近代仏教史研究』、四八一頁）と何の躊躇もなく言い切る宗門に内山が絶望しきっていたとしても、それをとがめることはできないであろう。

大逆事件によって逆説的に明らかにされた当時の社会主義者たちのネットワークは、上からの宗教利用と異なり、草の根レベルでのキリスト教と仏教、社会主義、部落解放運動、非戦思想などの交渉と習合、協力の関係を明らかにする。それは、先の大沢正道の批判とは逆に、純粋純血の輸入思想と正反対であるからこそ、土に根ざした思想の定着の可能性を明らかにしてくれる。

彼らの復権は一九九〇年代になってからであり、彼らが時代にあまりに先走って開いた可能性は、いまだに十分に受け止められていない。明治の仏教が垣間見せたわずかな可能性をどのように切り開いていけるかは、なお今後に残された課題である。

第十一章　アジアは一つか？　岡倉天心

一　近代日本のアジア観

近代思想の中での仏教の役割を考えるとき、これまで触れなかったもうひとつの重要な点は、仏教がアジアへの目を開いたという面である。近代の仏教者たちは、島地黙雷らのようにいちはやく西欧を視察し、その刺激のもとに仏教の近代化に取り組んだり、さらにその後には南条文雄《なんじょうぶんゆう》らのように西欧に留学することにより新しい仏教学の導入も始まった。

しかし、仏教の独特のところは、もともとインドに発する宗教であるから、常に一方でインドへの憧憬がはたらき、単純な西欧との関係で割り切れないところにある。もちろん、明治の知識人は多く漢学の素養を持ち、中国までを含めた東アジア（東亜）の世界までは通常でも視野に入る。しかし、それを超えたインドにまで関心が及ぶ場合は少ない。だが、仏教者にとってインドは憧れの聖地であり、開国して国外に出られるようになれば、さっそくにもインド巡礼に旅立つ僧が出るのは必然であった。

明治以後、もっとも早くインドの地を踏んだ日本人は、これも島地黙雷であるらしい。黙雷は欧州からの帰りに、トルコ・ギリシアからエルサレムをも訪れ、さらにボンベイからインドに上陸して仏蹟を巡拝した。その後、北畠道龍《きたばたけどうりゅう》、南条文雄らが続いている。もっとも仏教者以外でも、製茶技術を学びにいった多田元吉などもいる（佐藤哲朗『大アジア思想活劇』、http://homepage1.nifty.com/boddo/による）。

明治期の仏教者とインド、スリランカとの関係は、近年、佐藤哲朗、リチャード・ジャフィらによって研究が進められている。とりわけ、佐藤によって発掘された野口復堂《のぐちふくどう》、ジャフィによって研究されている釈宗演《しゃくそうえん》・釈興然《しゃくこうねん》などが重要である（「釈尊を探して」、『思想』九四三、二〇〇二）。野口は明治二一年（一八八八）インドに渡り、翌年、神智協会のオルコットとダルマパーラの来日を実現させた。釈興然（一八四九―一九二四）は明治一九年（一八八六）スリランカにわたり、上座部仏教へと改宗して修行を積み、また、ダルマパーラの大菩提会設立にも協力した上で、明治二六年（一八九三）帰国し、その後も横浜郊外の三会寺で上座部仏教を広めた。また、釈宗演は明治二〇年スリランカにわたり、三年間滞在して帰国後、禅僧として鈴木大拙などを育てることになる。

このようにインドやスリランカと関係深い仏教者たちの活動があるが、ここでは必ずしも仏教者とはいえない岡倉天心を取り上げることにする。それは、単にインドとの関係というだけでなく、アジアを視野に入れた思想の構築という点で、何と言っても天心を見逃すことができないからである。

天心も、もちろん仏教と縁が深い。天心は、若い頃フェノロサとともに古寺の調査に従い、また、中国を旅行しては龍門の石窟など仏教関係の史跡を訪れ、インドでも仏蹟を歩いている。また寺門派の桜井敬圓、室生寺の丸山貫長、一緒にインドを旅行した真宗大谷派の織田得能など、仏門の人たちとの交流が知られている。

しかし、天心がとりわけ深い仏教信仰を持っていたとはいえない。『茶の本』に見られるように、禅を重視するとともに、むしろそれ以上に道教を高く評価している。『東洋の理想』では、儒教、老荘道教、仏教を取り上げ、また、ボストンでの講演「東アジア美術における宗教」（全集二）では、東アジアの美術と深く結びついた宗教として儒教、仏教、道教を挙げて、それらを公平に扱っている。もっとも、神道に関しては冷たいが、それは美術史の観点から、神道はあまり貢献していないという評価のゆえである。

天心の問題に入るに先立ち、近代日本のアジア観についてごく一般的にまとめておこう。日本人にとって「アジア」の問題はきわめて錯綜している。まず、地域的に、日本で「アジア」という場合、もっともふつうに考えられるのは東アジアであろう。その場合でも、日本に植民地化される朝鮮の場合、まともに取り上げられることは少なく、正面から意識されるのは多く中国である。もう少し視野が広がると、東南アジアからインドまでが加わることになる。昭和の戦争期の

「大東亜」もそこまで広がる。それ以上、西アジアまで含めて考えることは必ずしも多くない。これに対して、もともとヨーロッパから見た東洋（オリエント）とは、何よりも西アジアであり、同じアジア（東洋）でもどちらから見るかでイメージは大きく異なっている。

次に、時代的には、古代以来の伝統文化を中心に見るか、それとも現代を中心と見るかで、そのイメージはかなり違ってくる。古代以来の伝統文化を中心に見るときは、しばしば「東洋」と呼ばれる。古代を理想視し、現代を蔑視するのはオリエンタリズムのひとつの特徴であるが、日本から見た東洋の場合もそれに合致する場合が多い。他方、近代を中心として見るときには、西欧の植民地主義に抵抗する意味合いを持ち、そのときには「アジア」と呼ばれることが多い。また、方法論的な視座の取り方を考えてみると、古代中心は文化史的な見方に結びつき、近代中心は政治的な見方に結びつく。

このような多様なアジア観の形成のひとつの原点が天心にある。以下、すこし立ち入ってみることにしよう。

二　天心のアジアとその読まれ方

四つの英文著作

岡倉天心の主要著作は、『東洋の覚醒』『東洋の理想』『日本の覚醒』『茶の本』の四つであるが、いずれも英文である。以下、本章では岡倉天心の引用は、『岡倉天心全集』全八巻（平凡社、一九七九―一九八一）により、英文著作の訳もそれに従う。

『東洋の覚醒』は未刊のノートであるが明治三五年（一九〇二）天心四一歳のときの執筆、『東洋の理想』はかなりの部分が『東洋の覚醒』以前の執筆と考えられているが、刊行されたのは明治三六年（一九〇三）四二歳のとき、『日本の覚醒』は明治三七年（一九〇四）四三歳、『茶の本』は明治三九年（一九〇六）四五歳の刊行である。すなわち、これらの英文著作は天心の四十代前半に引きつづいて執筆刊行されたものであり、必ずしも生涯にわたって次第に思想を成熟させていったというわけではない。時代的にはまさしく日清・日露戦争間に当たる。

ここで、簡単に天心の経歴を振り返っておこう。横浜の貿易商の家に生まれた天心は、一九歳で東京大学を卒業すると同時に、文部省に入った。卒業論文として書きあげた「国家論」を夫婦喧嘩から妻に燃やされてしまい、二週間で「美術論」を書き上げ、それがその後の天心の方向を決めることになった、というのは有名な逸話である。

文部省時代には、フェノロサの助手として古寺の調査に従い、以後、日本の古美術の発見と日本美術の再興に力を尽くすことになる。明治二二年（一八八九）には東京美術学校を開校、翌年校長となり、美術界の指導者として力を振ったが、やがて美術学校の内紛で、明治三一年（一八九八）には辞職のやむなきにいたった。

野に下った天心は日本美術院を創設したが、その経営も苦しく、また九鬼男爵夫人初子との恋愛にも破れ、明治三四年（一九〇一）一一月に飄然とインドに旅立った。インドに約一年間滞在して、インドの宗教運動や革命運動の指導者たちと交流した。明治三七年（一九〇四）にアメリカに向かった天心はボストン美術館の東洋部顧問となり、以後晩年まで、隠遁の地五浦《いづら》（茨城県）とボストンの間を往復する生活を送ることになった。大正元年（一九一二）、カルカッタで知り合った女性詩人プリヤムヴァダ・デーヴィ・パネルジーとの熱烈な手紙のやり取りや、アメリカの後援者ガードナー夫人のためにオペラ『白狐』を書き下ろすなど、最後までスケールの大きな話題に富みながら、大正二年（一九一三）五二歳を一期に赤倉の別荘で波乱の多い生涯を閉じた。

このように、その活動は前半の役人時代と、後半のボストンと五浦を往復する時代とに分けられる。その間にインド滞在が挟まる。英文の四著作はちょうどこのインド時代からボストン時代のはじめにかけて書かれたものであり、いわば天心の人生の転換期に当たる。それゆえ、これらの著作は天心のすべてを尽くしたものではない。アジア主義者天心は、美術行政者、評論家、詩人など、さまざまな面を持つ天才の一面にすぎないともいえる。しかし、それらのさまざまな活動を支えた理念はアジアの文化の再興にあり、その根本がこれらの著作に凝縮しているともいえる。また、それがよかれあしかれ「大東亜戦争」にまでいたる日本のアジア観の大きな源泉となっていることも誤りない。

この点に関して一言すると、これらの著作が英文で著されたということは、そもそもその読者として日本人を予想していなかったわけである。実際、それらが日本語に訳され、広く読まれるようになったのは、昭和の初期のことである。『茶の本』が昭和四年（一九二九）に岩波文庫（村岡博訳）で出版されたのがもっとも早く、『東洋の理想』『日本の覚醒』は、昭和一〇―一一年の『岡倉天心全集』（聖文閣）まで下る。『東洋の覚醒』は草稿が発見されたのが昭和一三年で、同年に遺族の岡倉一雄・古志郎編『理想の再建』（河出書房）においてはじめて翻訳刊行された。この後、昭和の戦争中にさまざまな形で翻訳出版がなされるのである（全集一の解題による）。

すなわち、天心のアジア論の日本における普及は、まさしく昭和のアジア主義に重なり、天心自身の意図と異なる場で、異なる読み方をされてしまったのである。戦後もその評価を基にして、それに対する批判や再評価が中心になっており、本来、そのような視点を解除して、より包括的な天心像が描かれなければならない。アジア主義者としての天心よりも、ひとりの孤独な芸術家としての天心像に焦点を当てた大岡信の研究など、その先蹤とすべきものである（『岡倉天心』、朝日新聞社、一九八五）。しかし、ここはそのような課題に深く立ち入ることはできない。ここでは、四著作に現われた天心のアジア観、日本観をもう一度整理しなおし、昭和前期につながる日本のアジア主義の問題点を考えてみたい。

決定的なインド体験

四著作のうち、『東洋の理想』と『東洋の覚醒』がもっとも早く、著作時期も重なる。『東洋の理想』は、明治三六年（一九〇三）のインド滞在以前にかなりの部分ができていたが、インド滞在中に最初と最後の章を付け足し、「仏教とインド美術」の章などに大幅な加筆を行なって、ニヴェディータの序文を付して、ロンドンから出版された。

ニヴェディータ（一八六七—一九一一）はアイルランド人であるが、インド宗教の改革者であり、かつ欧米への布教者として知られるヴィヴェーカーナンダ（一八六三—一九〇二）の弟子となり、師とともに活動した。彼女はインドの民族主義者たちとも親しく交わった。天心は、インド滞在中にヴィヴェーカーナンダと親しく接したが、とりわけニヴェディータは『東洋の理想』『東洋の覚醒』の両著作にわたって添削に当たり、その成立に深く関わった（岡倉古志郎『祖父岡倉天心』、中央公論美術出版、一九九九）。

他方、『東洋の覚醒』は、インド滞在中にニヴェディータ、スレンドラナート・タゴール（一八七二—一九四〇。詩聖タゴールの甥）ら、ベンガルの民族主義者との交流の中から生まれたものであり、岡倉古志郎は、「天心、ニヴェディータ、スレンドラナートらの「集団労作」ともいうべきもの」（前掲書、一三二頁）と位置づけている。

このように、失意の中から飛び込んだインドは、天心に思いもかけない熱い息吹を吹き込むことになった。それ以前、天心は美術学校時代の明治二六年（一八九三）に中国の奥地にまでいたる大旅行を行ない、中国の美術や文化についてさまざまな知見を得ている。その成果は、『東洋の理想』『茶の本』、さらにはボストンにおける活動にまで生かされているが、中国においては、インドの場合と異なり、現地の知識人との交流はなかった。日清戦争直前ということもあり、中国の知識人と交流できる状況ではなかった。また、その美術にしても、中国に関しては、「我美術は凡て支那から来て居るやうだ」としながらも、「自分の安心したことは日本の美術の独立であります。……支那の影響は受けたにしてもそれを変化するの法に依り明に日本の独立を証することが出来るだらうと思ひます」（「支那の美術」、全集三、二〇八頁）と、突き放して受け止めている。

これに対して、インド滞在のほうがはるかにカルチャーショックは大きかった。「人は仏教が支那を経て渡来したので、支那に就て研究せらるゝやうですが、寧《むしろ》日本現在の仏教は印度教といつても差支無い訳ですから、本源に遡つて印度を研究する方が善くはあるまいか」（「印度旅行談」、全集三、二六一頁）と、インド研究の必要性を大いに感じている。また、「印度は吾人の見るが如き俯甲斐《ふがい》なき国民のみの住する所に有らず。中には気骨あるもの存し」（「史学会席上の印度研究談」、全集三、二六九頁）と認め、「印度では非常に吾邦人を歓迎しますが、其理由は東洋の盟主であると尊奉してゐるので、自国は英国に占領せられたので、心ある者は余り面白くないと思つてゐるやうです」（「印度旅行談」、全集三、二六一頁）というのは、インドでの民族主義者たちとの交流によって得られた印象であろう。ただし、日本が「東洋の盟主」であることを前提とした見方に天心の限界が現われている。それはまた、天心のアジア関係の著作にも共通する問題である。

三　「アジアは一つ」の意味

さて、『東洋の理想』に戻ってもう少し検討してみよう。本書は副題に「日本美術史を中心として」とあるように、その大部分は日本美術史の論述に割かれている。日本美術史については、美術学校時代に明治二三年（一八九〇）から三年間講義を行ない、その記録が残されている（全集四）。この講義も、もともとは美術史を講ずるのに、東洋から西洋へと向かう順を取り、その東洋美術史に当たるものである。実際、日本美術史の後には泰西美術史の講義を行なっている。その際、「東洋美術史を講ずるに方りて、我邦を以て主となし、支那美術の沿革の如きは、我が美術史を説明するに足るを以て止めんとす」（全集四、八―九頁）として、日本美術史を主とする態度を取っている。

『東洋の理想』はこのような若い頃からの日本美術史の見通しの上に立って構想されたものであるが、それを英語で著すにいたった直接の動機は、明治三四年（一九〇一）に谷中の自宅でミス・マクラウドとミス・ハイドに対して日本美術史の講義を行なったことにある。マクラウドはヴィヴェーカーナンダの弟子となった富裕なアメリカ人女性で、同年インドに渡った後、日本を訪れ、天心と接触した。彼女との交流から、天心はヴィヴェーカーナンダを日本に招待するための旅費を送ったが、ヴィヴェーカーナンダの健康状態のために実現せず、逆に天心のほうがインドを訪問することになった（ヴィヴェーカーナンダは、天心のインド滞在中に死去）。マクラウドは天心と同行し、ヴィヴェーカーナンダらに紹介している（岡倉古志郎、前掲書、九〇―九七頁）。

このように、本書は最初、親アジア的なアメリカ女性を対象としながら、やがてインドの民族主義者たちとの交流で大きく加筆訂正されたものである。その際、何が変わらず、何が変わったか、あるいは付け加わったかを見極めることは重要である。上述のように、本書の最初と最後、すなわち、第一章「理想の領域」と第一五章「展望」はインドにおける付加、その中間の第二―一四章は渡印前の執筆と考えられている。そこで、両者の間の論調の相違に着目することになる。なお、本書は章番号は振られていないが、便宜上、章番号をつけて呼ぶことにする。

日本について論ずる最初の第二章「日本の原始美術」では、古代からの日本民族を賛美するとともに、中国・インドからの影響についても述べる。しかし、「民族の誇りと有機的な結合という岩盤は、アジア文明のこれら二つの大陸（インドと中国――引用者注）から打ちよせる大浪にもかかわらず、各時代を通じて確とゆらぐことがなかった。……大陸アジアが、日本と接触すれば、必ず新しい生命、新しい霊感の源たり得たことは、むしろ大陸アジアの栄光である」（全集一、二〇頁）と、日本の独自性が一貫していること、そして、大陸アジアの文化も日本に取り入れられることによって、新しい生命を得ることができたと、インド・中国に対する日本優位的な見方を示している。

このような日本優位的な見方は、美術学校時代の「日本美術史」ではいまだ明瞭でなかった。

「我れは隋唐の文物を模倣し、以て之れを渾化せり。然らば之れを我が物として論ずるも敢て不可なかる可し。然るに強て之れを支那とし、又日本となすが如きは、真に歴史を研究するものにあらざるなり」(全集四、一五頁)と、いささか及び腰である。先に触れたように、中国旅行によってかえって日本の独自性を確信するに至るのであり、次第に「東洋の盟主」としての日本の自覚を持つようになったと思われる。

第一四章「明治時代」は、天心の同時代観を知るために重要な章であるが、美術学校時代の「日本美術史」には欠けている。ここでは、明治の精神として「二つの強大な力の連鎖」があることを挙げる。すなわち、「その一つは、普遍的なものが具体と特殊のうちを貫通する壮大なヴィジョンにあふれたアジアの理想であり、いま一つは、組織化された教養をになったヨーロッパの科学——整然と並んだ各分科の知識をそろえ、競争的なエネルギーの刃をとぎすました科学である」(全集一、一〇五頁)。すなわち、アジアの精神とヨーロッパの科学である。まさにその「連鎖」を成し遂げたところに「東洋の盟主」たる日本の優位があることになる。

日清戦争について、「東洋の水域におけるわが国の支配権を明示しながら、しかも両国を一層緊密な友好関係に近づけた」(同、一一二頁)と身勝手な弁護をし、「新しいアジアの強国としての日本を待ち受けている大きな問題と責任へと、我らを奮起させる。たんに自身の過去の理想に立ち戻るのではなく、古いアジア的統一の眠れる生命を感じとり、これに活力を蘇らせることが、いまや我々の使命となった」(同、一一二—一一三頁)と、「アジアの強国」たる日本の使命を謳いあげている。このように、日本で執筆された本書の原型部分には日本中心主義がかなり濃厚に見られる。

それでは、インドで執筆された箇所ではどうであろうか。第一章「理想の範囲」の冒頭に、「アジアは一つである」という有名な文句が出る（同、一三頁）。だが、これは決してわかりやすい言葉ではない。この後引き続いて、「二つの強力な文明、孔子の共同主義《コミュニズム》をもつ中国人と、ヴェーダの個人主義をもつインド人とを、ヒマラヤ山脈がわけ隔てているというのも、両者それぞれの特色を強調しようがためにすぎない」（同）以下、東洋の文化の一体性を主張する。だが、どうして一体なのか。それはけっして自明ではない。

「アジアは一つである」は、しばしば『東洋の覚醒』の「ヨーロッパの栄光はアジアの屈辱である！」（全集一、一三六頁）という文句とセットにして考えられ、そこから「アジアは屈辱において一つである」（竹内好「岡倉天心」、橋川文三編『岡倉天心　人と思想』、平凡社、一九八二、一九〇頁）と解釈される。しかし、『東洋の理想』を読む限り、確かにそのような面がないとはいえないものの、それが「アジアは一つ」の核心とはいえない。

むしろそこで言われているのは、明らかに古典文化が本当に一体をなしていたという認識である。「アラブの騎士道、ペルシアの詩、中国の倫理、そしてインドの思想、これらの一切が、単一のアジア的な平和を語っていて、そこにおのずと共通の生活が育ち、それぞれの場所で異なった特徴的な花を咲かせながらも、確たる区分線など引きようもないのである」（全集一、一四頁）。

ここまではついていけたとしても、この文に引き続いて、「イスラム文化自体、いわば騎馬にまたがり、剣を手にした儒教だと見なすことも出来る」(同、一四頁)とまで言われると、いささかとまどいを覚えることになる。

どうしてそれほど一体性を言いたいのであろうか。アジアのそれぞれの文化はそれぞれの特徴を持ちながらもばらばらなものではなく、根底に流れる共通のものがある、ということなのであろう。しかし、それではあまりに抽象的すぎる。そのように言うならば、アジアだけでなく、西欧の文化もまた、人間の文化としての共通性を持つことになるだろう。アラブまでで区切り、西欧を除外する必然性はない。実際、天心と意気投合したヴィヴェーカーナンダは、世界のすべての宗教は一つであると説いて、ニヴェディータやマクラウドのような欧米の熱烈な信者を獲得したのである。

天心はなぜ西欧まで含めないのであろうか。もちろん西欧の侵略による屈辱という点でアジアは一つとも言える。しかし、そこからはこのような文化の一体性は出てこない。では、それはどこから出てくるのであろうか。第一章を読んでいくと、「こうした複雑の中の統一ともいうべきアジア的特性を一きわ明瞭に実現する作業こそ、日本の大いなる特権であった」(全集一、一五頁)と、日本の役割が大きく出てくる。日本の中にこそ、アジアのすべてが含まれている。「アジア文化の歴史的な富を、系統的にその秘蔵の実物を通して研究し得る場所は、日本をおいてないのである」(同、一六頁)、あるいは「日本の芸術史は、こうして、そのままアジア的理想の歴史となる」（同）といわれ、「日本はアジア文明の博物館である」（同）と、これまた見事な一言に集約されるのである。

『東洋の理想』という書物の内実が日本美術史であってかまわないのはこのような理由による。そしてまた、日本美術史の論述である本書の中に、第三章・儒教、第四章・老荘思想と道教、第五章・仏教とインド芸術と続くのは、日本美術史の中にインド・中国が収められるからである。

これは一見、日本中心主義に結びつきそうだが、これだけでは必ずしも強い日本中心主義というわけではない。日本の中にインドや中国に由来する要素が保存されるという点に日本文化の特性を認めても、それだけで日本文化がインドや中国に優越しているということにはならないからである。この点に日本の特性を見る第一章では、「アジアの強国」を自任してその単独の独自性を強調する第二―一四章よりも、かえって日本中心主義がややトーンを落とし、アジアとの共通性を強く出しているということができる。

このように、「アジアは一つ」というのは、少なくとも一つの要因としては、「日本はアジア文明の博物館である」という日本に即したところから発想されていると考えられる。それゆえ、建て前から言えばイスラム圏まで含まれながら、実際に天心が具体的に考えているアジアは日本に流れ込む文化であり、すなわちインド、中国、そして日本なのである。朝鮮は独立した文化とは考えられていないし、東南アジアもあまり出てこない。その点、旧来のいわゆる「三国史観」を引きずっている。

ところで、「日本はアジア文明の博物館である」という認識は、どこから出てきたのであろうか。前述のように、中国旅行の後では、むしろ中国と日本の差異を認め、その点、いささか突き放した冷静な見方を貫いている。中国自体についても、「第一支那に付て感じましたのは支那の無いと云ふことであります」(「支那の美術」、全集三、二〇〇頁)と、中国でも時代、地域によってまったく異なっていることを述べ、「アジアは一つ」どころか、中国だけとっても一つではない現実を認めている。

それがどうして「アジアは一つ」に変わったのであろうか。中国の美術を見ても冷静だった天心は、インドの美術に触れて大きな感動を覚える。そして、インドの文化と日本の文化の類似性に驚く。天心は帰国後、自らの見聞によってインド美術の概観をした後、「各時代を通じては支那、印度との関係密接なるがため、我国の美術も直接間接に影響を蒙る所おほく、従て三国の技術は極めて親密なる関係あるを見る。されば従来はギリシア印度式の影響とのみ思惟せし我国の古美術品の如きも、余が旅行によりて得たる所よりしては、全く印度式の影響のみと判定して可ならん。美術上に於いてのみならず、……日本の風俗の如きも従来其起原につき解し難きものとして捨てられたるが如き事も、印度の同風俗と比較して疑問の解決せらるゝ例少なからず」(「史学会席上の印度研究談」、全集三、二六八頁)と、インドと日本の文化の近似性を説き、そこから改めて「三国」の親密な関係を主張している。

中国では感じなかった文化の近似性をインドで感じたこと、それがインド知識人との交流と同時にはたらいて、「アジアは一つ」になったのではないだろうか。もし後者だけだったら、「日本はアジア文明の博物館」という発想は出なかったであろう。出発前の天心はむしろ、第二章にみられたように、インドや中国の影響にもかかわらず、日本の文化は変わらないという日本中心主義を取っていた。しかし、インドの印象はそれを大きく変えた。インド滞在中に大きく手を入れたと考えられる第五章・仏教とインド美術の最後は、「今や、時代を隔てながらも日本は、思想の母国、インドにますます身近にひきよせられることとなった」（全集一、四八頁）と結ばれており、これはまさに当時の天心自身の心境を述べたものと考えられる。

以上のように、『東洋の理想』における「アジアは一つ」は、理論的な考察から必然的に出たものでもなければ、政治的な発言でもない。もっとも『東洋の覚醒』と併せ見るとき、後者の面がないわけではない。しかし、恐らく第一義的には、そこにはインド滞在中に触れたインド文化と日本文化の同質性の強い印象がはたらいていたのではないだろうか。その印象のもっとも端的な表現として、この言葉を読まなければいけないのではあるまいか。それがここでの仮説である。

ところで、第一四章「明治時代」は、前述のように、「新しいアジアの強国」としての日本の責務を説き、同時代的な実践性、政治性を担ってきている。それがインド滞在中にさらに展開されたのが第一五章「展望」と考えられる。この章は、「アジアの簡素な生活は、蒸気と電気を駆使して今日に至ったヨーロッパと比べて、いささかも恥じ入るに当たらない」（全集一、一一九頁）という、これまた印象深い言葉で始まる。

近代の便利さよりも、もっと豊かなものをアジアは持っている。それを恥じることはない。「なるほど、アジアは時間を食いつくす底のあの鉄道機関の激烈な歓喜は一向に知らないけれども、巡礼と遊行僧という、深さにおいて遥かにまさる旅行文化を依然として保っている」(同)。

ここには、「アジアは一つ」のもう一つ重要な要因が示されている。それはヨーロッパの近代文明に対するアジアの前近代性の賛美である。第一四章では近代西欧科学と「アジアの理想」の合体に日本の優位を認めていたが、ここではむしろ、近代科学は逆説的にアジアの伝統の豊かさを再発見させる反面教師である。政治的な「屈辱」よりも、西欧の近代文明によって照らし出された伝統文化の共通の豊かさが「アジアは一つ」を成り立たせる。

こうした豊かな伝統を持ちながら、アジアはいまやそのすばらしい文化を失おうとしている。「そこで、今日のアジアの課題は、アジア的様式を守り、これを回復することにある。しかし、これをなし遂げるためには、アジア自身がまずこうした様式の意味を認め、その意識を発展させてゆかねばならない。というのも、過去の影こそ未来の約束である」(同、一二二頁)。近代科学の導入ではなく、過去の豊かさをもう一度自己認識して、それを発展させること、それ以外にアジアの未来はない。

だが、インドや中国はその課題にうまく対応できていない。それを成しとげたのは日本のみである。「こうした自己認識が、ささやかながらも働き得たためにこそ、日本は自身の改造をやりとげて、東洋世界の大半を没落に至らしめたあの大嵐をよく凌ぎ得たのであった」(同、一二一—

一二二頁)。日本の成功は西欧近代文明の導入によるのではない。そうではなく、アジアに共通の伝統文化をいち早く自己認識したからだ。しかし、そうだとしても、日本の近代化がまるごと賛美されるわけではない。「同時に認めずにいられないのは、まさに現在、何か強力な補強を必要としているということである」(同、一二三頁)。

このように論じてきて、本書の最後は、「闇を切り裂く刃のような稲妻の一閃を、我々は待ち受けている」(同)に始まる激しい言葉へと収束する。いまや「新しい活力の雨粒が大地を清めてくれねばならない」。そうでなければ、西欧の圧力の前にアジアは死に絶えるであろう。「内からの勝利か、しからずんば、外からの強力な力による死あるのみ」。最後の一節には、明らかにベンガルの若い革命家たちとの熱い議論の高まりがうかがわれる。

このように、第一五章はアジアの再生へ向けての熱いメッセージであるが、ここでも第一章と同様、日本の突出した強国性を誇示する表現は弱められ、アジアの一体感が表面に出ている。「アジアは一つ」なのは、伝統文化の共通性と同時に、それが西欧のもたらした近代文明に優越することによる。そして、日本の特性は、第一章に示された「アジアの博物館」であることと同時に、そのアジアの伝統をいち早く自覚し、西欧に立ち向かったことにある。他のアジア諸国もそれに倣い、伝統に目覚め、ともに戦わなければならない。こうして、『東洋の理想』の末尾は、まさしく『東洋の覚醒』につながってゆくのである。

以上のように、本書の「アジアは一つ」には、三つの要素が重なっていると考えられる。

第一は、古典文化を中心とし、日本にインドや中国の文化が流れ込み、統合されたがゆえに、文化的な同質性があるという見方である。これはとりわけインドで、インドの古代美術と日本の美術の同質性を感じたことがきっかけになったと思われる。

第二は、「ヨーロッパの栄光はアジアの屈辱である」という『東洋の覚醒』につながる政治的な発想で、これはインドの知識人との交流の中から生まれたと思われる。

第三は、ヨーロッパ的な近代化に対して、むしろ前近代的な文化の豊かな伝統が残っているところに、アジアに共通する優越を認めようとしている。このことは、『茶の本』にいたってさらに発展させられる。

四　アジア主義と日本主義の相克

以上、『東洋の理想』を中心にやや詳しく見て、その冒頭の「アジアは一つである」の意味するところを明確にしようとしてきた。『東洋の理想』の中でもその成立段階を考えることにより、従来考えられていたのと、その意味がだいぶ異なった重層性をもっていることが明らかになった。それが天心の中でどう変わっていくのか。以下、『東洋の理想』との関係において、『東洋の覚醒』『日本の覚醒』『茶の本』の三書を簡単に見ることにしたい。

『東洋の覚醒』は激しい政治的な檄文といってもよいものであり、昭和初期にアジアが問題になってきた時期に発見され、それが『東洋の理想』の「アジアは一つ」と結び付けられて「大東亜」のイデオロギーとされ、さらに戦後においてもアジア解放の志向が高く評価されてきたことは周知のとおりである。しかし、上述のように、『東洋の理想』の「アジアは一つ」はそれほど単純ではなかった。

それに対して、『東洋の覚醒』は、『東洋の理想』を受けながら、ベンガル急進派の知識人たちとの「集団的労作」と見るべきものであった。『東洋の覚醒』に挟み込まれた紙に、“Asia is One”などの文句が消され、天心が“We are one”と書き込んでいるのは、本書の書名を議論したときのメモと考えられる（岡倉古志郎、前掲書、一二六頁）。すなわち、『東洋の理想』の「アジアは一つ」のほうが先行するのであり、『東洋の覚醒』を前提としてそれを理解するのは不適切である。『東洋の覚醒』がその文句を改めたのは、「客観的存在としての“Asia”ではなく、主体的存在である“We”でなければならない、と考えたからであろう」（同）。その“We”はまさしく天心が交わったベンガル民族主義者たちとの共同性であり、それゆえ本書が「集団的労作」と言われるのは適切である。天心が結局本書を出版しなかったのは、おそらくは天心個人の思想として十分に成熟したものではなかったからであろう。

それゆえ、本書をあまりに重視して天心のアジア論を論ずるのは必ずしも適切とはいえない。しかし、それにもかかわらず、本書はアジアの現状分析とその中からの実践への志向としてきわめて優れたものであり、単なる美の使徒にとどまらない天心の鋭い現実認識をうかがうことができる。

本書は六章からなるが、まず第一章では「アジアの兄弟姉妹たちよ！　おびただしい苦痛が、われわれの父祖の地を蔽っている」（全集一、一三五頁）と書き起こされ、欧米の侵略にあえぐアジアの現状が記され、それは「ヨーロッパの栄光はアジアの屈辱である」という文句に集約される。続く第二章では、アジア諸国が相互に連帯せず、むしろ欧米と結びついているために、相互に孤立し、もともとの一体性を忘れていることを指摘する。だが、じつはアジアの生活の底流には同じものが流れている。「東洋人はただちに東洋人と通じ合う」（同、一四六頁）。ここでは、『東洋の理想』に見られた東洋の文化の一体性が高らかに歌い上げられる。

第三章では、東洋と西洋の文化が比較され、東洋が決して西洋に劣っていないことが論じられる。これは、『東洋の理想』の第一六章で論じられたところと重なる。第四章以下は章番号がなく、「復活」「剣」「時は来た」という表題が付けられている。これらの章では、西洋の侵略に対して、今やアジアは立ち上がるべきことを説いており、とりわけ「剣」「時は来た」の二章は、過激に戦いに立ち上がるべきことを説く檄文となっている。しかし、この二章は非常に短く、恐らくは十分な検討を経ないまま終わったと思われる。

このように、本書は『東洋の理想』を前提としながら、特にその第一六章の先に続く、植民地下のアジアの再興に向けてのメッセージであり、『東洋の理想』に較べて政治性が強い。その際、本書では、「日本の輝かしい復活はアジアの復興の一つの実例としてきわめて教訓的である」（同、一六五頁）と、日本の成功を誇りながら、それに倣ってアジアが、具体的にはインドが立ち上がることを呼びかけているのは注目される。

このように、日本こそ模範で、それに倣ってアジアの解放がめざされるべきだという発想は、後の昭和の戦争時代にまさしく好都合に利用されることになるが、天心自身にその責任がないとはいえない。天心はここでは明治の成功をほとんど全面的に肯定しており、その点、微妙な揺れのあった『東洋の理想』と異なっている。他方、インドの急進派の中にも日本に見習おうという志向は強かった。ヴィヴェーカーナンダもまた、日本を手放しで賛美している（岡倉古志郎、前掲書、九五頁）。そうした中で、日本を見習って立ち上がれという天心の檄文が、たとえ一部であれ、インドの青年たちに共感をもって迎えられたことは十分に考えられる。

ところで、天心は明治三七年（一九〇四）、まさに日露戦争のさなかにアメリカにわたり、ボストンを舞台とした晩年の活動に入るが、その中でまず出版されたのが『日本の覚醒』である。本書の第一章はそれ以前に書かれていたものであるが、第二章以下はアメリカ滞在中に書かれ、日露戦争の状況下で、欧米、とりわけアメリカに日本の立場を分からせようという意図が強い。本書でも、「ヨーロッパの光栄はアジアの屈辱以外のものではなかった」（全集一、二一二頁）と繰り返されるが、アジアがともに立ち上がろうという『東洋の覚醒』の主張は影を潜め、軍事大国化しつつある日本の弁護に終始する。「朝鮮がもともと日本の領土であったとし」（全集一、二五一頁）、日清戦争は「これを最後として永久に片付けなければならない家内喧嘩、というべきもの」（同、二五二頁）として肯定される。

「我々は好戦的企図と膨張的野心によって、なんども非難されてきた」（同、二四八頁）中で、「我らは母国のためにのみ戦ったのではなく、最近の王政復古の理想のために、貴重な古代文化の遺産のために、そして全アジアの輝かしい更生を見る平和と調和の夢のために戦ったのである」（同、二五四頁）という自己弁護がどれだけ説得力を持ちうるだろうか。そして、アジアの国々がそれを認めるであろうか。ただし、これは、本書において天心の立場が変わったというよりも、天心の年来の主張のある面が表面に出たということであろう。昭和の戦争期に天心が持ち上げられることに、天心がまったく責任がないとは言い切れない。

四大主著の最後を飾る『茶の本』は、天心の著作の中でも、もっとも名著としての評判の高いものである。ここには、それまでの著作に顕著に見られた政治性を捨て、生の憂愁に満ちた美の追求者天心の内なる声が結実している。

本書では、「もしもわが国が文明国となるために、身の毛もよだつ戦争の光栄に拠らなければならないとしたら、われわれは喜んで野蛮人でいよう」（全集一、二六八頁）と、これまでの好戦的な態度を転換して、戦争に批判的な視点を示している。戦争に集約される文明化、近代化に対して、それ以前の東洋の文化の豊かさを再認識しようというのである。

また、これまでのアジアを欧米に対立させる見方に対して、「東西両大陸が互いに警句を投げあうのをやめ、両方に得るところがあれば、そのことによってたとえ賢くならなくとも、もっと悲しみの心を持とうではないか。西洋と東洋は異なった方向に発展してきたが、互いに長短補ってわるい理由はない」（同、二七〇頁）と、東西が補い合うべきことを提案している。茶の文化は東洋から西洋に伝わり、西洋でも大きな役割を果たしてきたものであり、東洋が西洋に与えることのできるものである。

では、茶の文化の優れたところはどこにあるのであろうか。天心は、日本において「審美主義の宗教」に高められた茶道について、「茶道は、日常のむさくるしい諸事実の中にある美を崇拝することを根底とする儀式である」（同、二六六頁）と定義する。「それは本質的に不完全なものの崇拝であり、われわれが知っている人生というこの不可能なものの中に、何か可能なものをなし遂げようという繊細な企てである」（同、二六六頁）。それは、不完全な人生の全体を、そのまま理想化することのできる、まさしく「審美主義の宗教」である。そこには、人生の不完全さや不可能性を十分に知り尽くした天心の人生経験が深く反映されている。

その源流は、中国の道教と、それを受けた禅に求められる。本書で天心は、そのアジア論の中心をインドから中国に移す。しかし、晩年までインドへの関心が薄れたわけでないことは、インドの女性詩人との情熱的な手紙のやり取りから知ることができる。

天心は道教という言葉を、老荘的な思想と、後の宗教的な道教の両方に通ずるものとして用いているが、その特徴を、北方の儒教の社会道徳中心の立場と反対の、「南方中国精神の個人主義的傾向」（同、二八二頁）を表わすものとみている。道教は、「処世術」であり、儒教や仏教と異なり、「現世をあるがままに受け容れ」、「悲哀と苦悩のこの世に美を見出そうとする」(同、二八五頁)。ここにもまた、この世の「悲哀と苦悩」を十分に味わった天心の個人の感慨が強くうかがわれる。禅は、その道教を引き継ぐものと見られ、「人生のごく些細な出来事の中に偉大さを考えつく」(同、二八九頁)のであり、茶道はその精神を美の領域において発揮したものである。

第六章「花」にいたると、天心の文章はますます詩的になり、ますます個人的な感慨を強めてゆく。その中で顕著に見られるのが、死への関心である。「変化こそ唯一の永遠なるものであるならば、なにゆえに「死」を「生」と同じように歓迎しないのか」(同、三一二頁)。

最後の第七章は「茶の宗匠たち」と題されているが、そこで大きく取り上げられるのは、茶道の大成者千利休の死である。利休は、権力者豊臣秀吉と対立し、自殺に追い込まれた。自らの死を敢然と受け容れた利休を、天心は「美しいものとともに生きてきた人だけが、美しく死ぬことができる」(同、三一九頁)と賛美する。政治に翻弄されながらも、最期は美の理想のために死を選んだ利休に、天心は自らを重ね合わせているのである。

以上、『東洋の覚醒』以下の三つの著作について簡単に概観してみた。『東洋の理想』に見えた「アジアは一つ」の展開としてみるならば、興味深いことに、これらの三つの著作は、「アジアは一つ」の三つの意味を分けて、それぞれ追求しているように見える。

『東洋の覚醒』では、「アジアは一つ」の第二の意味、すなわち、「ヨーロッパの栄光はアジアの屈辱である」という政治的な意味を中心に、アジア諸国の独立へむけてのメッセージという性質をもっていた。

『日本の覚醒』は、必ずしもストレートではないが、第一の意味、すなわち、日本の中にアジアが含まれるという日本中心的な発想から展開する日本優越論が強く出ている。

『茶の本』では、第三の意味、すなわち、アジアの伝統文化の再発見と、その点に欧米に対する優越を見る発想が展開されている。

このように、天心の四つの著作は、それぞれ内容を異にしながらも、「アジアは一つ」の理想の多様な側面をそれぞれ展開したと見ることができるのである。

五　アジア観の重層

天心は日本浪曼派によって再発見され、「アジアは一つ」はまさに「大東亜戦争」のスローガンとなった。日本文学報国会によって選定された「国民座右銘」の「大東亜戦争」開戦の日に選ばれたのが「アジアは一つである」だった（竹内好「岡倉天心」、橋川文三編『岡倉天心　人と思想』、一八〇頁）。

天心の「アジアは一つ」が、ただちに「大東亜戦争」の合理化に結びつくものでないことはすでに述べた。しかし、それならば、『東洋の覚醒』から『日本の覚醒』へと進む天心の著作の中に、そのような方向に流れる要素が全くなかったかというと、そうもいえない。「これは、天心が、アジア十億の民の解放を憶ふ赤心を、大いなる歎きの声として吐き出したもので、……われわれは、ここに、畏くも、すめらみことを戴き奉る神国日本の修理固成の使命を、痛いまでの誇りと昂りとをもつて回想するのである」という浅野晃の解説（竹内好、前掲論文所引）は、確かにあまりに違和感が大きい。しかし、例えば保田《やすだ》与重郎《よじゅうろう》の天心論（『明治の精神』、橋川文三編、前掲書所収）や浅野の著作『岡倉天心論攷』（一九三九）がまったく天心のポイントをはずしているかというと、そうもいえない。

戦後にそれまでの天心評価をひっくり返した宮川寅雄は、インド旅行以後の天心を「極端な国権主義的コスモポリタン」（『岡倉天心』、東京大学出版会、一九五六、一九〇頁）として、「天心のアジア観は、当時にあってすらデマゴーグでしかなかった」（同、一九八頁）と酷評する。『茶の本』にまで至れば、とてもそうは言えないが、『日本の覚醒』の段階では、そう言われてもやむを得ないところもある。

アジア主義に、「大東亜戦争」に流れるコースと、戦後の非同盟諸国と連帯する反帝国主義・民族解放のコースの相反する二つを見ようとする坪内隆彦の見方（『岡倉天心の思想探訪』、勁草書房、一九九八）は、たしかに適切にアジア主義の両義性を指摘している。しかし、ではその両者が綺麗に分かれるかというと、それほど単純ではない。たとえアジアとの連帯を説くにしても、日本は突出して先進してしまった。「アジアの強国」として後進の諸国を導く責任という発想は、たやすく日本自身の侵略を合理化する論理に転化する。

例えば、そのような両義的なアジア観から、昭和の戦争期にファシズムに走った思想家として、大川周明《おおかわしゅうめい》（一八八六—一九五七）を挙げることができる。もともとインドの古典哲学を勉強していた大川は、たまたま植民地インドの悲惨な現状を論じた本に触れて衝撃を受け、インド独立運動に共鳴するようになる。そこから、『印度に於ける国民的運動の現状及び其の由来』（一九一六）が生まれ、さらにイスラム圏をも含むアジア全域にまでその考察を広げた『復興亜細亜の諸問題』（一九二二）は、名著としての評価が高い。しかし、そのアジアの中で日本のみは植民地の悲惨を免れた。「大乗相応の地」たる日本によってアジアの統一が成しとげられ、アジアは解放されなければならない。こうして植民地解放の理想は、日本の侵略を合理化する論理に転換する。そこには、天心の発想と通い合うものが認められる（大川周明については、『近代日本の思想・再考』II所収の論文「大川周明と日本のアジア主義」に詳論する）。こうした日本のアジア観の重層は、日本の敗戦によっても終わらず、なお今日の問題として残されているのである。

しかし、天心の「アジアは一つ」は、こうした政治的な問題に限られない広がりを持っていた。『茶の本』における個人の生と死の美学の展開は、政治的なアジア主義を超え、伝統文化による東西の融和にまで至ろうとする意向が明白である。もちろん、そのような形での伝統文化の賛美も問題がないわけではないが、ともあれ政治のみに限られない、文化の幅広い交流を通して、アジアの文化を見直していくことも、きわめて重要と考えられるのである。

第十二章　純粋経験からの出発

西田幾多郎

一　明治の二元論から大正の一元論へ

大逆事件が起こったのが明治四三年（一九一〇）で、翌四四年一月に判決が下され、死刑が執行された。その翌年七月に明治天皇が亡くなり、大正に改元される。乃《の》木《ぎ》希典《まれすけ》の殉死とともに、時代の変移が大きく実感されたときである。

大正時代の文化は、大正デモクラシー、人格主義、教養主義などと特徴づけられる。明治が激動と試行錯誤に終始した中で、大正は短いながらも比較的安定した社会情勢を背景に、さまざまな文化の華が開くこととなった。そうした大正文化の特徴を近年、大正生命主義として総括的に捉えようという鈴木貞美の試みが広く受け入れられるようになっている。鈴木は、「大正教養主義は、ひろく哲学や芸術を吸収した文化的人格を形成するという思想傾向にとどまるものではなく、その底に普遍的な「生命」の発現こそが文化創造の原基であるという思想をもっていた」

（「大正生命主義」とは何か」、鈴木貞美編『大正生命主義と現代』、河出書房新社、一九九五）と指摘し、「生命」がこの時代を表わすキーワードであるとしている。

このような生命主義は、自然科学の世界における機械論に対抗する生命現象への注目から、ベルグソン、ニーチェなどの「生の哲学」の導入などに刺激を受けながら、科学・哲学・宗教・文学・芸術から女性解放運動や社会運動に至るまで、広範な展開を示す。さまざまな文化現象が、それぞれの領域でばらばらでなく、統合的な連関性を持つところに大正文化の大きな特徴がある。「生命」というキーワードの特徴は、個人・社会・自然（宇宙）を単一の原理で説明できる一元論的な連続性にある。それは楽観主義的な発展論であり、個の発展はそのまま社会・世界の発展につながる。鈴木が生命主義の理解に当たって参照する田辺元《たなべはじめ》の「文化の概念」（『田辺元全集』一、所収。初出は大正一一、一九二二）では、ベルグソンの創造的進化の立場をその代表としてあげ、ジェイムズやデュウイをそれに類するものとしているが、田辺自身はそれに対して、社会的不公正などの問題が残るとして、批判的な見方を示している。

田辺の論文の翌年、大正一二年（一九二三）に関東大震災が起こり、それまで隠れていた不安が一気に噴出する。大正一四年に普通選挙法が治安維持法と引き換えに成立し、大正デモクラシーの幕が引かれ、翌年末には激動の昭和に入ることになる。田辺が生命主義に対して批判的であるのも、すでに生命主義の限界が見えてきた時代状況によるものである。

大正が生命主義の連続的、楽観主義的、発展的一元論によって特徴づけられるとするならば、もとへ戻って、明治はまさしくそれと正反対の時代であった。そこではさまざまな問題が相互に矛盾し、対立し、断絶する。すでに見たように、仏教思想を一つの軸として見るとき、明治の特徴は政治と宗教の対立と緊張であった。仏教が思想史に浮上するのは、島地黙雷による宗教の自由の主張であった。その後、井上哲次郎によってしかけられた「教育と宗教の衝突」論争を通して、世俗社会の政治や倫理道徳と、世俗を超越する宗教の関係について問題が提起された。その問題は日清・日露戦争間の思想高揚期に継承され、その中で宗教の優越が主張されるようになる。

このように、明治の思想は一元論的な連続論ではなく、二元論的な対立をばねに展開してきた。典型を清沢満之に見るならば、宗教と道徳という領域の対立とともに、絶対無限者と有限なる自己が対立する。神との合一を経験した綱島梁川の場合でも、完全に没入しきらない自己が残った。比較的一元論的な傾向を示したのは鈴木大拙であるが、大拙の本格的な思想展開は大正期以後になる。

このような明治の二元論から大正の一元論への転換点として、ここでは西田幾多郎の『善の研究』に注目したい。『善の研究』は、まさに明治が終わろうとする明治四四年（一九一一）に刊行された。時期的にも明治と大正の境目である。そして、その内容もまた、明治の問題を受けながら、大正的な一元論の出発点をなすものであった。本書が熱狂的に受け入れられたのは、一つにはこのような時代の先取りにあったであろう。

二　禅への傾倒

西田幾多郎は、明治三年（一八七〇）石川県に生まれた。西田家はもともと素封家であったが、父得登《やすのり》が事業に失敗して没落した。父は、そのうえ女性問題を起こしたりして家庭の不和が重なり、また、西田の妻寿美《ことみ》が父の気に入られず、一時離縁しなければならないなど、西田にとって家庭の問題はきわめて厄介であった。西田は少年時代から苦労が多かったが、金沢の石川県専門学校（在学中に第四高等中学校となる）在学中は、鈴木大拙、藤岡作太郎ら友人に恵まれ、また、北条時敬《ときゆき》という優れた師にもめぐり会った。しかし、学校側の方針と対立して退学し、そのために東京帝国大学に入るときも、正規の学生となれず、選科生に甘んじなければならなかった。

卒業後、金沢に帰ったが就職にも苦労し、ようやく第四高等学校講師になったものの、それも一年で馘になり、当時山口高等学校校長となっていた北条時敬の招きで、明治三〇年（一八九七）には山口に移った。二年後の明治三二年には、再び第四高等学校に転じた北条の招きで第四高等学校教授となって金沢に戻り、金沢で一〇年間を過ごしたが、この間はようやく生活も落ち着き、研究や参禅にもっとも実り多い時を過ごした。『善の研究』も、この頃構想が練られ、部分的に雑誌に発表されていった。明治四二年（一九〇九）、学習院教授に移り、翌年には京都帝国大学助教授に赴任する。その翌年、明治四四年（一九一一）に満を持して『善の研究』が出版されることになる。四二歳のときである。このように、『善の研究』は第四高等学校教授時代の研究と思索に基づいている。西田の三十代後半に当たる。

西田は少年時代に姉をチフスで亡くして以来、生涯次々に家族の死に出会わなければならなかった。二男六女と多くの子供をもうけたが、そのうち、幼い次女幽子と生まれたばかりの五女愛子を、金沢時代の明治四〇年に続けて亡くした。その前には弟を日露戦争で亡くしている。また、京都に移ってからは、期待された長男謙が大正九年に急性腹膜炎で亡くなり、妻寿美も五年余の病床生活の後、大正一四年に亡くなった。一生多くの家族を看取り、送らなければならなかった中で、比較的安定していた金沢時代も例外ではなかった。

そうした家庭の問題とただちに結びつくわけではないが、その頃西田は深く禅に志し、しばしば参禅を繰り返している。もともと西田の恩師北条時敬は禅に深く傾倒し、禅会を開いたりしていたが、西田が実際に参禅するようになるのは、東京帝国大学在学中のことで、親友鈴木大拙の影響で、円覚寺に参禅している。その後金沢に帰ってから禅への関心は深まり、明治二九年からは北条の師でもある富山国泰寺の雪門玄松のもとに参じている。また、京都妙心寺の虎関宗補にも参じ、このような熱心な参禅は山口時代、さらに金沢に戻ってからも続いた。明治三四年には雪門から「寸心」の居士号を受け、さらに明治三六年には京都大徳寺の廣州老師のもとで無字《むじ》の公案《こうあん》を透過した。

この頃までがもっとも熱心に参禅を重ねた時期で、その後も雪門のもとに参じているが、明治三八年頃からは次第に自らの体系を構築するため、研究のほうに傾くようになり、参禅からは遠ざかるようになった。西田哲学というと、ただちに禅との関係が思い浮かべられるが、西田が実際に禅に参じたのは、二十代の後半から三十代の半ばへかけての約一〇年間であった。しかし、その間の西田の禅への集中は並大抵のものではなかった。『善の研究』を禅の哲学化と見るのは必ずしも適当ではないが、しかし、そこに参禅体験がかなり色濃く反映していることも事実であり、また、その余韻は生涯続くことになるのである。

三 「純粋経験」という原理

『善の研究』は明治四四年(一九一一)に刊行され、明治の思想界の問題を受けながら、純粋経験による一元論的解決を目指し、それが大正生命主義の一元論の出発点をなした。明治の思想は、上述のように、世俗の政治や倫理道徳と世俗超越の宗教との間、また、個と絶対者とが一面で合一を目指しつつも、相互に緊張をはらむところに特徴があった。その相互対立を一挙に解消し、一元論的な原理を提示したのが、西田の「純粋経験」であった。しかし、はたしてそれは成功しているのだろうか。

『善の研究』に関しては、すでにあまりに多くの研究がなされており、それらを十分に踏まえた上での議論は容易ではない。ここではそのような研究史を網羅した上で完全な解釈を下そうとするわけではない。本書でここまで検討してきた明治の思想史を踏まえて、明治から大正へと変転する思想史の中で『善の研究』の位置づけを見、その問題点を探ることにしたい。なお、『善の研究』の引用は、新版の『西田幾多郎全集』第一巻（岩波書店、二〇〇二）により、頁数のみ記す。

『善の研究』は四編からなる。即ち、第一編・純粋経験、第二編・実在、第三編・善、第四編・宗教である。序に断ってあるように、「第二編第三編が先づ出来て、第一編第四編といふ順序に後から附加したものである」（六頁）。この順で各編は別々に雑誌に発表されて、後に一書に纏められたものである。とはいえ、最初に根本の原理となる「純粋経験」とはどのようなものか論じ、それから、各論的に存在論・倫理・宗教の順に論じていく構成は、きわめて整然として体系的のようにみえる。しかし、本当に一貫して理解できるかというと、必ずしもそうでもない。第一編について、西田は「初めて読む人は之を略する方がよい」（六頁）としているが、第一編から読むか、第一編を飛ばして読むかで、本書の印象はまったく異なる。第一編は編名から知られるように、終始生き生きとした純粋経験が主題として論じられる。ところが、その体験主義的な表現に対して、第二編ではより理論的な論じ方になる。第三編では、純粋経験という用語も非常に少なくなる。ごく大雑把に読んでも、編ごとに受ける印象はかなり違うものがある。

純粋経験がさまざまな局面をもつことは、すでに多くの論者によって指摘されている。上田閑照によれば、純粋経験には次の三つのレベルがある。

第一に、冒頭に出されてくる「例えば、色を見、音を聞く刹那、……未だ主もなく客もない」原始の直接経験。第二に、「一生懸命に断崖を攀ずる場合の如き」、あるいは「美妙なる音楽に心を奪われ、物我相忘れ、天地ただ嚠喨《りゅうりょう》たる一楽声のみなるが如く」、「厳密なる統一」における「知覚の連続」としての、そしてそこに「真実在が現前している」ところの「直接なる具体的体験」。第三に、経験である限りのすべての意識現象、ないしすべての実在。（上田閑照『西田哲学への導き』、岩波同時代ライブラリー、一九九八、九六頁）

第一の直接的な経験がもっとも原初的であり、確実なもののように見える。実際、第一編はそこから始まっている。

経験するといふのは事実其儘に知るの意である。全く自己の細工を棄てゝ、事実に従うて知るのである。純粋といふのは、普通に経験といつて居る者も其実は何等かの思想を交へて居るから、毫も思慮分別を加へない、真に経験其儘の状態をいふのである。（九頁）

当然我々の経験の原点になるものであるから、もっとも自明で、誰でも経験しているところのはずである。第二編では「さらば疑ふにも疑ひ様のない直接の知識とは何であるか。そは唯我々の直覚的経験の事実即ち意識現象に就いての知識あるのみである」（四一頁）と言われている。「疑ふにも疑ひ様もない直接の知識」というのは、デカルトを意識した言い方であり、デカルトのコギトよりももっと「疑ひ様もない」知として純粋経験を立てるのである。

それゆえ、それは何か特殊な体験ではなく、我々の日常的に行なっている経験のことを言っているはずである。「例へば「馬が走る」といふ判断は、「走る馬」といふ一表象を分析して生ずるのである」（一六頁）。「走る馬」を直接に経験するとき、そこには、「私が走る馬を見る」というように、「私」という主観と「走る馬」という客観が分かれているわけではない。事態そのものがあるだけである。

しかし、経験が判断以前であるならば、それは無分節的なカオスであろうか。西田はそうではないという。「純粋経験とは何だか混沌無差別の状態であるかの様に思はれるかも知れぬが、種々の意味とか判断とかいふものは経験其者の差別より起るので、後者は前者によりて与へられるのではない、経験は自ら差別相を具へた者でなければならぬ」（一三頁）。判断として展開していくものもすべて純粋経験の中に内在する。それゆえ、純粋経験はすべてを含んだ豊かな内容を持つものである。「そが厳密なる統一の状態にある間は、いつでも純粋経験である、……之に反し、この統一が破れた時、即ち他との関係に入つた時、意味を生じ判断を生ずるのである」（一四頁）。思惟、判断は純粋経験の派生形態に他ならない。

こうして純粋経験は単に認識論的に判断に先立つというだけでなく、すべての意味や判断がそこから生まれてくる源泉としての意味を持ち、ひいてはそれが唯一の実在とされる。「実在とは唯我々の意識現象即ち直接経験の事実あるのみである」（四三頁）。このように純粋経験は主観も客観もすべてそこから生まれてくる源泉的な実在であるが、あらゆる現象がそこから生まれてくる限りは、すべては純粋経験の展開として、純粋経験を免れることができない。それが唯一の実在とされる所以である。「宇宙は唯一実在の唯一活動である」（五九頁）。時間や空間さえもこの唯一の実在から生まれる。神とは、このような「実在の根柢」（七八頁）に他ならない。このように純粋経験は我々の日常に出会う経験であるにもかかわらず、そこから宇宙、ひいては神にまで及ぶ純粋経験一元論ともいってよい壮大な体系に発展してゆく。それが『善の研究』の魅力である。

だが、壮大であるだけに、そこに疑問も生ずる。何よりも、「主客未分」と言いながら、それがもっぱら意識の主観の側で捉えられていることが注目される。知覚や思惟という認識作用ばかりでなく、意志も純粋経験の現われである。というか、「知と意との区別は主観と客観とが離れ、純粋経験の統一せる状態を失つた場合に生ずるのである」（三〇頁）。

だが、知も意も主観も客観もすべてを含みつつ統一されているような純粋経験は、我々の日常経験の中で経験されうるものであろうか。我々の日常経験はすでに主客が分かれ、知識と意志とが分かれているのではないか。「走る馬」を主客未分のところで認識するのではなく、すでに外側の出来事として「馬は走る」という判断をなしているのではないか。そうとすれば、純粋経験とは、日常経験で普通に経験されるというよりは、判断の入った普通の経験を純粋化、理念化して初めて達せられる一種の抽象物ではないのか。現象学ならば、日常的な自然状態の経験を、現象学的還元という自覚的な方法論をもって遡行し、そこに意識の構造を見出そうとする。西田の場合、純粋経験は単なる推論の結果達せられる理念なのであろうか。

ここに上田閑照の指摘する純粋経験の第二の形態が考えられる。即ち、「一生懸命に断崖を攀ずる場合」や「美妙なる音楽に心を奪われ」たような状態である。音楽に身を浸しているとき、主観も客観もなくなる。もっともそのときに全然判断が働かないかというと、そうも言えない。崖を攀じ登るにはロッククライミングの訓練を積んだ上で、その場に応じての的確な判断がなければならないであろう。また、音楽の場合はよいとして、それでは子供がゲームセンターでゲームに熱中している場合も純粋経験なのであろうか。あるいは、ばくちで我を忘れて熱くなってしまったのも純粋経験なのであろうか。

西田が範型としているのは、そういう子供の無心や我を忘れて熱くなる（例えば、自分を抑えられなくてキレルような）場合のレベルではなく、高度な教養や訓練を積んだ上で、知的な判断を下さなくても的確な対応が取れるようになった段階のことである。

画家が意識の上に於て種々の企図をなす間は未だ真に画家の人格を見ることはできない。多年苦心の結果、技芸内に熟して意到り筆自ら随ふ所に至つて始めて之を見ることができるの

である。（一二四頁）

高度な教養や訓練を求めるという点には、明治末から次第に確立し、大正期に花開く教養主義的な発想の先蹤を見て取ることができる。

もちろん、本当に生まれたばかりの子供の経験はもっとも純粋とも言える。「凡て最初の感覚は小児に取りては直に宇宙其者でなければならぬ」（一三七頁）。だが、「意識の分化発展するに従ひ主客相対立し、物我相背き、人生是に於て要求あり、苦悩あり」（同）という状態に至る。そこから、「意識の分化発展するのは反つて一層大なる統一を求めるのである」（同）。一体なるものが分化展開して、再び統一体に戻るというのはヘーゲル的な弁証法であるが、西田はヘーゲル的な思弁による哲学の優位に同意せず、それをあくまで純粋経験として体験化しようとする。そこに、純粋経験の範型中の範型として宗教的な体験が考えられることになる。「直接経験の状態に於て、主客相没し、天地唯一の現実、疑はんと欲して疑ふ能はざる処に真理の確信があるのである」（三二頁）と言われるような事態は、もはや哲学のレベルで可能なことではなく、宗教体験としてのみありうることであろう。

本書の序文では、宗教を「哲学の終結」（六頁）と呼んでいるが、宗教は「哲学の終結」であるのみならず、哲学の前提ともなる体験でもある。一言も禅への言及がないにもかかわらず、『善の研究』が禅体験の哲学化であると考えられるのはそのためである。そして、本書が熱狂的に受容されたのは、まさしくこのような理由による。「思索などする奴は緑の野にあつて枯草を食ふ動物の如しとメフィストに嘲らるるかも知らぬ」（七頁）と言いながらも、もう一方で、「人生の問題が中心であり、終結である」（六頁）と言い切るところに、文字どおり西田自身の別の著作の表題ともなった「思索と体験」の両方に足を置く西田の特徴があり、その哲学が通俗化して広く知識人や学生に受容されることになった理由もある。

宗教体験を範型とすることによって、純粋経験は個人の意識の領域を超えることになる。もともと主客未分であるから、個人という制約も後で分化したものであり、したがって「実在は精神的であつて我々の精神はその一小部分にすぎないとすれば、我々が自己の小意識を破つて一大精神を感得するのは毫も怪むべき理由がない」（一五〇頁）ことになる。

宗教によって有限の我がいかにして無限の絶対者（神・仏）と接し、あるいは合一しうるかということは、清沢満之・鈴木大拙・綱島梁川ら、日清・日露戦争間の宗教思想家たちの大きな課題であった。彼らもまた、自らの体験を言説化し、理論的な説明を与えようとした。その中では、西田と同じように禅から出発した大拙は、宇宙的な汎神論の立場に立ち、楽観主義・積極主義・進化主義が目立った点で他と異なり、西田の先駆となる思想を展開していた。西田はそこに純粋経験の概念を導入することにより、宗教体験の理論化にとどまらず、認識論・存在論からはじまる総合的な哲学の体系を打ち立てた。そこに大きな展開が見られるのである。

こうして、宗教体験を範型に取った純粋経験を根底にすえることで、西田は日清・日露戦争間に大きく問題になった個の確立の問題を、大拙同様に一気に解消してしまうように見える。清沢や綱島において絶対者に吸収しきれずに残る個の問題、樗牛において本能や利己主義とないまぜになって混乱しながらも模索された個人主義の問題が、ここでは純粋経験を通路に飛び越えられる方向で解決が示される。

しかし、だからと言って、単純に個を無視した全体主義になるわけではない。井上哲次郎の現象即実在論のように、個が全体の中に吸収されて無価値化してしまうのとはまったく相違する。体験の場はあくまで個にある。どこまでも個の具体的な体験が出発点である。その個の体験が個にとどまらず、宇宙全体に、そして絶対者に拡散するのである。そこに明治の思想史において大きく出てきた個の問題に対するひとつの解答が示され、そこから大正生命主義的な個と全体の連続的一致の方向が展開することになる。だが、西田においては個と個を超えたものとは一致しつつもやはり微妙な緊張関係を持続する。個の問題は人格の問題として第三編「善」の大きな主題となる。そのことを次節に見ることにしよう。

ちなみに、西田の後期の思想においても、改めて個の位置づけが大きな問題となる。絶対矛盾的自己同一から逆対応へと思想的に深化する中で、個は絶対者の中に吸収されず、絶対者に逆対応的に対峙する存在として位置づけられるようになる。そのことはとりわけ最後の論文「場所的論理と宗教的世界観」に顕著に見られる。その際、禅と同時に浄土真宗の親鸞系の思想が大きな役割を果たしたことも注意すべきである。全体主義の進行する中で、西田は逆に個へのこだわりを増してゆく。戦争期の西田の言動に対しては賛否があり、単純には決めつけられない問題があるが、少なくとも個へのこだわりは、多少なりとも時代への抵抗という意味を持っていたのではないかと思われる。もっとも評判の悪い『日本文化の問題』においてさえ、付録の「学問的方法」において、個人の自由や合理主義の必要を強く説いていることは注目されなければならない。

四　他者なき倫理

個と個を超えるものの関係は、第三編の倫理の箇所でも大きな問題となる。個が宗教的体験を通して絶対者や宇宙と合一するということは分からないわけではない。しかし、宗教的体験が範型となっていると考えられる純粋経験が、はたして倫理の問題にも通用するのであろうか。興味深いことに、倫理を扱う第三編では、「純粋経験」という言葉があまり出てこない。そうは言っても、もちろん倫理に関して別の原理が立てられるわけではない。倫理の問題が純粋経験に連なりうるのは、「意志と知識との間には絶対的区別のあるのではなく」（二九頁）と言われるように、意志的行為も認識と同じ原理に基づくとされるからである。意志は、『善の研究』の次に西田が哲学的展開を遂げた『自覚における直観と反省』（一九一七）の根本原理とされるものであるが、『善の研究』でも大きな役割を与えられている。「意志は我々の意識の最も深き統一力であつて、また実在統一力の最も深遠なる発現である」（八九頁）。

第三編では、倫理に関する諸説を批判的に展望した後、第九章で自らの倫理説として活動説を採用する。活動説というのは、「善とは我々の内面的要求即ち理想の実現換言すれば意志の発展完成であるといふこと」（一一五頁）とする立場である。その実現は、同時に幸福であり、自己の発展完成であり、実在の概念とも一致する。「自己の真実在と一致するのが最上の善」（一一七頁）である。

第十―十三章では、この立場から具体的に「我々人間の善とは如何なる者であるかを考究」（一一八頁）する。ここでもっとも中核となるのは人格の概念である。人格とは「意識の統一力である」（一二二頁）。

人格の実現といふのが我々に取りて絶対的善である。……善行為とは凡て人格を目的とした行為であるといふことは明である。人格は凡ての価値の根本であつて、宇宙間に於て唯人格のみ絶対的価値を持つて居るのである。（一二二頁）

こうした人格重視の立場は、明らかに大正の人格主義に連なっていくものである。そこから、「真正の個人主義は決して非難すべき者でない」（一九六頁）とも言われており、先にも触れたように、西田はけっして単純に個人を全体に埋没させるわけではない。

しかしながら、その倫理説を見ていくと、いくつか気になる問題点にぶつかる。第一は、人格が言われながらも、そこでは他者、即ち他の人格とのかかわりが必ずしも十分に考慮されていない。「人格の実現」は他者の人格とぶつかる中で形成されるものではなく、「善行為とは凡て自己の内面的必然より起る行為でなければならぬ」（一二三頁）。そこから、「余は自己の本分を忘れ徒らに他の為に奔走した人よりも、能く自己の本色を発揮した人が偉大であると思ふ」（一二六頁）とさえ言う。確かに他者を立てれば、すでに自他の二元的対立に陥ることになるから、それは本来的なものではないであろう。しかしそれならば、自己の人格の実現というのも、自己を他者と対比させた上のことではないかと言われるかもしれない。ところが、西田によればそうではない。

そこに第二の注目される点がある。自己の人格の実現といっても、それは個別的な自己の中に閉鎖されるものではない。ここに純粋経験論との通路が見出される。

> 自己の知を尽し情を尽した上に於て始めて真の人格的要求即ち至誠が現はれてくるのである。自己の全力を尽しきり、殆ど自己の意識が無くなり、自己が自己を意識せざる所に、始めて真の人格の活動を見るのである。（一二三―一二四頁）

この後、先に挙げた画家が長年苦労した末に「筆自ら随う所」の例が挙げられている。即ち、真の倫理的な行為とは、宗教体験的な純粋経験と合致してくるのである。「主客相没し物我相忘れ天地唯一実在の活動あるのみなるに至つて、甫《はじ》めて善行の極地に達するのである」（一二五頁）。

こうして倫理は他者に対する行為の問題であることを脱する。他者との関係においてはたらくはずの「愛」もまた、「愛といふのは凡て自他一致の感情である。主客合一の感情である」（一二五頁）と、「主客合一」に帰結することになる。しかし、他者なき倫理は可能であろうか。画家が絵を描く場合、あるいは宗教的な体験に身を置く場合はそれでよい。だが、社会の中で人と対する場合、それで通用するであろうか。セールスマンが人と対するのに主客合一でよいのであろうか。それは自他対立であるから第二義的にすぎない、と言ってすむであろうか。そうとするならば、第二義的な場における活動を規定する別の倫理が必要になるはずである。主客合一からは倫理的な責任の観念は出てこない。純粋経験で宗教体験は説明できるかもしれない。しかし、それで倫理まで説明しようというのはあまりに無理ではないのか。

西田も決して人間の社会的活動を無視しているわけではない。西田は個人の意識の上に「社会的意識」を立てる。

人間が共同生活を営む処には必ず各人の意識を統一する社会的意識なる者がある。……我々の個人的意識は此中に発生し此中に養成せられた者で、この大なる意識を構成する一細胞に過ぎない。（一二七—一二八頁）

この「社会的意識」の導入はいささか唐突である。「社会的意識にも個人的意識と同じ様に中心もある連絡もある立派に一の体系である」（一二八頁）と、社会有機体説的な社会観を示す。社会は他者との関わりの中で形成されるものではなく、個を超え、個を含む実体（という言い方が悪ければ、少なくとも個人と同様の単位）として理解される。しかし、それならばこの「社会的意識」は、主客未分的な純粋体験の中でどのような位置を占めるのであろうか。

西田は「社会的意識」の具体例として、家族と国家を挙げる。しかし、この大きな問題を論ずるのに、西田の費やす頁はあまりに少なく、十分に議論されているとは言えない。また、家族から国家へ一飛びするのは無理があろう。「国家は統一した一の人格であつて、国家の制度法律はかくの如き共同意識の意志の発現である」（一三〇頁）と国家に人格を認め、「我々が国家の為に尽すのは偉大な人格の発展の為である」（同）と、その一部分である個人は全体としての人格である国家のために尽すべきであるとされる。即ち、国家は「尽す」べきものであり、作り上げていくものとは考えられていない。

もっとも国家が最終目標ではない。「我々の人格的発現は此処に止まることはできない、尚一層大なる者を要求する。夫は即ち人類を打して一団とした人類的社会の団結である」（一三〇頁）。その点では偏狭な国家主義は戒められる。しかし、世界が一団となるとしても、国家がなくなるわけではない。「各国家が益々強固となつて各自の特徴を発揮し、世界の歴史に貢献するの意味である」（一三〇頁）。

それにしても、このような国家論を純粋経験の上に位置づけるのは無理ではないのか。西田自身、その疑問が起こることは予測している。善は人格の実現であると言っても、それを「内より見れば、……自他相忘れ、主客相没するといふ所に到らねばならぬ」（一三一頁）。しかし、「外に現はれたる事実として見れば、小は個人性の発展より、進んで人類一般の統一的発達に到つてその頂点に達するのである」（同）。この両面ははたして一致するのであろうか。

西田はそれに対して、「余は……此両見解は決して相矛盾衝突することがないと断言する」（同）と言う。しかし、いくら西田が断言しても、現実に一致することの証明にはならない（ちなみに、第三編には「余は……と思ふ」のような表現が多い。西田自身、自説が十分に証明されていないと自覚していたためであろうか）。「我々が内に自己を鍛練して自己の真体に達すると共に、外自ら人類一味の愛を生じて最上の善目的に合ふ様になる、之を完全なる真の善行といふのである」（一三三頁）。しかし、それが理想であっても、現実にそううまくいくとは限らない。理想は美しい。しかし、さまざまな矛盾葛藤のゆえに実現できないからこそ、そこに問題が起こるのである。西田の予定調和説は、その点あまりに楽観的であり、説得力に乏しい。

西田は中期・後期に大きく思想を転換させる。それを通じて、西田の理論は宗教を説明するのには都合がよいが、現実の歴史・国家・社会における実践に関しては必ずしも成功していない。それが田辺元の批判を浴び、田辺はそれを克服するために「種の論理」を形成するようになった。また、いわゆる京都学派第二世代においては、世界史の立場を主張し、日本には西欧中心主義に代わる歴史的使命があるとして、歴史論を中核に据えることになる。

いずれにせよ西田における社会論、国家論の弱さは、そのまま大正の思想に引き継がれ、大正デモクラシーを生みながらも、昭和の国家主義に呑み込まれることになるのである。

五　転換期を象徴する思想

『善の研究』は、先に触れたように、明治の思想界が突き当たったさまざまな二元論的矛盾に対して、純粋経験による解決を目指したものである。確かにそれは見事な体系であり、それによって明治の思想は大団円を迎え、生命主義に代表される大正の一元論的世界へと転換する。悲観主義は楽観主義に取って代わられる。だが、明治の思想が試行錯誤の中でぶつかってきた問題が本当に解決したのか。とりわけ個と絶対者、個と全体、個と他者の問題は、それほど単純には解決しない問題であった。また、宗教と倫理の問題も、これで円満解決とはいかないはずである。

しかし、大正の思想はそれらの問題を必ずしも十分に問い詰めたとはいえなかった。それがやがて、昭和の戦争体制の中にやすやすと知識人たちが巻き込まれてしまった一つの遠因とはいえないであろうか。もちろん、それは大きな問題であり、それほど単純な一本道ではなかっただろう。しかし、そのような視点から、近代の思想史をもう一度見直してみることも可能ではあるまいか。

西田自身に関して言えば、『善の研究』の後、『自覚に於ける直覚と反省』(一九一七)を経て、第三の主著『働くものから見るものへ』を昭和二年(一九二七)に刊行する。京都帝国大学を定年退職する前年である。この第三の主著の後半で西田は新たに「場所の論理」を提出し、大きな転換を遂げる。その中に収められ、「場所」の思想を本格的に展開させた記念碑的な論文「場所」は、大正一五年(一九二六)、即ち、大正から昭和への転換の年に発表された。そして、それはまさしく大正の楽観主義的一元論に別れを告げ、「無」を大きく取り上げることにより、昭和の危機的な思想への転換を象徴するものとなった。明治から大正へ、大正から昭和へ――それぞれの時代の転換期に、西田はまさにその転換を象徴し、先導する思想を発表したのである。西田は派手に時代の表層の思想に関わることはなかったが、アカデミズムの中に身を置きながら、じつは最も深いところで時代の思想を体現していた。

場所の思想は、それだけでは必ずしも悲観主義的でもなければ、二元論的ともいえない。心理主義的な純粋経験を、より客観的な論理として展開したものが場所の思想である。「主客合一とか主もなく客もないと云ふことは、唯、場所が真の無となると云ふことでなければならぬ、単に映す鏡となると云ふことでなければならぬ」(『西田幾多郎全集』三、四二六頁)と言われるように、主客未分の純粋経験が、無の場所として捉えなおされるのである。にもかかわらず、「無の場所」という発想は、純粋経験以上に哲学的に大きな意味を持つものである。そのことにはさまざまな面が考えられるが、ここでは、「無」が大きくクローズアップされることに注目したい。なぜならば、「無」はまさに断絶を作り出すものであり、純粋経験論から大正生命主義が一貫して主張した一元論に楔を打ち込むものだからである。

もっとも場所の論理の当初においては、「無」はそれほど強い断絶性の契機となっていない。むしろ「有」なるものの存在根拠として、その積極的な性質が表に出ている。有的なものを結び付ける紐帯であり、「無」という言葉を使いながらも、純粋経験が持っていた一元的な根源性につながる面が強い。

しかし、絶えて止むときのない西田の思索はそこに停滞することはない。「無」はそれ自体を見極めようとするとき、無限に後退し、自らを隠す。自らを隠しながら、「無」の楔は次第次第に深く打ち込まれてゆく。晩年の絶対矛盾的自己同一から逆対応の論理に至ると、個と個がそれぞれモナド的な存在として直接に対峙する中で、「無」はもはや「場所」ともいえないほどに底知れぬ断絶の深みを見せつけるようになる。その最後の長大な論文「場所的論理と宗教的世界観」を書き上げたのが昭和二〇年（一九四五）であり、その年、敗戦を目前にして西田は七六歳の生涯を閉じる。これもまた、時代の大きな転換点であった。

明治思想の可能性

―むすびにかえて―

以上、本書は十二章にわたり、仏教とその周辺の思想家の思想展開をたどることで、「もうひとつの明治思想史」を描き出そうと試みた。本来もっと取り上げなければならない思想家は多いし、また、必要な参考文献も必ずしも網羅して読んだわけではない。それゆえ、非常に荒削りで、学術書としては不備と言われてもやむを得ない。それを十分に承知しながらも、従来未開拓の分野であるから、あえてひとつの大きな見取り図を提示することに主眼を置いて、場合によっては十分に熟していない私見を述べたところもある。しかし、そのような粗雑な論述でも、こうして通覧してみると、明治の思想界がいかに多様で豊かな可能性に満ちていたかがよく分かるであろう。

第十二章に述べたように、明治の思想は、国家と宗教、倫理道徳と宗教、世俗（世間）と超世俗（出世間）、個と全体、有限の自己と無限の絶対者などの対立と緊張を大きな軸として展開した。それらの問題は、多くそのまま現代にも未解決のまま持ち越されている。明治の思想を振り返ることが、今日大きな意味をもつ所以である。

江戸時代にももちろんこれらの矛盾がなかったわけではないが、一応既存の秩序の調和の中に置かれていた。その調和関係が崩れ、新たな緊張が生まれたのが明治という時代であった。そもそも「宗教」という言葉自体が、この時代にはじめて今日のような意味で用いられるようになったのであるから、そこに生まれた問題もまた、まったく新たなものであった。新来の西欧の思想や概念を導入しながら、自らの置かれた場の中で、それらの問題にどう答えるかという模索が続けられたのである。

そして、その中でもっとも大きな課題は、思想を担う〈個〉の確立ということであった。図式的に言えば、近世は〈イエ〉を中心として形成され、宗教も道徳も政治もすべて共同体を主とした封建的秩序の中で展開してきた。それが、「天は人の上に人を造らず、人の下に人を造らず」という〈個〉中心の時代に移り、それを担うことのできる〈個〉とは何であり、どのように形成されるかが何よりも大きな問題となった。

啓蒙主義から自由民権へという政治中心の個人主義の確立に失敗して、国家の圧力がますます強まる中で、政治のみに限られない、生き方の根本に関わる主体としての〈個〉をいかに立ち上げることができるのか。それが特に、日清・日露戦争間において最大の問題となった。それは人間のもっとも根本の生き方に関わるだけに、政治をも、道徳をも超えた宗教的レベルではじめて徹底して捉えられる問題である。清沢満之・高山樗牛・綱島梁川ら、この「内面の時代」を代表する思想家が、いずれも結核で自らの命を削りながら、〈個〉の問題に取り組んだことは特筆される。

しかし、それでも〈個〉の問題がどこまで徹底して追求されたかは、なお疑問が残る。彼らが結核で十分に思想を成熟させるにいたらないまま没してしまい、樗牛に典型的に見られるように、〈個〉の問題に含まれる多様な要素が整理されずに混在したまま、曖昧のうちに次の段階に移ることになった。井上哲次郎ら、国家主義的道徳の立場に立つキャンペーンの前で、〈個〉の問題が押しつぶされてしまったという面も無視できない。今日、〈個〉そのものが曖昧化してくる中で、もう一度その問題の原点に立ち返ってみることは、決して過去への郷愁ではなく、むしろきわめて今日的な課題への新たな挑戦を意味する。

そうしたさまざまな可能性と限界を含みながら、ともあれ、新たな状況下で生まれた多様な問題を、可能な限り誠実に引き受け、取り組むところに明治思想史の展開が見られた。その明治の思想の矛盾や葛藤に対して、大正になると、生命論を中心とした一元論的な方向で調和的に解決しようという流れが主流になる。その大きな転換点をなしたのが、西田幾多郎の『善の研究』であった。

やがて大正を経て、再び日本の思想が大きな試練に直面したのが、昭和の前半期、即ち社会的矛盾の激化からやがて戦争の泥沼に入り込んでいく時代であった。社会的正義感からマルクス主義に走った青年たちは、厳しい弾圧のもとで転向を強いられ、挫折感の中で彷徨しなければならなかった。超国家主義の高揚もまた、二・二六事件でその限界に行き当たる。アジアへの侵略が進められ、やがて世界を敵に回した絶望的な戦争へと追い込まれてゆく。その中で、国家との一体化を強いられながら、それでも〈個〉は最終的に何に賭けて生きることができるのか、ぎりぎりのところで思想の営為が営まれることになる。

すべてが戦争一色に覆われ、国家主義の強制のもとに、一見もはや思想など無力になったかのように思われるが、じつはその時代こそが、明治に次いで日本近代の思想の真価が問われた重要な時代ではなかっただろうか。京都学派、日本浪曼派、そして、日蓮系・浄土真宗系・禅系などの仏教諸系統の著しい影響等々。それらは多様に展開し、けっして「日本ファシズム」というような単純な括りですますことができないさまざまな問題を含んでいる。そしてその解明はまた、思想が今後再び起こりうる戦争にしっかりと抵抗できる基礎体力をつけるためにも、不可欠なことであろうと思われる。

今後の課題をこのように見定めて、ひとまずきわめて大雑把で、独断に満ちた本書の明治思想への旅を閉じることにしたい。

年表

和暦	西暦	事項
慶応　三	一八六七	神祇官が復興され、祭政一致の新体制が成立する。
明治元年	一八六八	神仏分離令が出される。廃仏毀釈の運動。
明治　五	一八七二	神祇省を廃止し教部省を設置。大教院設置。
〃		福沢諭吉、『学問のすゝめ』刊行。
〃		島地黙雷、「三条教則批判建白書」を提出。
〃		この年から翌年にかけて島地黙雷、欧州を視察。
〃		僧侶の肉食妻帯蓄髪を許可。
明治　六	一八七三	島地黙雷、「大教院分離建白書」を提出。
〃		森有礼ら「明六社」結成。
明治　八	一八七五	大教院、解散する。
明治　九	一八七六	南条文雄・笠原研寿、イギリスに留学。
〃		小栗栖香頂、中国で『真宗教旨』を刊行。楊文会らの批判を招く。
明治一〇	一八七七	教部省、廃止される。
〃		西南戦争。
〃		東京大学創設。
明治一一	一八七八	楊文会、ロンドンで南条文雄と知り合う。
明治一二	一八七九	原坦山、東京大学（後の東京帝国大学）で仏書講義を担当する。
〃		植木枝盛、『民権自由論』刊行。
〃		東京招魂社を靖国神社と改め、別格官幣社とする。
明治一七	一八八四	田中智学、立正安国会を始める。

明治一九	一八八六	この年から翌年にかけて井上円了、『哲学一夕話』『哲学要領』『真理金針』を著す。
〃		釈興然、スリランカに渡り上座部仏教を修行（明治二六年、帰国）。
明治二〇	一八八七	井上円了、哲学舘（東洋大学の前身）を創設。
〃		田中智学、前年の講演を『仏教夫婦論』として刊行。
〃		釈宗演、スリランカに渡る。
明治二一	一八八八	三宅雪嶺ら政教社を結成し、『日本人』を発刊。
明治二二	一八八九	大日本帝国憲法、発布。
〃		野口復堂の尽力で、オルコットとダルマパーラ来日。
明治二三	一八九〇	村上専精、東京大学で印度哲学を講じる。
〃		教育勅語、発布。
〃		第一回帝国議会開会。
明治二四	一八九一	内村鑑三、不敬事件おこる。
〃		井上哲次郎、ドイツより帰国し、東京帝国大学教授となり、比較宗教及東洋哲学を担当。また『勅語衍義』を著す。
〃		田中智学、「仏教僧侶肉妻論」を『獅子王』に連載。
〃		「教育と宗教の衝突」論争起こる。
明治二五	一八九二	清沢満之、『宗教哲学骸骨』を著す。
明治二六	一八九三	井上哲次郎、『教育ト宗教ノ衝突』を著す
〃		村上専精、『仏教忠孝論』を著す。
〃		関皐作編『井上博士と基督教―一名「教育と宗教の衝突」顛末及び評論』、刊行される。
〃		釈宗演、シカゴで開催された万国宗教会議に参加。

明治二七	一八九四	日清戦争始まる（〜明治二八）。
〃		村上専精、『仏教史林』を創刊。
〃		高山樗牛、匿名で『滝口入道』を著す。
〃		古河勇ら「経緯会」を結成し伝統仏教教団を批判。
明治二九	一八九六	鈴木大拙、『新宗教論』を著す。
〃		清沢満之ら、真宗大谷派の宗門改革運動に乗り出す。
明治三〇	一八九七	村上専精、『大日本仏教史』（鷲尾順敬・境野哲と共著）を著す。
〃		清沢満之ら、東本願寺より除名処分を受ける。
〃		高山樗牛、『太陽』の編集主幹となり、日本主義・国家主義を鼓吹。
〃		鈴木大拙、渡米（明治四二年、帰国）。
〃		河口慧海、チベットに向けて出発。
明治三一	一八九八	村上専精、翌年にかけて『日本仏教史綱』を公刊。
〃		岡倉天心ら日本美術院設立。
〃		清朝で康有為・梁啓超・譚嗣同ら、改革運動を起こす（戊戌変法）。
明治三二	一八九九	境野黄洋ら、仏教清徒同志会を結成。
明治三三	一九〇〇	清沢満之、浩々洞をひらく。
明治三四	一九〇一	清沢満之、『精神界』を創刊し精神主義運動を始める。
〃		高山樗牛、「美的生活を論ず」を著し、日本主義から転換。
〃		田中智学、『宗門之維新』を著す。
〃		村上専精、『仏教統一論』の第一編『大綱論』を著し、大乗非仏説を主張。
〃		高楠順次郎、東京帝国大学梵文学講座教授となる。
〃		岡倉天心、インドに渡る（翌年帰国）。
明治三五	一九〇二	井上哲次郎、『倫理と宗教との関係』を著す。

〃		高山樗牛、「日蓮上人とは如何なる人ぞ」「日蓮と基督」「日蓮上人と日本国」を著す。
〃		田中智学、立正安国会の教義大綱を『本化妙宗式目』として定める。
〃		岡倉天心、インドで『東洋の覚醒』（英文、未完ノート）を執筆。
〃		大谷光瑞ら、第一回西域探検に出発。
明治三六	一九〇三	村上専精『仏教統一論』の第二編『原理論』を著す。
〃		村上専精、『大乗仏説批判』を著す。
〃		藤村操、華厳の滝に投身自殺。
〃		岡倉天心、『東洋の理想』（英文）を刊行。
〃		田中智学、『本化妙宗式講義録』を著す。
〃		境野黄洋ら、新仏教徒同志会を結成し、社会改善活動を目指す。
〃		幸徳秋水ら、平民社を結成し『平民新聞』を創刊。
明治三七	一九〇四	日露戦争始まる（～明治三八）。
〃		綱島梁川、三回に亙り見神の実験をする（翌年「予が見神の実験」として発表しセンセーションを巻き起こす）。
〃		岡倉天心、ボストン美術館東洋部顧問となり、『日本の覚醒』（英文）を著す。
〃		伊藤證信、巣鴨に無我苑を開く。
明治三八	一九〇五	村上専精、『仏教統一論』の第三編『仏陀論』を著す。
〃		夏目漱石、『我輩は猫である』を刊行（～明治三九）。
〃		姉崎正治、東京帝国大学の初代宗教学講座教授となる。
〃		西田天香、長浜の愛染堂で大悟する（後に一灯園の運動となる）。
明治三九	一九〇六	久津見蕨村、『無政府主義』を著し、発禁となる。
〃		岡倉天心、『茶の本』（英文）を著す。

明治四〇	一九〇七	綱島梁川の見神実験に関する論評を集め、宇佐美英太郎編『見神評論』刊行。
〃		楊文会、金陵刻経処に「祇洹精舎」を設立。
明治四一	一九〇八	鈴木大拙帰国。
明治四三	一九一〇	幸徳秋水ら天皇暗殺計画容疑で逮捕、三名の仏教者、内山愚童・高木顕明・峯尾節堂らも謀議に加わったとして逮捕、起訴される（大逆事件、翌年十二名死刑）。
〃		石川啄木、「時代閉塞の現状」を著す。
〃		日韓併合。
〃		武者小路実篤・志賀直哉ら、『白樺』創刊。
明治四四	一九一一	久津見蕨村、ニーチェに傾倒し『超人教』を著し、発禁となる。
〃		西田幾多郎、『善の研究』を著す。
〃		中国に辛亥革命が起り、清朝滅亡。
〃		平塚らいてうら、『青鞜』創刊。
明治四五（大正元）	一九一二	孫文を臨時大総統として中華民国成立。
	〃	神道・仏教・キリスト教の代表者懇談会（三教合同）。
	〃	明治天皇崩御。乃木希典夫妻殉死。

あとがき

本書はもちろん私個人の著作ですが、同時に出版の世界の意欲的な活動の中で生まれた産物であり、そんな動きに乗せられて踊った結果ともいえます。

本書の第一―八章は、雑誌『福神』(太田出版)の第二号(一九九九年一二月)から第九号(二〇〇四年二月)まで、「仏教と近代日本」のタイトルで連載したものです。『福神』は上杉清文氏を中心とする日蓮宗内の意欲的な僧侶によって刊行されている雑誌ですが、「漬物から憑物まで」というキャッチフレーズどおり、型にはまらない自由な編集で、従来タブーとされてきたようなさまざまな宗教の問題に積極的に取り組んでいます。その姿勢に共鳴するところがあり、求められるままに連載を開始しました。

近代の仏教思想に関して本格的に取り組むのははじめてで、しかも当初は季刊でしたので(現在は年二冊)、毎号慌ててテーマを決めて、泥縄の付け焼刃で資料を集めるような具合でした。しかし、それだけによい勉強になりました。連載は今も続いており、今度は大正・昭和時代と取り組みたいと思っています。今回、単行本にするにあたり、序章と第九章以下を書き下ろすとともに、第一―八章も大幅に加筆訂正しました。

単行本化にあたっては、トランスビューの中嶋廣氏にすっかりお世話になりました。停滞した出版界の常識に挑戦し、編集から販売まで、トータルな新しい出版文化を創出しようというその熱い志に圧倒されました。活字離れがいわれ、とりわけインターネットの普及により、出版の意義が改めて問われています。これまでのように、既成のルートに乗って機械的に本を出せばよい、というわけにはいかなくなりました。一冊一冊を出すことにどれだけの意義があり、どのような本を作ればよいのか、出版社も著者も自ら問い直しながら、最善の形での出版が求められています。トランスビューはその問題を正面から受け止めて、本物の本作りに取り組んでいます。その姿勢を信頼し、全面的にお任せしました。

中嶋氏には、加筆訂正にあたって貴重なご意見をいただくとともに、年表の作成もお手伝いいただきました。本文中に用いた書籍や史料は、東京大学総合図書館をはじめ、同大学内の諸部局所蔵の図書を多く活用しました。関東大震災でだいぶ焼けたとはいえ、さすがに古い書籍がよく揃っているのに感心しました。引用の確認には、東京大学大学院博士課程の佐藤もな氏にお手伝いいただきました。なお、本書の基本的な構想は、二〇〇三年度の東京大学文学部の「比較仏教論」の講義、並びに同年度の金沢大学文学部の集中講義においてお話ししました。まとまらないままのホラ話におつきあいいただいた学生の皆さんにも、お礼とお詫びをしなければなりません。

本書と同時に、『近代日本と仏教』という論文集を刊行し、二冊をあわせて『近代日本の思想・再考』と総称します。仏教という切り口から、日本の近代思想をもう一度総ざらえ的に見直したいという志は大きいのですが、いささか誇大妄想的で、荒削りは免れません。しかし、今後の議論のひとつのきっかけにはなろうかと思います。私自身も、今後もこの問題にこだわり続けたいと考えています。

新潮文庫の『日本仏教史――思想史としてのアプローチ』(一九九六)の解説で、橋本治氏は、「この『日本仏教史』には、〝明治以後の仏教〟という部分がありません。私がいちばん読みたいと思うのは、その〝まだ書かれていない部分〟です」と書いてくださいました。そのことがずっと頭に引っかかっていました。その宿題の十分な答えにはなっていませんが、少なくともそのための緒《いとぐち》はできたのではないかと思っています。

二〇〇四年四月

著者

末木文美士（すえき　ふみひこ）

1949年生まれ。1978年、東京大学大学院人文科学研究科博士課程単位取得。現在、国際日本文化研究センター・総合研究大学院大学教授、東京大学名誉教授。比較思想学会会長。専攻、仏教学・日本思想史。その基盤の上に、新たな哲学・倫理学を構想する。著書に『近代日本の思想・再考』全３巻、『思想としての仏教入門』、『哲学の現場―日本で考えるということ―』（以上、トランスビュー）、『日本仏教史』『仏典をよむ』（共に新潮社）、『日本宗教史』『他者／死者／私』（共に岩波書店）他多数。上記の他に原典の現代語訳や共著・編著書が多数ある。

近代日本の思想・再考Ⅰ
明治思想家論

二〇〇四年六月二〇日　初版第一刷発行
二〇一三年七月二〇日　初版第二刷発行

著　者　末木文美士
発行者　中嶋　廣
発行所　株式会社トランスビュー
東京都中央区日本橋浜町二-一〇-一
郵便番号一〇三-〇〇〇七
電話〇三（三六六四）七三三四
URL http://www.transview.co.jp
振替〇〇一五〇-三-四一一二七

印刷・製本　中央精版印刷

ISBN4-901510-24-X　C1015